本书受西华大学2020年校内人才引进项目
“对外直接投资影响母国全球价值链地位的研究”
（RZ2000003068）资助

RESEARCH ON THE OFDI'S INFLUENCE ON THE HOME COUNTRY'S STATUSOF THE GVC

对外直接投资

影响母国全球价值链地位的研究

余海燕◎著

中国经济出版社
CHINA ECONOMIC PUBLISHING HOUSE
北京

图书在版编目（CIP）数据

对外直接投资影响母国全球价值链地位的研究 / 余海燕著. -- 北京：中国经济出版社，2022.10

ISBN 978-7-5136-7139-2

Ⅰ.①对… Ⅱ.①余… Ⅲ.①对外投资-直接投资-影响-经济全球化-研究 Ⅳ.①F830.59 ②F114.41

中国版本图书馆 CIP 数据核字（2022）第 197545 号

责任编辑　贺　静
责任印制　马小宾
封面设计　华子设计

出版发行　中国经济出版社
印 刷 者　河北宝昌佳彩印刷有限公司
经 销 者　各地新华书店
开　　本　710mm×1000mm　1/16
印　　张　20
字　　数　288 千字
版　　次　2022 年 10 月第 1 版
印　　次　2022 年 10 月第 1 次
定　　价　79.00 元
广告经营许可证　京西工商广字第 8179 号

中国经济出版社 **网址** www.economyph.com **社址** 北京市东城区安定门外大街 58 号 **邮编** 100011

前 言

现代技术的突飞猛进带来了运输、通信和信息成本的下降，商品和资本的流通障碍减少导致了全球贸易和生产模式的变化——中间品贸易成为主流，同一产品不同生产工序跨多国分布成为常态，国际分工格局不断被打破重塑，进而导致国际分工模式的实质性变化——由基于比较优势的产业间国际分工，到基于竞争优势的产业内国际分工，最后到基于价值链理论的产品内国际分工，产品价值生产工序片段化为分工节点，形成了新的国际分工体系，即全球价值链分工。传统贸易模式下，物物交易涉及跨境的基本上是最终产品，产品生产过程的片段化存在于一国境内。在全球价值链时代，产品生产的各个环节被细分到具有不同禀赋优势的国家或地区，产品生产过程跨境共享，中间产品成为跨境贸易流的主要对象并迅速崛起，推动世界贸易从传统的最终产品贸易向中间产品贸易转变，带动了国际贸易与投资的兴起与繁荣，大大促进了多次跨境行为的产生。

目前，全球贸易中超过2/3是通过全球价值链进行的。在全球价值链时代，国际生产共享网络覆盖范围更广、链条更复杂，生产至少跨越一个边界，通常是跨越多个边界，促使各国经济紧密相连。在经济全球化的推动下，运输和通信成本不断降低的贸易壁垒的减少促进了以中间产品频繁跨境流转为特征的全球价值链发展不断深化，相关贸易迅速增长并转化为参与国的显著的经济增长。而自金融危机爆发后，全球价值链增长放缓，尤其是涉及多次跨境的复杂的全球价值链活动逐渐收缩，国际贸易格局和规则调整趋势愈加明显。以中美贸易摩擦为代表的贸易壁垒的增加及隐形化、以发达国家制造业回流为代表的逆全球化、以中国为代表的发展中国家迅速兴起以及以“一带一路”为代表的区域合作不断强化等，都为全球价值链的发展以及贸易与投资带来了更多的可能性与不确定性。

对外直接投资作为参与世界经济的主要方式之一，是发达国家构建全球价值链的重要引擎，更是发展中国家主动参与全球价值链以谋求更高位置的嵌入与向更高地位攀升的主要手段。与利用外资被动融入全球价值链不同，对外投资是一国或地区主动布局全球价值链的关键举措。进入21世纪后，经济全球化的主要特征就是全球对外直接投资的不断深化，并不断推进经济全球化，推动世界各国尤其是发展中国家融入全球产业链、供应链、生产链和价值链。然而，发达国家主导和发起的经济全球化红利惠及更多的发展中国家，加快了新兴经济体的崛起，叠加疫情全球化的危机，“逆全球化”浪潮更甚，全球对外直接投资不断下探。

相比于传统的以加工贸易方式承接生产组装等环节，新兴发展中国家更倾向于通过对外直接投资嵌入全球价值链，通过资本参与、并购或者组建子公司等投资方式接近技术发源地，靠近产品和人才市场，以获取技术外溢效应或者嵌入产业价值链高附加值环节；通过主动有选择性地进行国别、区域、产业以及环节投资，实现全球范围内的资源配置与生产阶段的重构，深刻影响着全球价值链的结构，即发展中国家的国际投资行为促进了全球价值链分工深化。

但是，对于通过对外直接投资参与全球经济能否以及如何提升国家在全球价值链中的地位，至今仍存在很多争议。全球价值链分工模式下一个重要的特点是比较优势的去国别化，这使得国家有可能通过加入全球价值链而不是创造自己的价值链来进行工业化。发展中国家通过嵌入全球价值链某一环节，获得了进入全球生产活动、融入世界经济的新的方式与途径。在经济全球化的背景下，全球价值链分工的格局为：发达国家凭借其在各领域关键技术的突破和雄厚的资本，在高端装备方面的技术研发与储备远远领先于发展中国家，因此承担着高附加值的国际分工；与此同时，发展中国家因其薄弱的发展基础和资本积累能力而受制于发达国家的技术垄断，其产品的附加值远低于发达国家，处于微笑曲线的中游价值洼地，造成发展中国家长期被锁定在全球价值链低端环节的局面。各国通过对外直接投资参与国际分工，承担全球价值链上某一环节，当参与全球价值链带来的边际分工红利逐渐下降，而边际成本逐渐上升时，低端锁定陷阱限制了发展中国家进一步提高获取全球价值链分工利益的能力，阻碍了发展中国家向全球价值链高端环节攀升的路径，此时亟须突破发展中国家参与全球价值链的路径依赖。因此，研究对外直接投资能否影响母国在全球价值链中的地位以及如何提升其地位显得尤为重要。

本书从全球价值链的发展现状以及全球价值链地位升级形式出发，构建了对外直接投资影响全球价值链地位的完整分析框架，并聚焦于我国如何提升全球价值链地位。通过理论论述、模型推导与实证模型检验得出结论：对外直接投资能够通过产品价值增加、技术水平进步与产业结构升级三种路径影响母国全球价值链地位。但是进一步的研究发现，发达国家的对外直接投资对其全球价值链地位多方面提升都存在显著的促进作用，而发展中国家的对外直接投资对母国全球价值链地位多方面的影响方向不一，既有促进作用又有阻碍作用。最后，本书聚焦于我国对外直接投资对我国全球价值链地位的影响，得出结论：首先，我国对外直接投资整体上能够促进我国全球价值链的地位升级，但是对后向参与度的促进作用最大，表明我国参与全球价值链具有路径依赖性，且对外直接投资更能够通过产业结构升级效应促进我国价值链地位的提升；其次是技术进步效应，即调整产业结构对于改变我国全球价值链低端锁定的困局作用会更加显著。进一步的延伸分析发现，我国对进口中间产品具有高度依赖性，但是通过对外直接投资能够实现我国中间产品的多次跨境流转，因此可通过提高他国使用我国生产的中间产品的次数，提高我国全球价值链分工地位。

目录

第一章 导 论

新冠肺炎疫情的全球大流行使得全球经济发展前景充满了不确定性。2020 年，受疫情的严重冲击，绝大多数国家的 GDP 为负增长。联合国发布的《2021 年世界经济形势与展望》显示，2020 年全球经济萎缩 4.3%，是 10 年前金融危机期间的 2.5 倍以上，全球通货膨胀率、失业率、贫困率等创下新高，全球经济复苏形势严峻。

第一节 研究背景和问题的提出

一、研究背景

目前，全球经济形势仍在发生着深刻变化。从整体经济形势来看，疫情重创全球经济，多国经历负增长后经济复苏乏力，低增长成为主要特征，疫情防控与刺激经济复苏两种手段将长期并存。从区域经济来看，新兴经济体成为世界经济复苏的重要引擎与推动力，发展中国家之间的联动更加明显，但是受疫情影响新兴经济体的增长动能逐渐减弱，亟须科技创新与经济转型突破。从国际分工格局来看，发达国家与发展中国家之间的利益分配格局不断调整，新兴经济体谋求更高分工地位的愿望更趋强烈，基于各国比较优势形成的全球价值链格局面临发达国家“再工业化”下的价值创造与分配环节调整、发展中国家延伸全球价值链与重构全球价值链的双重局面，先发国家与后发国家在全球价值链上的价值分配矛盾凸显。从全球化趋势来看，分散化与集中化都在加强，全球化格局进一步扩大，逆全球化也进一步深化，疫情凸显全球价值链的近岸布局趋势，区域化与本土化可能在短期甚至中期引领产业链布局。从大国关系来看，全球重回大国竞争时代，中美贸易摩擦仍在持续，疫情凸显产业链全球化的脆弱性，各国增加了对关键领域关键环节外资进入的安全审查，贸易摩擦影响更广。从增长动能来看，技术发展日新月异，创新引领经济发展与产业转型，成为经济发展的持续动能。同时，发达国家与发展中国家之间的技术差距远远大于经济差距，新一轮的科技革命与产业革命给发展中国家带来更大的机遇、更大的挑战与风险。

2021 年 1 月，联合国发布了《2022 年世界经济形势与展望》。该报告称，由于新冠肺炎疫情持续、劳动力市场问题、持续的供应链挑战和通胀不断增加的压力，全球经济面临较大压力：在 2021 年全球经济增长 5.5% 后，2022 年和 2023 年全球经济增长率预估将会降至 4% 和 3.5% 。同时，各国针对经济复苏的货币与财政政策效果开始触底，刺激经济复苏的效果在 2021 年年底明显减弱，随之而来的是经济增势大幅放缓。这一问题将随着疫情的持续与时间的推移而持续，深刻改变全球政治与经济秩序，世界经济格局将加速转型。

（一）全球价值链分工深化与调整

经济全球化下国际分工进一步深化，全球化的价值链导致国际分工中的比较优势更多地体现为价值链上某一特定环节或工序上的优势，在国际分工经历了由产业间分工到产业内分工，再到产品内分工的演变后，形成了新型的国际分工体系，即全球价值链分工。目前的国际分工格局为：发达国家凭借跨国公司的生产网络，在全球配置资源，又集技术、创新、资源、品牌等优势于一体，成为全球价值链[①]的构建者，并在全球价值链的发展深化中牢牢占据主导地位；而发展中国家从参与国际分工开始即承接发达国家转移的加工组装生产环节，沦为发达国家产品的低端供应商，被动参与全球价值链。不过，全球价值链的出现也为发展中国家提供了更为便捷的融入全球经济的机会。与此同时，全球价值链的价值创造与分配意

① 全球价值链（Global Value Chain，GVC）。

味着贸易利得并不总是平等地惠及所有参与国，发达国家攫取了大部分价值链分工带来的好处，发展中国家则主要处于被分配的地位。在货物贸易主导的时代，部分发达国家与发展中国家之间的贸易逆差进一步扩大，催生了发达国家的反全球化，从而减少了发展中国家参与全球价值链的机会；而在全球价值链时代，净进口不再是衡量国际贸易冲击对国内经济影响的适当尺度，如果按附加值计算，美国对中国的信息和通信技术产品贸易逆差将大致削减一半。全球价值链导致的再分配效应又在一定程度上扩大了发展中国家同发达国家之间的分配差距。

2008 年全球金融危机以来，全球价值链的增长放缓。以机器人、大数据和物联网等新技术为代表的技术革新也开始重塑和进一步改造全球价值链。同时，发展中国家在全球价值链发展中的作用越来越明显，但是主要发挥了传统贸易和简单全球价值链网络中的供需枢纽作用。在国内经济不断发展的驱动与倒逼下，发展中国家开始谋求突破“低端锁定”的风险，改变处于“被俘获”地位的困境。与此同时，发展中国家向产业链上游攀升面临自身创新能力不足与发达国家技术封锁的阻挠，向产业链下游延伸面临大型跨国企业品牌优势不足与各国贸易壁垒的限制，在产业链中游提升面临发达国家“再工业化”战略下被边缘化的风险。

（二）大国竞争回归

随着发展中国家的兴起和发达国家的经济乏力，全球经贸格局出现以下几方面典型趋势：一是发达国家与发展中国家“此消彼长”，以美国为代表的发达国家经济复苏与发展乏力，而以中国为代表的新兴经济体强势崛起；二是世界经济格局向多极化发展，美国的绝对主导地位弱化，世界经济进入了“规则重塑期”。从全球经济体来看，发展中国家成为全球经济发展的重要引擎，经济实力快速提升：一是发展速度远超发达国家，2019 年发达经济体 GDP 增速为 1.7%，新兴市场与发展中经济体 GDP 增速为 3.7%[①]；二是发展规模迅速提高，占世界经济比例由 1998 年的

① 国际货币基金组织. 世界经济展望报告[R]. 2020.

44.2%提升到2018年的59.2%[①]，美国这一数据由1998年的20.8%下降为2018年的15.2%，而中国这一数据由1998年的12%上升为2018年的18.7%。[②] 发展中国家迅速崛起，全球经济中心和重心都存在向新兴经济体转移的趋势，以新兴经济体为代表的发展中国家的增长成为支撑全球经济的关键，抗疫行动更是凸显了中国的大国担当与体制优势。从国际贸易与投资来看，中美贸易数字差额呈现出持续扩大趋势，由1997年的164.1亿美元增加为2018年的3232.7亿美元[③]，降低了美国对全球化发展的认同。同时，经济发展乏力使得美国对发展中国家的崛起更加敏感。全球经济发展表现为中国实力“长”而美国实力“消”，对全球经济格局产生深远影响，使中美不断增强的经济相互依存变为一种充满紧张关系的共存，进而引发美国的敏感。

全球经贸格局继续朝多极化发展，削弱了美国自冷战以来建立的世界霸主地位。2020年美国海军报告《大国关系：大国定义及大国竞争之因》标志着美国正式重回大国竞争。中国作为第二大经济体、新兴崛起力量、抗疫成功的社会主义制度典范，引领世界经济的复苏，成为全球化的支撑力量。大国竞争时代，将是深陷疫情衰退的资本主义发达大国——美国与崛起的社会主义发展大国——中国两者加速竞跑的时代。新冠肺炎疫情成为一个决定性转折点，大国关系尤其是以中国为代表的新兴市场大国和以美国为代表的传统发达大国之间的关系进入深度调整期。

新冠肺炎疫情加速了世界百年未有之大变局的到来，需求端与供给端的双重冲击促使各国不得不重新审视全球化背景下的国家产业安全。大国竞争回归，竞争的本质发生变化，全球供应链安全决定了国家的产业安全，构建全产业链已经成为大国竞争的核心。从国内角度看，产业安全聚焦于全产业结构与国内市场：一方面，低端产业解决就业，中端产业确保

① 国际货币基金组织. 世界经济展望报告[R]. 2019.

② 国际货币基金组织. 世界经济展望报告[R]. 2019.

③ 资料来源:《中国统计年鉴》(1999,2019)。

发展，高端产业引领科技，全产业链是国家产业安全的唯一结构，① 产业结构在国家内部形成区域梯度，并打通了流动的价值节点，形成完整的内循环体系；另一方面，国内市场是产业发展的基础，改变两头在外的局面关键之一就是增强国内市场规模的承载力与支撑力。从全球化角度看，产业安全聚焦于开放型经济环境下的供应链分散化与集中化的平衡，既不受制于单一供应环节的断裂风险，又能兼顾安全与效率，价值链本土化、区域化趋势得到加强。通过主导价值链的构建与运行，主动布局适合于我国和其他发展中国家经济发展的产业生态体系，在区域内部形成小的循环体系后再参与全球大循环，是避免大国竞争背景下经济出现结构性危机的关键举措。

（三）国际投资环境更趋复杂

全球经济发展深刻影响着对外直接投资合作。在全球经济陷入深度衰退的情况下，经济发展的不确定性增加，各国债务水平大幅提高，境外投资合作风险随之增加，全球投资合作难度加大。

一方面，全球经济低迷导致投资意愿下降、投资活动减少。西方对外直接投资理论表明，对外直接投资水平同一国国内经济发展水平息息相关。邓宁针对发展中国家对外直接投资水平的迅速上升提出的投资阶段理论指出，一国国际投资的流入与流出同其自身的经济发展水平相关，并且呈现出一定的阶段性特征。在每一阶段都存在人均 GNP 水平与对外直接投资水平一一对应的关系，即随着一国经济发展水平的提高，人均 GNP 水平不断提高，相应的对外直接投资水平也呈现出典型的跟随趋势。根据《2021 年世界经济形势与展望》中数据，2020 年，在全球经济萎缩 4.3% 的情况下，发达国家经济萎缩更甚，达到了 5.6%，相比之下，发展中国家经济萎缩幅度较小，为 2.5%。由于经济停摆和疫情大流行的不断冲击，2020 年美国经济萎缩 3.5%（美国商务部数据），是美国二战以来最惨重的年度经济衰退。在大多数国家经济经历负增长的背景下，国际资本普遍

① 雷少华．超越地缘政治：产业政策与大国竞争[J]．世界经济与政治，2019(5)：131－154，160.

受到国内经济衰退的约束，投资前景暗淡，跨境投资风险剧增，面临投资收益大幅下降、投资亏损的高水平风险，跨国公司的投资行为更趋理性，投资能力大幅缩水，投资意愿也趋于下降。另一方面，疫情凸显了全球化中产业链的脆弱性与供应链自主可控的重要性，进一步诱发跨境投资的收紧以及对外商投资的审查限制，跨境投资门槛的升高也进一步增加了对外直接投资合作的难度。各国债务水平大幅飙升，主权债务违约风险激增，跨境投资面临东道国债务违约行为的风险也大增。《2020 年世界投资报告》显示，发展中国家的工业绿地投资和新的基础设施投资项目受到的影响尤为严重。

疫情暴发以来，各国政府为应对经济危机、重启经济发展，纷纷出台大额财政计划和宽松的货币政策，全球债务负担“雪上加霜”。美国智库国际金融研究所（Institute of International Finance，IIF）的报告显示，2020 年全球债务增加了 24 万亿美元，全球债务总额达到了创纪录的 281 万亿美元，达到世界生产总值的 355%，与 2019 年相比增长了 35 个百分点，远高于 2008 年全球金融危机时 10% 的增幅（债务占 GDP 比值的增幅）。IIF 预测，2021 年，在全球低利率的货币政策环境下，越来越多的国家和行业的借贷水平将再次高于疫情前的水平，全球政府债务预计在 2021 年再增加 10 万亿美元，最终超过 92 万亿美元。[①] 2021 年全球经济或背负创纪录债务，拖累复苏前景。联合国经济和社会事务部发布的 2021 年中期《世界经济形势与展望》指出，预计 2021 年全球经济将增长 5.4%，但是南亚、撒哈拉以南非洲、拉丁美洲和加勒比地区的一些国家的增长前景仍然脆弱和充满不确定性，不少新兴市场和发展中经济体仍然受困于新冠肺炎疫情，经济复苏缓慢。虽然 2021 年上半年全球经济形势显示出全球投资已经在触底反弹，UNCTAD 发布的《2021 年世界投资报告》指出，预计 2021 年全球外国直接投资将同比增加 10% ~15%，但是许多国家

① 央视财经. 281 万亿美元！2020 年全球债务再创新高[EB/OL]. https://baijiahao.baidu.com/s? id = 1692318524436930202&wfr = spider&for = pc.

的经济产出预计要到2022年或2023年才能恢复到新冠肺炎疫情大流行前的水平，因此，2021年全球外国直接投资水平整体上仍然会比2019年低25%左右。在疫情常态化趋势下，跨境人员流动限制也将长期存在，更是影响了全球对外投资合作。

全球经济面临的危机远未结束，全球经济复苏前景很可能是漫长、不均衡且高度不确定的，跨境投资也将深受影响。

（四）我国经济转型成效显著

2008年全球经济危机后，世界经济恢复调整，危机的深层次影响继续显现，各国经济增长疲软，冲突更甚。在此背景下，我国积极寻求新的经济合作途径与方式，谋求更高层次的开放，并加大国内改革力度，转变传统的发展方式，培育新的竞争优势。

“一带一路”倡议为我国对外直接投资创造了新的投资方向与发展机遇。“一带一路”倡议的推动为中国企业“走出去”提供了难得的契机。“一带一路”建设的深化，尤其是基础设施建设的逐渐起步，为我国企业进行对外投资提供了更多机会与潜能；金砖国家开发银行与亚洲基础设施投资银行的设立，也能迅速加大我国对外基建投资业务的开展力度，海外市场广阔的产业扩张前景将逐渐展开。2020年，中欧班列全年开行12406列，同比增长50%，首次突破“万列”大关。疫情期间，中欧班列平稳开行，运送了大量口罩、防护服等医疗物资，支援了“一带一路”沿线国家的抗疫之战，发挥出“一带一路”倡议在维护全球供应链、产业链稳定方面的价值。

深入实施创新驱动发展战略，我国经济创新力和竞争力不断增强。党的十八大立足于正在发生深刻复杂变化的国内外形势，明确提出“科技创新是提高社会生产力和综合国力的战略支撑，必须摆在国家发展全局的核心位置”。改革开放40多年来，我国依靠的劳动力和资源环境的低成本优势逐渐消失，而培育国际竞争新优势、增强发展的长期动力亟须转变经济发展方式。技术创新能够放大各生产要素的生产能力，降低资源能源消耗，具有附加值高、竞争力强的特点。而我国很多产业处于国际产业链的中低端，对外投资集中于原材料供给、产品加工制造以及商业销售的全球价值链低端和低附加值环节，即仍处于微笑曲线的中部和底部，与发达国家相去甚远。当融入全球价值链的红利逐渐消失，一国能否继续从参与全球化中获益，取决于能否成功迈入全球价值链高端环节、能否在全球价值链中某一特定环节形成新的竞争优势。创新驱动作为中国经济提质增量的重大举措，不断促进我国对外投资向全球产业链高端布局，提高了我国在国际产业链核心环节的话语权。

在不断探索经济发展方式转型、提升大国国际竞争力的背景下，我国经济发展经受住了疫情的考验，经济长期向好的趋势更加明显。2020 年，在疫情全球大流行的冲击下，我国成为全球唯一实现经济正增长的主要经济体，① 国际货币基金组织（IMF）预测，中国将是唯一一个有望实现自 2020 年起连续三年正增长的主要经济体，作为全球经济稳定器的作用凸显。② 疫情暴发以来，中国经济表现成为全球经济阴霾中的一抹亮色，彰显了改革开放以来尤其是经济迈入高质量发展阶段以来我国经济具有的极强稳定性与韧性。

二、问题的提出

疫情深刻影响着全球经济发展，加快了全球经贸格局的调整。开放经济环境中，对外直接投资成为发展中国家参与全球经济的重要手段，通过对外直接投资接近发达国家先进技术也是发展中国家重要的技术来源。作为新兴发展中国家，我国向全球价值链高端环节攀升的愿望更强烈，在国内产业结构改革的倒逼下，对外直接投资的技术动机也更直接。此轮经济全球化的主要特征即全球对外直接投资不断深化，尤其是跨国公司并购和投资不断推进全球化，推动世界各国融入全球供应链、生产链与价值链，全球生产跨境共享，形成全球价值链分工体系。在全球价值链分工下，产

① 盛来运. 不平凡之年书写非凡答卷 ——《2020 年国民经济和社会发展统计公报》评读［EB/OL］. 国家统计局，http://www. stats. gov. cn/xxgk/jd/sjjd2020/202102/t20210228_1814167. html.

② 中国经济网. 国际机构何以对中国经济投下"信任票"［EB/OL］. https://baijiahao. baidu. com/s? id = 1690266621089829523&wfr = spider&for = pc.

品生产过程按价值环节被分割，各国凭借不同比较优势嵌入全球价值链不同环节。发达国家作为主导国家占据价值链分工的高附加值环节，即主要处于生产的上游环节；同时，生产的中低端环节如加工装配等被大量转移至发展中国家，这种生产外包一方面给发展中国家提供了融入全球价值链的机会，而另一方面从事低端有形的生产活动促使发展中国家只能通过嵌入全球价值链低端环节参与全球价值链分工，即主要处于生产的下游环节，面临低端锁定的现实困境。

改革开放以来，我国以“世界工厂”的角色参与全球价值链分工，承担了全球跨境生产的加工组装环节。一方面，这促进了我国经济的跨越发展；另一方面，随着我国经济实力的提升，国内改革进入攻坚期和深水期，亟须实现资源配置和经济发展方式的转变。随着中国经济实力的增强，“走出去”与“引进来”并重，近年来中国对外投资速度持续加快，2014 年首次成为净资本输出国（含第三地融资再投资），[①] 2020 年我国对外直接投资以 1330 亿美元在全球对外直接投资流量中排名第一，[②] 中国对外投资开始成为更受关注的热点问题。但值得重视的是，一方面，中国对外投资集中于原材料供给、产品加工制造以及商业销售的全球价值链低端和低附加值环节，即仍处于微笑曲线的中部和底部，说明中国对外投资结构需要适应国家创新驱动战略，沿全球价值链增值环节优化；另一方面，在国内产业转型和“一带一路”倡议提出的大背景下，产业如何实现成功转型，带动经济的转型发展，边际产业如何对外转移、化解过剩产能，如何在全球价值链的地区布局中平衡好对外投资，是中国对外投资亟待解决的另一重要问题。

新冠肺炎疫情的大流行导致全球对外直接投资陷入低谷，未来前景充满了不确定性。各国基于供应链安全以及逆全球化思潮的影响，加大了对外资的审查，在新的国际国内形势下，需要重新梳理发展中国家对外投资

① 中华人民共和国商务部. 中企投资美国正在加速[EB/OL]. http://fec. mofcom. gov. cn/article/ywzn/xgzx/guonei/201511/20151101171438. shtml.

② 资料来源：联合国贸发会议《2021 年世界投资报告》。

理论，为我国对外投资指明新的方向；需要重新定位我国在全球价值链中所处地位，综合衡量改革开放以来我国参与全球价值链活动的成效，找出我国参与全球价值链存在的问题，指导我国更好地实现全球价值链地位提升；更需要找出对外直接投资影响全球价值链地位的有效途径，以期引导新形势下以中国为代表的广大发展中国家，根据本国经济发展的需要，有重点、有步骤地开展对外直接投资活动，带动国内产业升级和经济持续、稳定、健康发展，提高国际分工地位，并为以中国为代表的新兴经济体如何实现价值链的向上攀升甚至构建新的区域价值链提供依据。

兼顾内外、内外联动才能更客观地评估改革开放的成效，才能更好地发挥改革成效。因此，基于加快“走出去”的现实，在对外直接投资的视角下，研究如何推进我国全球价值链地位提升，为我国提高国际分工地位、促进对外直接投资结构优化与国内产业结构升级提供路径，是一个现实而紧迫的重大问题。

第二节　研究内容与思路

一、研究内容

本书主要进行了以下几方面的工作：一是详细分析了全球外国直接投资①流出的现实情况，尤其是全球跨境投资的发展如何受新冠肺炎疫情影响。重点分析了我国对外直接投资②的发展历程与特点，找出我国对外直接投资一直以来存在的顽疾，以期在新的国际国内形势下解决问题，促进我国 OFDI 进入提质增效新阶段。二是分析了全球价值链的发展现状，根据价值分解模型得到的多方面指标对全球价值链的发展本质进行深刻剖析，并落脚到我国参与全球价值链分工的现实上。三是分析了全球价值链地位提升的各种可能路径，根据全球价值链地位升级的形式以及对外直接投资类别，对对外直接投资如何提高全球价值链地位进

① 外国直接投资(Foreign Direct Invesment, FDI)。

② 对外直接投资(Outward Foreign Direct Investment, OFDI)。

行了阐述，归纳出了对外直接投资影响全球价值链地位的三种主要路径，指出了三种间接效应——价值增加效应、技术进步效应、产业结构升级效应，并通过构建全球生产共享的价值链模型进行了验证。四是通过多国样本证实了对外直接投资能够影响母国的全球价值链地位，并且分析了发达国家与发展中国家的对外直接投资对本国全球价值链地位的影响存在的异质性，最后落脚到我国。五是进一步通过多样本数据验证了对外直接投资影响母国全球价值链地位的三种间接效应。六是回归我国对外直接投资与参与全球价值链分工，对全球价值链的指标进行更为细致的分解，通过中介效应模型剖析我国对外直接投资影响全球价值链参与的各个路径情况，找出内部最优路径，为全球价值链的地位提升与对外直接投资的结构调整提供依据。

本书共有八章内容，具体安排如下：

第一章为导论。主要介绍本书的选题背景以及问题的提出、研究思路与主要内容安排，梳理出本书的研究价值，以及本书的主要研究结论，最后审视本书研究的不足以及可能存在的创新之处。

第二章为文献综述。主要介绍前人的研究成果。首先从理论出发，介绍与本书相关的国际投资理论与全球价值链理论。然后梳理了全球价值链与对外直接投资相关的国内外研究成果，为本书的研究夯实基础。通过梳理全球价值链理论的发展脉络，对全球价值链地位进行了概念界定，并对相关概念进行了辨析；通过梳理传统国际投资理论，指出对外直接投资的动机、目的与类别等，最后落脚到微观视角，梳理了国际投资主体——跨国公司与全球价值链发展之间的联系。最后从四个方面重点梳理了国内外相关研究：全球价值链地位的内涵、全球价值链地位的度量方法、全球价值链升级的研究、对外直接投资与全球价值链的关系研究。

第三章为全球及我国对外直接投资分析。一是对现有的全球投资环境进行了分析，指出新冠肺炎疫情全球大流行使得全球投资环境更加复杂。二是对全球 OFDI 进行了现状分析，尤其是 2020 年以来主要经济体的对外直接投资情况。三是重点分析了我国对外直接投资历程，以主要对外直接投资理论为基础对我国的 OFDI 发展历程进行了初步判断并用数据进行了定量检验，指出我国现在正处于邓宁投资发展阶段理论的第四阶段。四是分析了我国对“一带一路”沿线国家的投资情况，在现状分析的基础上进一步分析了我国对外直接投资绩效，分析了我国对外直接投资存在的典型问题。五是分析了后疫情时期我国对外直接投资面临的机遇与挑战。

第四章为全球价值链地位的衡量与现状分析。首先对全球价值链地位进行了概念与范围界定，并根据已有模型，梳理了衡量全球价值链地位的指标体系，构建了综合衡量全球价值链地位的指标体系；根据这些指标对全球价值链的现状以及我国参与全球价值链进行了描述，重点分析了全球价值链的发展趋势及其背后的原因，对比分析了我国与其他国家之间存在的差距，指出了我国参与全球价值链的问题所在。

第五章为 OFDI 影响母国 GVC 地位的理论分析。本章构建了对外直接投资影响母国全球价值链地位的理论框架。首先，在新微笑曲线的基础上分析了全球价值链地位升级的所有可能路径；其次，对不同类别对外直接投资作用于全球价值链地位升级的三种方式进行分析；再次，在此基础上归纳出了 OFDI 影响 GVC 地位的三种主要路径，并进行了详细分析；最后，提出了本书的核心假设，并根据假设需要在已有研究的基础上构建了全球生产共享的价值链模型。

第六章为 OFDI 影响母国 GVC 地位的直接效应检验。本章为本书的实证分析部分之一，主要对本书的理论假设 1 进行检验，回答本书拟解决的第一个问题，即 OFDI 能否影响母国 GVC 地位。从五个方面进行检验：一是以全球 39 个国家和地区为样本进行实证分析，检验对外直接投资与全球价值链地位的关系，以及方向如何；二是将 39 个国家和地区按照经济发展水平进行分类，对比发达国家和发展中国家两组 OFDI 对母国 GVC 地位的影响是否存在异质性；三是从我国国家整体层面进行分析，对我国 OFDI 与 GVC 地位之间的关系进行检验；四是从我国行业角度进行分析，对我国16个行业大类OFDI与行业GVC地位之间的关系进行检验；五是对OFDI的类型进行分析，研究不同类别的OFDI对我国GVC地位的影响是否存在不同。

第七章为OFDI影响母国GVC地位的间接效应检验。本章也是本书的实证部分之一，检验本书的理论假设2，确定三种间接效应是否存在，回答本书拟解决的第二个问题，即OFDI如何影响母国GVC地位。第五章构建了OFDI影响GVC地位的理论框架，本章则是对该理论框架进行实证检验，用多国样本数据对OFDI影响GVC地位的三种间接效应进行实证检验，即检验价值增加效应、技术进步效应与产业结构升级效应是否存在。随后聚焦于我国，从实证上分析我国OFDI影响我国GVC地位的内在机制。一是分析OFDI是完全通过价值增加效应、技术进步效应和产业结构升级效应影响我国GVC地位，还是部分通过这三种路径影响我国GVC地位，以及每种路径的影响大小；二是通过对GVC指标进行内部分解，研究OFDI对GVC地位的内在构成部分的影响，找出OFDI影响GVC的内部主要途径。

第八章为研究结论、建议与展望。在总结本书主要研究结论的基础上，提出提升我国全球价值链地位的路径选择，以及对外直接投资与产业结构优化的建议。最后基于国际国内新形势，对全球价值链发展进行了展望。

二、研究思路

本书按照提出问题—分析问题—解决问题的主要思路，从理论和实证上分析对外直接投资对母国全球价值链地位提升的影响以及影响路径，据此提出优化对外直接投资结构和提升国际分工地位的建议（见图1-1）。本书主要回答三个问题：一是对外直接投资能否影响母国的全球价值链地位；二是如果存在影响，在全球价值链升级视角下，对外直接投资如何影响母国的全球价值链地位，影响方向如何；三是在全球价值链分工视角下，对外直接投资影响我国全球价值链地位的路径有哪些。

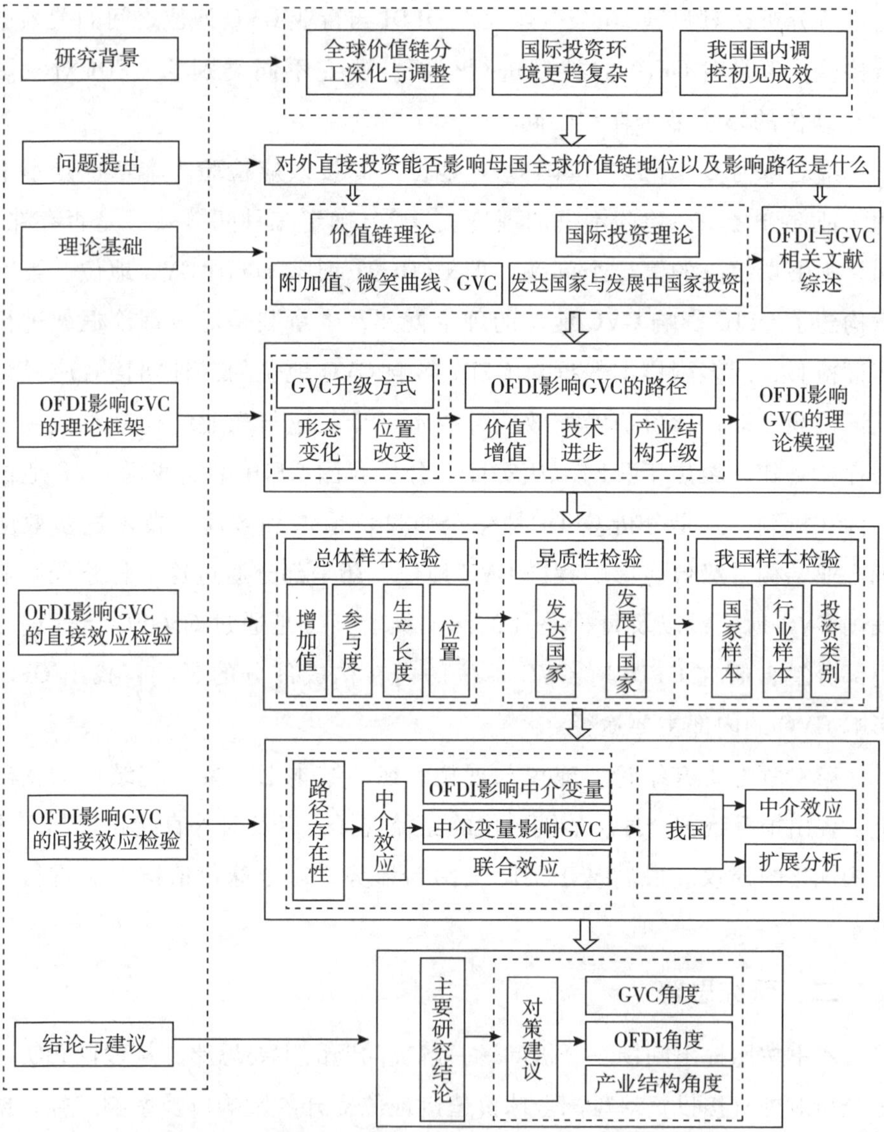

图 1-1　本书的研究思路

三、研究价值

全球价值链理论在不断深化完善，并逐渐同其他理论融合发展。本书基于常见的研究方向，选取新的研究视角，从对外直接投资入手，从参与全球价值链分工对国内的影响出发，构建了对外直接投资影响全球价值链地位的完整分析框架。一是丰富了全球价值链理论，对全球价值链的相关概念进行了界定与辨析，对相关价值分解模型进行了重新整理与阐述，详细全面解释了全球价值链地位包含的内容，并通过指标体系对全球价值链增加值、参与度、生产长度与位置进行分析，规范了全球价值链研究的基础性内容。二是结合全球价值链理论与对外直接投资理论，对二者进行融合阐述，一方面，根据微笑曲线的新发展提出了全球价值链地位升级的各种可能性与实现形式；另一方面，在全球价值链地位升级的视角下对不同种类的对外直接投资如何作用于全球价值链进行了理论阐述，既是对现有理论的利用，也是对现有理论的新的发展，为二者的相关研究提供了理论参考。三是构建了全球生产共享的价值链理论模型，进一步充实了全球价值链的理论研究内容。四是结合全球价值链地位的提升途径从对外直接投资的角度进行重新阐述，归纳了三种主要影响路径，为全球价值链的地位升级提供了理论借鉴。本书从多个方面对全球价值链的研究进行了扩展，既丰富完善了相关理论，也是对现有全球价值链研究进行的新的探索与补充，为发展中国家参与、深化全球价值链提供了极佳的理论参考。

第三节 研究方法、创新与不足

一、研究方法

本书的研究遵循理论与实际相结合、定性分析与定量分析相辅相成以及归纳方法与演绎方法相结合的原则，具体如下：

（1）归纳与综述法。通过系统地梳理、归纳国内外对对外直接投资与全球价值链的相关理论与实证研究的文献资料，总结了现有研究的成果并提出不足，为本书的研究奠定了理论基础，指明了研究方向。

（2）定性研究法。本书通过对全球价值链地位进行定义，选取多方面的指标对全球价值链的发展现状进行了定性描述；并从对外直接投资与全球价值链升级的发展规律和性质出发，描述了全球价值链地位升级的各种可能形式与对外直接投资如何作用于全球价值链地位的改变，构建了本书分析的理论框架。

（3）数理模型法。在其他学者研究的基础上，构建了全球生产共享的价值链模型，研究发展中国家如何实现全球价值链环节的位置攀升以及对外直接投资影响全球价值链地位升级的路径所在。

（4）计量分析法。采用时间序列模型、面板序列模型、主成分分析方法以及中介效应模型等计量工具，对对外直接投资与全球价值链地位之间的关系、对外直接投资影响全球价值链地位提升的路径等进行了实证分析。

二、创新与不足

本书的创新之处体现在以下三个方面：

（1）在理论上构建了全球价值链地位升级的多种可能路径以及实现形式。鉴于已有研究对“地位”和“位置”的混用，提出全球价值链地位的综合概念，对“位置”等相关概念进行了界定与辨析，并界定了全球价值链地位的内涵与外延；基于已有研究中经常提到的“向全球价值链高端环节攀升”等说法的笼统性，本书立足于已有理论与研究，建立了全球价值链地位升级的所有路径的分析框架，并分析了不同对外直接投资如何作用于全球价值链地位升级，是全球价值链升级视角与内容的一种创新。

（2）构建了对外直接投资影响全球价值链地位的完整分析框架。目前研究中，并没有“GVC 地位升级方式与主要路径—外力作用方式与路径—理论与数理模型支撑—实证模型验证”的全方位完整分析框架，本书在全球价值链地位升级的各种方式的基础上，对不同类型对外直接投资如何作用于全球价值链地位升级进行了理论阐述，随后归纳了对外直接投资整体影响全球价值链地位的三种主要路径；然后据此提出本书的研究假设，根据研究需要，对已有学者的模型进行改进与创新，构建了全球生产共享的价值链模型，对理论部分进行数理支撑；最后利用多国样本对理论进行了检验，用实证模型支撑本书的核心命题。

（3）深刻剖析了我国对外直接投资影响全球价值链地位的内在机制。对于我国参与全球价值链活动是更多参与简单的全球生产活动还是更多参与复杂的全球生产活动，我国参与全球价值链生产分工的变化是更多来自国内的变化还是来自国外的变化，抑或是中间产品的推动，以及我国对外直接投资对我国国内分工部分及我国中间产品在世界范围内流转的影响又是怎样的，现有文献并没有进行细致的阐述，本书弥补了这方面的不足。

本书的不足之处主要体现在以下三个方面：

（1）样本选择与处理的不足之处。对样本的选取，由于增加值数据库建立得较晚，相关数据库并不完备，导致样本的选择有偏，对实证研究的结果可能存在影响；由于数据库的限制，样本选取不具广泛性，更不具随机性；数据的缺失导致个别数据的不准确，以及相关数据的缺失导致本书仍然有很多内容有待进一步研究；对样本的分组处理，只能简单地分为发达国家与发展中国家，由于数据的限制，不能进行更为细致的分类，限制了对本书要研究的问题进行更为深刻的描述。

（2）对我国的相关研究不够全面。对我国全球价值链地位的衡量主要是从国家整体层面以及行业大类进行，由于数据的限制，没有更加细分到国内各个地区以及细分行业；在实证分析上，也由于所选指标以及数据库的原因，国家整体层面的研究只能进行简单的时间序列分析，可能存在一定的不足之处；受限于数据库中的已有分类，不能更为细致地去分析每个行业，甚至不能对行业进行技术等级的划分，因此看不出我国不同技术等级的行业参与全球价值链的变化与不同。

（3）理论部分中的模型分析仍然比较弱。由于已有研究主要是从理论与实证上进行分析，相关模型构建的研究几乎没有，从而本书的模型分析只能是简单的论述，并根据已有学者的做法进行一定程度的扩展，创新性不够；同时，模型推导不能反映对外直接投资对全球价值链地位多方面的影响，只能反映对全球价值链位置的影响，这也是模型的一个不足之处。

第二章 文献综述

世界经济在每个阶段都会出现不同于以往的发展特性，用理论解释阶段现实，并基于阶段现实对理论进行修改完善或者重造，从而不断建立新的理论，是学术界普遍存在的规律。同时，每一个研究都是以一定的理论为基础，而每一个理论又都是以一定的现实为依据，要研究新的事物势必要借鉴以往的研究，并结合新的事物特征，对以往的理论或者研究重新进行梳理与解释，据此提出新的观点与研究方向。基于本书的选题，需要首先对全球价值链理论与对外投资理论进行梳理，为研究全球价值链地位如何实现升级以及对外直接投资如何影响全球价值链的形成、发展与升级提供理论基础。然后在相关的理论基础上，梳理国内外学者利用相关理论对现实经济情况所做出的研究与解释，找出与本书选题相关的已有研究取得的进展、成绩以及不足，借鉴已有研究，在已有研究成果与不足的视角下，提出本书的研究思路。

第一节 GVC 与 OFDI 理论研究综述

发达国家对全球价值链理论、对外投资理论及其相关理论具有丰富的研究与长期积累，这都是基于发达国家的跨国公司在全球进行扩张的现实。我国作为发展中国家，既要借鉴发达国家的发展经验，又要充分考虑发展中国家的发展特性，因此，本书基于选题的角度，有选择性地对发达国家和发展中国家的相关理论进行了梳理。

一、全球价值链理论的形成与发展

全球价值链贸易是以中间产品的大量生产与出口为特征的，在增值贸易成为衡量全球价值链贸易流动主要方式的背景下，全球价值链理论以附加值理论为基石。

（一）全球价值链概念的由来

全球价值链的概念衍生于波特（1985）在《竞争优势》一书中提出的企业生产的价值链。根据生产创造价值以及“附加值”的概念，波特在其著作中提出，企业是一个集设计、生产、销售、配送以及辅助活动的微观个体，这些生产活动相互关联并创造价值，形成了一条企业内部的价值链条，构成了判断企业竞争优势的分析单位。推而广之，在一个行业中，更多的企业个体通过上下游的关系相互关联，构成了一个更宽泛的价值链，这属于企业个体的外部价值链。企业的竞争优势应该兼顾内部与外部价值链。

全球价值链的雏形来自 Kogut（1985）提出的产业垂直分工的全球布局模式，通过拓宽波特企业价值链的范围，Kogut（1985）将价值增加值的概念从企业内部运用到了世界经济中。他指出，企业参与全球经济是对价值链各功能进行配置的过程，公司的国际化战略是在国家比较优势和企业竞争优势的基础上做出的，国家比较优势决定整个价值链环节的全球区域分配，建立在企业特定优势基础上的企业竞争优势则决定了其应将资本和管理资源集中应用于某个价值链条上哪个环节的何种技术层面上。不同于波特将价值链应用到单个企业的竞争优势中，Kogut 指出了价值链具有的垂直分工特性，为全球价值链理论的形成进一步奠定了理论基础。

全球价值链的前身是 Gereffi（1999）最初提出的“全球商品链”。随着价值链理论的研究进展与世界经济的发展，“全球商品链”的概念应运而生。Gary Gereffi（1999）在研究跨国公司主导下的价值链活动时发现，在跨国公司的主导下，生产活动呈现出网络化特征。在全球商品生产与消费中，相关企业在跨国公司主导下共同构建了一条全球商品链。随后在洛克菲勒基金会赞助的“全球价值链计划”（2000—2005 年）的讨论中，全球价值链的概念被集体勾勒出来。最后基于“全球商品链”的概念，Gereffi、Humphrey 和 Sturgeon（2005）将全球价值链的概念进一步具体化。

Gereffi 指出，在跨国公司的主导下，生产活动跨越国境进行全球布局，价值链上的设计、生产、组装、销售等一系列的活动环节不再局限于一个国家内部，而是由多个国家共同完成，不同环节分布在多个国家，产品的国别属性消失，相关活动构成了一条全球的价值链。

至此，全球价值链的概念被具体化，并随着经济全球化的深化不断得到完善与发展。联合国工业发展组织（UNIDO，2002）在 2002—2003 年工业发展报告《通过创新和学习来参与竞争》（*Competing through Innovation and Learning*）中指出："全球价值链是指在全球范围内为实现商品或服务价值而连接生产、销售、回收处理等过程的全球性跨国企业网络组织，涉及从原料采集和运输、半成品和成品的生产和分销，直至最终消费和回收处理的过程。它包括所有参与者和生产销售等活动的组织及其价值利润分配，当前散布于全球的处于价值链上的企业进行着从设计、产品开发、生产制造、营销、交货、消费、售后服务到最后循环利用等各种增值活动。"

通过分析全球价值链概念的演绎路径可以看出，价值链的概念在广度上从企业内部到企业间，然后到区域间，最后延伸到全球，形成了现在被广泛关注的全球价值链概念，经历了以产品为核心的价值链网络到以跨国公司为核心的全球生产复杂网络的演变。全球价值链的研究起源于社会学领域，研究的主要目的是探讨价值分配机制与涉及跨境生产和消费的组织结构之间的相互作用关系。

（二）全球价值链内涵的延伸

国外研究中，Sturgeon Lee（2001）从组织规模、地理分布和生产主体三个方面对全球价值链进行了进一步的解释。从组织规模看，全球价值链包括参与了某种产品或服务的生产性活动的全部主体；从地理分布来看，全球价值链必须具有全球性；从参与的主体看，有一体化企业、零售商、领导厂商、交钥匙供应商和零部件供应商。Kaplinsky 和 Morris（2001）继续推进价值链理论，指出价值链链条中并不是每个投入环节都创造价值，创造价值最重要的环节应该是战略生产环节，生产企业抓住了该环节就意味着成为该产业全球价值链的主导者；并按照全球价值链升级层次由低到高，将其分为流程升级、产品升级、功能升级和链条升级四个方面。UNCTAD（2013）认为全球价值链囊括了从产品概念到最终使用的全过程，包括国内外企业参与制造、销售的所有活动。在全球制造模式中，产品不再是“德国制造”“美国制造”，甚至也非“中国制造”，而实际上是“世界制造”。英国 Sussex 大学 IDS 研究中心将全球价值链定义为：产品在全球范围内，从概念设计到使用直至报废的整个生命周期中所有创造价值的活动范围。各种活动可以包括在一个企业之内，也可以分散于各个企业之间，可以集聚于某个特定的地理范围之内，也可以散布于全球各地。

国内研究中，章文光（2004）指出，一条价值链中包含很多不同的价值环节，而每一个价值环节所能创造的价值也不相同，某一个细分的环节有可能创造出较多的附加价值，而一些辅助性的价值创造环节创造的附加价值不高，但同样是不可或缺的。那些创造出高附加值的环节将成为战略性环节，只有掌握了全球价值链中的战略性环节才可能成为整条价值链的主导者和治理者。陈静（2015）认为，从微观角度来看，价值链概念描述了微观层面的公司所进行的主要包括了设计、生产、营销、分配渠道及售后服务等环节的从产品开发到消费者对产品的最终使用这一系列的生产活动；跨国公司将整个价值链过程中的某些环节重新设计和整合、集中资源于核心业务、外包、借助外部市场寻找合作伙伴的活动构成了企业内和企业间市场的联系，使得全球价值链在全球范围内相互联系而形成国际生产网络。

（三）全球价值链理论的发展基石

全球价值链的研究势必是以“价值”为基础展开的，通过计算参与全球生产创造的价值来衡量一国的价值创造能力与所处分工环节。在此基础上，如何划分全球价值链环节，根据环节划分判断处于该环节的国家能够创造的附加值同样是研究全球价值链的基础之一。最后，全球价值链分工作为国际分工的最新形式，是在国际分工理论的发展下演绎而来的，即全球价值链的发展是以三大理论：附加值理论、微笑曲线理论与国际分工理论为基石的。

1. 全球价值链的价值基础——附加值理论

附加值是经济主体新创造出来的产品价值，通俗来讲，就是产品生产过程中实际增加的价值。高附加值产品能够给企业带来更高的利润，通常也要求更高的技术水平、更创新的观念等。

附加值的概念最初来源于 Allen W. Rucker 的生产价值概念，“生产价值是企业的生产活动所附加于原材料上增加的价值，也就是由总销售额减掉原材料费、动力费、消耗品费后得到的附加值数值”。随后，雷曼（M. R. Lehman）的“创造价值”从另一个角度解释了附加值，他认为“创造价值”是薪金、津贴、交易税、营业税、资本利息和自由资金收益等之和。在此基础上，日本专家竹山正宪提出了附加值的概念，他认为附加值是在企业外部购进的价值上重新加上自己公司所创造的那部分价值。广泛意义上的附加值概念是美国管理学家杜拉克（P. F. Drucker）提出的，他将附加值称为“贡献价值”：它是企业生产的产品或提供的服务所得之总额与由外部买进的原材料或服务的采购额之间的差值。

附加值的提出为衡量产品价值提供了一种新的方法，根据产品附加值的高低可以对生产工序进行划分，不同工序生产出的产品具有不同的附加价值，从而处于不同工序上的企业获得的利润不同，据此可以对包括研发设计到售后服务在内的全部生产、流通、消费环节进行分割，产生新的价值链理论。

2. 全球价值链的链条基础——经典微笑曲线理论

经典微笑曲线理论指的是施振荣在 1992 年提出的，关于产品生产流通过程不同环节对应不同的附加价值从而形成一条类似于微笑曲线的价值链理论。微笑曲线所代表的是增加值在价值链上各生产环节的分布形态。

在产品生产消费中，由设计、生产最后到销售以及售后服务的过程中涉及多个环节，而不同的环节所产生的附加值是不一样的，如处于上游的产品开发过程能够产生的附加价值非常大，而处于中游的组装加工过程能够产生的附加值微乎其微，从而不同的环节对应不同的附加值，形成了一条类似于微笑的曲线（见图 2－1）。

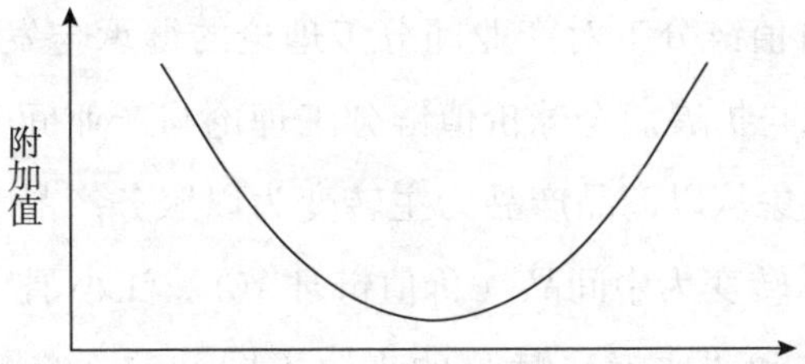

图 2－1 微笑曲线

在微笑曲线左端，一般是上游的创意、设计、研发等环节，这些环节一般涉及品牌、创新、核心技术等，从而能够产生较高的附加值；微笑曲线中间是组装、简单加工等生产环节，门槛低、利润低，能够产生的价值有限；微笑曲线右边是营销服务环节，更加接近消费者，同样能够产生较高的附加值。

微笑曲线理论是价值链理论的一种，描述了产业链条上不同环节的价值分布形态，是全球价值链分析的基础。它代表了该时期国际分工的转变，在市场调研、创意形成、技术研发、模块制造与组装加工、市场营销、售后服务等环节构成一个完整的全球产业链的情况下，各个国家凭借自身要素禀赋参与价值链上某一环节。一般来说，发展中国家受制于自身技术水平，只能进入门槛较低、利润较低、技术较为成熟的加工组装环节，能够创造的价值有限；而发达国家通过跨国公司主导全球价值链，进而占据附加值较高的研发与市场环节。

3. 全球价值链的分工基础——国际分工理论

国际分工是指社会分工在国与国之间的分工，经历了从产业间分工、产业内分工到产品内分工，并继续深化发展成现在的全球价值链分工的演变过程。当代国际分工已转向全球价值链分工，陈静（2015）认为，全球价值链的分工就是企业将最优规模不同的生产环节分配到全球最具规模经济的地区进行生产，从而达到企业资源的最优化配置。因此，发达国家为了寻求规模经济产生的成本下降而将产品的生产环节外包给具有相对优势的发展中国家，而发展中国家通过承接外包行为提升本国技术，并形成规模生产，从而产生了全球价值链下的分工和贸易。

（1）全球价值链分工对产业间分工理论的继承与发展。[①] 一是对要素禀赋理论的继承与扩展。全球价值链分工理论与产业间分工理论的本质差异在于：贸易对象从以商品产品为主转变为以服务产品为主，分工对象从最终品（成品）转变为中间品（价值链环节）。江小涓（2008）指出，尽管“比较优势”和“要素禀赋”的来源不同（前者一般为技术差异，后者是生产要素比率差异），但它们都导致了不同国家商品的相对价格差异，进而促使贸易发生，如果把商品和服务贸易都“拆分”为要素集合的贸易，那么它们的核心基础是一样的，因此立足于要素禀赋差异的分工理论对商品和服务贸易都适用。二是对“比较优势理论”的继承与扩展。Jones和Kierzkowski（1990）认为，比较优势仍是全球生产分工的基础，而且适合于服务业。曹明福和李树民（2005）认为，比较优势是获取全球价值链分工利益的核心来源之一。卢锋（2004）指出，不同生产工序的要素投入比例差异形成比较优势和贸易收益，促进分工行为的产生。在此基础上，谭人友（2017）指出，“比较优势理论”的基本理念有助于深化对全球价值链分工的解释，但其内在含义发生了明显变化：从传统的“最终品整体优势”扩展为“价值链环节优势”。

（2）全球价值链分工对产业内分工理论的继承与发展。谭人友（2017）指出，全球价值链分工要求各国专注于自身的禀赋优势所适合和“擅长”的环节，在该环节选择最优生产模式来进行生产，因此理论上各国都实现了所从事环节的“环节规模效应”。跨国公司将这些不同环节的“环节规模效应”整合起来设定整体生产规模，则实现了最终品的“整体规模效应”和真正意义上的全球最优化生产，这是对新贸易理论以规模经济作为核心因素解释产业内贸易行为的内涵的扩展。同时，全球价值链分工要求各国根据自己的要素禀赋在价值链上的劳动密集型、资本密集型、

① 谭人友. 全球价值链的概念性理论框架：一个国际分工的视角[J]. 现代管理科学，2017(5)：40-42.

技术密集型等不同方面具有比较优势，最终会出现劳动相对丰裕的国家吸引大量的劳动密集型生产活动、资本相对丰裕的国家产生大量的资本密集型产业、技术发达的国家存在大量的技术密集型产业的全球产业格局，这些使用类似于生产要素的“类似”生产环节的不同产业聚集在国内很容易形成产业集群，有利于产生外部规模经济效应（胡昭玲，2007），而这是对主要探讨企业内部规模经济的新贸易理论的外延的扩展（谭人友，2017）。

（3）全球价值链分工是对产品内分工理论的继承与发展。产品内分工是国际分工发展的一个阶段，产品内分工深化加剧了生产和销售在时空上的分散，导致生产的“片断化”，特定产品的生产被分割成不同生产工序并被分散到不同国家（易先忠、高凌云，2018）。全球价值链分工是产品内分工新的发展，是以产品内分工为基础将生产环节更加片段化，由一系列前后相继、序贯相连的生产阶段所构成的价值分工形式。

（4）全球价值链分工新的发展。陈静（2015）认为，处于价值链两端的是高层次的分工形式，价值链中间的则为较低端的分工层次：在较低的分工层次上，劳动力的标准化、同质化程度较高，而资产的特定化程度则较低，这个层次是大多数发展中国家参与的分工部分；而在较高层次上，劳动异质化和专门化程度较高，资产和知识的专业化程度高，因此通常为关键资源集中的环节，但这个层次的分工进入的壁垒较高，其参与者更是主要以专业化的知识和专用性资产进入，在全球价值链价值分配中能够获得更高的垄断、熊彼特租金，他们同时也处在网络和价值链的核心位置，在很大程度上影响着各国在全球价值链分工中的地位。刘林青、谭力文（2006）认为，在全球价值链大背景下，国际生产分工的划分已从按产品分工转为按生产要素分工，从产业间水平分工转为价值链分工，产业边界超越国家边界，国家参与国际生产分工的性质因此发生了变化。曹明福和李树明（2006）研究认为，全球价值链使得国际产业分工依据从国家比较优势过渡到全球优势。

可以看出，全球价值链分工是在传统国际分工的演化基础上发展而来的，既继承了早期国际分工理论的基本思想，又发展出了新的特点，扩展了传统分工理论的内涵与外延。

二、传统国际投资理论的梳理

国际投资理论从研究对象上可以分为以发达国家和以发展中国家为研究对象的两大对外直接投资理论体系。发达国家的对外直接投资理论主要包括：垄断优势理论（海默）、边际产业扩张理论（小岛清）、产品生命周期理论、内部化理论、国际生产折中理论（邓宁）等。发展中国家对外投资理论主要包括：小规模技术理论、技术地方化理论、技术创新产业升级理论、投资发展阶段理论等。

（一）以发达国家为对象的国际投资理论

发达国家跨国公司的出现主导了早期对外直接投资的全过程。比较经典的对外直接投资理论都是以发达国家为研究对象，主要有垄断优势理论、边际产业扩张理论、产品生命周期理论、内部化理论、国际生产折中理论等。

（1）垄断优势理论，由美国学者海默（Hymer）（1960）提出，约翰逊（H. G. Johnson）和金德尔·伯格（C. P. Kindleberger）（1975）进行补充、完善，并逐渐为众人所知晓。该理论的基础是不完全性竞争理论，该理论认为具有垄断优势的企业源于不完全竞争市场上获得的规模经济、专利、资金等优势，能够推动企业开展对外直接投资活动，通过对外直接投资充分使用其具备的垄断优势获取利润，即垄断优势是跨国公司进行对外直接投资获利的重要原因。

（2）边际产业扩张理论，又称比较优势投资理论，由日本学者小岛清（1977）提出。该理论的基础是国际分工的比较优势理论，从该理论出发，小岛清认为对外直接投资应该依次从本国已经处于或即将处于比较劣势的产业和边际产业开始，而这些产业正好是东道国具有明显或者潜在比较优势的产业。对边际产业进行投资，一方面可以为本国新兴产业发展提供更多空间与资金；另一方面可以充分挖掘利用东道国未能充分显现的比较优势，加强两国之间的贸易交流。

（3）产品生命周期理论，由美国哈佛大学著名学者弗农（Raymond Vernon）于1960年提出。该理论认为产品从进入市场到被淘汰的整个过程和人的生命一样要经历不同的周期，而同一种产品在不同的国家所处的发展阶段是不一样的，表现为不同国家在技术上的差距。当产品在母国市场上所处生命周期阶段变化时，企业通过对外直接投资将母国不具备垄断优势的该阶段产品转移到此阶段仍然具有比较优势的国家进行生产和销售，国内可以集中资源于新产品开发。该理论解释了同一产品由于所处生命周期阶段的不同，而在不同国家市场上的竞争地位的差异，进而解释了对外直接投资的动机。

（4）随着跨国公司的出现，英国经济学家巴克利（P. J. Buckley）和卡森（M. C. Casson）（1976）在研究跨国公司时提出了内部化理论，该理论认为跨国公司之所以通过对外直接投资在东道国设立企业，是为了规避市场上的交易不确定性带来的高交易成本，即无论是通过出口产品至国外市场还是通过专利许可授权国外企业都不如将这种交易在企业内部进行更为经济，内部化的动机促使企业开展对外直接投资。

（5）邓宁（John H. Dunning，1977）的国际生产折中理论的核心是"三优势模式"理论，即所有权优势、区位优势和内部化优势，而企业进行国际直接投资则是在自身所拥有的这三种优势综合作用下的结果，即这三种优势的不同组合决定了跨国公司的跨国活动是出口、特许权转让还是对外直接投资。

垄断优势、比较优势和国际生产折中理论都以一定的优势为基础，指出了早期发达国家跨国公司进行对外直接投资的动因，指出了市场不完全是跨国公司开展海外投资的基本条件。在不同动机促使下，跨国公司不断进行海外投资的过程，促进了经济全球化与产品的跨国生产，是全球价值链形成的本质原因。作为早期对外直接投资理论，众多理论都是基于发达国家企业的视角，着重探讨跨国公司的初期投资行为，因此不足以解释发达国家之间的交叉投资。随着发展中国家海外投资的出现及快速发展，这些理论不足以为众多发展中国家的中小企业开展海外投资提供理论依据，更不能解释越来越多的跨国公司的投资行为，进而促成了以发展中国家为研究对象的对外直接投资理论的深化。

（二）以发展中国家为研究对象的国际投资理论

以发展中国家对外投资为对象的研究始于20世纪80年代左右。随着发展中国家经济发展水平的提高，其国内企业逐渐走出国门，并且影响力随着投资体量的增加而逐渐凸显。然而相对落后的发展中国家对发达国家以及对同等发展中国家的投资动因却是以发达国家为研究对象的投资理论所无法解释的，由此催生了以发展中国家为研究对象的投资理论（于世海，2014）。

以发展中国家对外投资为研究对象的比较经典的理论有小规模技术理论、技术地方化理论、技术创新产业升级理论和投资发展阶段理论等。

（1）小规模技术理论由刘易斯·威尔斯（1983）提出，用于解释发展中国家跨国公司对外直接投资的动因和竞争优势问题。该理论认为相对于东道国而言，较低的生产成本是发展中国家对外直接投资的根本优势，其所拥有的适用于小市场的生产技术较好地满足了小市场的服务需求。该理论认为发展中国家对外投资的竞争优势具体体现在三个方面：拥有为小市场需要服务的劳动密集型小规模生产技术；在国外生产民族产品；产品低价营销战略。

（2）技术地方化理论由英国经济学家拉奥（Lall，1983）提出，拉奥认为，发展中国家跨国公司的技术特征尽管表现为规模小、使用标准化技术和劳动密集型技术，但这种技术的形成却包含着企业内在的创新活动，即以吸收引进技术后的创新形成了发展中国家的竞争优势。同时，拉奥指出了发展中国家的国际竞争优势主要源于四个方面：一是发展中国家的技术知识实现本土化是在一种新的环境下进行的，这种新的环境同要素价格和质量息息相关；二是发展中国家能够根据本土市场或者出口国市场的需求对引进的产品或者技术进行适宜的改造，即更能迎合消费者需求；三是发展中国家在技术引进吸收创新后，能够产生具有更高经济效益的小规模生产技术，并形成自身的竞争优势；四是即便东道国市场较大，消费者定位不同，发展中国家仍然能够开发出同品牌方相区别但是又具有一定竞争力的新产品。

（3）技术创新产业升级理论由英国学者坎特韦尔（John A. Cantwell）和托兰惕诺（Paz Estrella Tolentino）在 20 世纪 90 年代初期共同提出，用以解释发展中国家特别是一些新兴工业化国家对外直接投资的迅速增长，以及对发达国家的逆梯度投资这种新趋势新现象。在技术积累的基础上，该理论认为发展中国家正是通过不断的技术能力的积累提高与稳定扩大促进了其国内产业结构的升级，而这种技术能力的积累又与其对外直接投资活动的增长相关。同时，当前的技术能力又影响了其对外直接投资的开展与增长。从而可知，技术能力的提高与对外直接投资和产业结构升级相关，进而可以预测发展中国家对外直接投资的产业结构和地理结构。

（4）基于国际生产折中理论以及日益频繁的发展中国家的对外直接投资活动，邓宁的投资阶段理论进一步解释了发展中国家的国际投资行为。该理论认为一国国际投资的流入与流出与其自身的经济发展水平相关，并且呈现出一定的阶段性特征。根据 FDI 流入与流出情况以及国家的所有权优势、内部化优势和区位优势，大致可将投资依次划分为五个阶段。第五个阶段受经济发展阶段的影响程度大大减弱，而更多地取决于发达国家之间的交叉投资。具体阶段特征如表 2－1、图 2－2 所示。

表 2－1 邓宁投资发展阶段

阶段	人均 GNP/美元	FDI 流入	FDI 流出	净 FDI	比较优势		
					所有权优势	内部化优势	区位优势
第一阶段	<400	少量	0	负	缺乏	缺乏	缺乏
第二阶段	400～2000	加快	少量、缓慢	负	缺乏	缺乏	改善
第三阶段	2000～5000	减缓	加快	负（日益减少）	改善	改善	加强
第四阶段	>5000	大量	大量	正（日益增加）	强大	强大	利用区位优势
第五阶段	>5000	大量	大量	正（日益降低）	强大	强大	利用区位优势

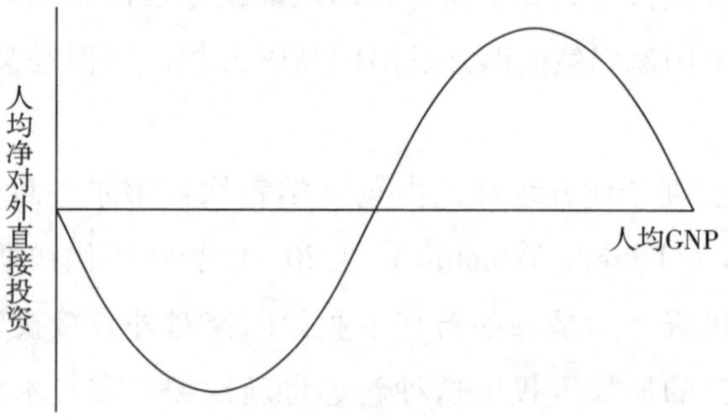

图 2-2　投资发展周期

以发展中国家的对外直接投资为研究对象，避开垄断优势等传统分析视角，新的国际投资理论逐渐弥补了早期投资理论的局限性。如小规模技术理论立足于发展中国家的独特竞争优势，并与国家市场特征相结合来分析跨国投资行为，既立足于现实又解释了现实；技术创新产业升级理论指出了发展中国家投资、技术与产业的发展路径，能够为发展中国家投资结构与产业结构调整提供理论依据；投资阶段理论从动态的角度刻画了利用外资、对外投资与国内经济发展之间的关系，既很好地吻合了发展中国家的投资地位，又为发展中国家制定投资政策提供了理论参考。同时，新的投资理论也存在很多不足，如小规模技术理论的技术被动论调、投资阶段理论的指标单一性问题、技术地方化理论对创新行为的解释不够深刻等。

第二节　GVC 地位及其与 OFDI 之间关系的研究综述

国内外关于全球价值链地位及其与对外直接投资之间关系的研究主要集中于四个方面：一是对全球价值链地位的衡量，即研究全球价值链上各个国家所处价值链环节、在生产网络中的位置、参与全球价值链的深度与广度以及全球价值链分工的程度等，主要通过构建指标量化参与国的参与现状；二是对全球价值链地位升级的研究，集中于全球价值链的升级和全球价值链上的位置提升；三是对外直接投资与全球价值链地位的关系，即对外直接投资能否影响到全球价值链的地位或者位置，主要通过理论叙述与实证检验进行；四是对外直接投资如何影响全球价值链地位，构建对外直接投资影响全球价值链的路径，为对外直接投资结构优化与全球价值链地位提升研究提供理论参考。

一、全球价值链地位的内涵

研究全球价值链地位首先需要辨析全球价值链地位所包含的内容、涉及的主要方面，其次需要对目前关于全球价值链研究中使用的常见名词进行区分，最后根据目前已有的研究结论对本书研究的全球价值链地位下一个定义，以规范本书的研究范围。

（一）相关概念辨析

在实际使用过程中，多数学者并没有对全球价值链地位进行定义，使用时并未对全球价值链地位和位置这两个名词进行区分，基本上是借助已有研究成果对全球价值链地位或者位置进行一个数字计算，以表征一国参与全球价值链的情况。因此，全球价值链地位的概念要同全球价值链位置的概念放在一起进行辨析。

1. 全球价值链“位置”的概念阐述

（1）Lall 等（2005）指出，一国的出口商品体现了其劳动技能、科学技术及其加工价值链中的状况，出口商品越复杂，意味着该国所处的价值链位置越高。一个生产体系中行业和国家的线性位置，对于考虑沿价值链部门特征的变化特别重要，例如，“微笑曲线”所体现的增加值率的重要性（Baldwin，Forslid & Ito，2016；Ye，Meng & Wei，2015），或者对价值链治理模式的重要性（Antràs & Chor，2013）。Inomata（2008）以及 Escaith 和 Inomata（2013）最早提出衡量经济体的相对生产位置的研究，用前向和后向平均扩展长度（APL）的比率描述区域生产网络中每个经济体的相对位置。杜大伟（2017）也指出，Romero 和 Bosma（2005）提出的平均扩展长度（APL）可以在全球价值链领域识别全球生产系统中国家（或行业）的相对位置：如果一个国家的代表性生产链相对最终产品要比初级产品更远，那么该国就处于全球价值链相对上游的位置；相反，如果一个国家的代表性生产链相对最终产品要比初级产品更近，那么该国就处于全球价值链相对下游的位置。因为平均扩展长度可以沿着生产线分别按前向（成本推动）和后向（需求拉动）进行测量，所以可以通过比较前向和后向的长度值，识别全球生产网络中的特定国家的相对位置。

（2）陈静（2015）指出，全球价值链分工实现了将产品的不同部分分解到不同的生产环节中，而具有不同技术水平的跨国公司则掌握了价值链中的不同生产环节：发达国家跨国公司掌握了采购者驱动型价值链的品牌、渠道环节和生产者驱动型价值链中的研发、设计环节，处在价值链的高端位置，而发展中国家的企业则被动分配在价值链上的生产型加工和装配环节中，处于低端位置。在全球价值链中，主导企业与弱势企业（通常为供应商）共同参与价值链的合作生产，企业的地位由其占有价值链中关键资源的能力大小以及根据其关键资源占有程度对企业外部行业的控制、融合能力决定。对跨国公司在全球价值链中的位置衡量，实际上是对同一条价值链中，来自不同国家的不同类型的公司所在的相对位置的测度，或者是对跨国公司所主导的不同类型的全球价值链与产业上下游的关联度大小进行的测度。总的来说，跨国公司的全球价值链位置是一个相对概念，因此，从经济学角度来看，对垂直分工程度的计算则是一个极佳的衡量价值链相对位置的方法。企业之间的技术差距将最终决定掌握不同核心能力的企业最终的价值链所处位置。获取核心技术则能帮助企业占据价值链的关键环节，提高资源掌控能力，从而获取价值链的主导权、规则制定权以及大部分利润获取能力。因此，价值链中企业对关键资源的获取、掌握，即主导企业与弱势企业之间的锁定与反锁定、俘获与反俘获的博弈决定了其最终的位置。由于主导企业所具备的企业核心能力中包括对关键资源的掌握与运用，并且其出于对价值链的主导而具备了规则制定权，从而也能够同时获得李嘉图租金、熊彼特租金以及垄断租金，并能够根据企业战略发展的需求而在价值链中选择其进行竞争的位置，或者从一种价值链中转换到另一种价值链。而价值链中的弱势企业则只能通过依附整个价值链，尤其是依附价值链中处于核心生产环节的主导企业来进行价值和利润的创造。

可以看出，关于全球价值链位置的描述并不统一，有学者认为是距离消费者的远近，有学者认为是在价值链中所处的环节，而陈静（2015）关于位置的描述既有所处价值链环节的意思，也有企业对价值链中关键资源的占有能力、对关键资源占有程度以及对外部行业的控制和融合能力等多方面的综合意思。

2. 其他相关概念辨析

（1）通过对不同环节创造的价值进行划分，全球价值链可以划分为“高端环节”和“低端环节”。高附加值环节即高端环节，也就是常说的“向全球价值链高端攀升”中的“高端”；低附加值环节即低端环节，“低端（底端）锁定”中的低端。完整的全球价值链能够细分为研发、技术、专利、加工、组装、制造、物流、营销、品牌、合作和服务等阶段（Gereffi，1999），UNCTAD（2013）将这些阶段划分为三大环节，其中研发、技术和专利三个分工阶段为知识创造环节，属于价值链的上游阶段，在经典微笑曲线上表现为左边价值高地；加工、组装和制造阶段是产品的生成阶段，为主要运营环节，处于价值链的中游位置，在经典微笑曲线上表现为中间价值洼地；物流、营销、品牌、合作和服务是产品从制造者到最终使用者的传递阶段，为销售和服务支持环节，处于价值链的下游，在经典微笑曲线上表现为右边的价值高地。根据经典微笑曲线理论（施振荣，1992），价值链上游和下游阶段的知识创造和销售服务支持能够获得较高的附加价值，属于价值链高端环节，价值链中游主要运营环节贸易增加值获取能力相对较低，属于价值链的低端环节。通常来说，价值增值高的环节是全球价值链分工中的核心环节，包括研发设计、品牌流通等过程（阐放，2016），这些阶段具有更高增值能力而成为全球价值链的主导环节；加工组装等生产阶段因增值能力较低而成为从属环节（黄锦明，2016）。

价值链既可以根据生产流通过程进行阶段划分，又可以根据距离消费者的远近分为上游、中游、下游阶段，根据产生的价值高低分为高附加值和低附加值环节，高附加值环节属于价值链高端环节，低附加值环节对应价值链低端环节。

从微观视角来看，处于上游阶段的企业往往属于大型跨国公司，具有较高的研发能力与技术水平，通常具有较高的价值分配与创造能力，出口具有较高附加值的中间产品，能够攫取价值链上的多数利益，属于全球价值链的构建者或者占据主导权。处于中游的企业往往属于发展中国家，通常具有丰富的劳动力（通常是低技能劳动者）、较低的成本等比较优势，通过进口上游企业的高附加值中间产品进行生产，并出口最终产品，能够创造的价值有限，在全球价值链上属于跟随者，往往是全球价值链低端锁定的研究对象。处于下游阶段的企业往往拥有全球性的供应链与营销网络，拥有先进的管理经验与品牌优势，能够创造的附加值没有边界限制，在全球价值链上占据控制权。因此，在全球价值链中占据主导地位的企业基本上都是上游或者下游企业，但是参与上游知识创造的企业往往也是控制下游销售及服务支持环节，并将中游环节外包给发展中国家的企业，在全球价值链上拥有绝对控制权。价值链上游环节存在着较高的进入壁垒，该环节的企业存在着两种进入模式：一是创新发现型，在某一领域获得突破进展，获得新的技术专利；二是合并上游企业，购买其技术和创新能力。中游环节的进入门槛较低，成为大多数发展中国家参与全球价值链的主要方式，其利益主要来源于规模生产的成本降低，中国对外贸易近年来的迅猛发展则主要源于本国企业以低成本劳动力和自然资源比较优势参与价值链的主要运营环节。下游环节专业性要求较高，对企业的全球营运能力与营销网络控制能力要求极高，因此也存在较高的进入门槛（郝凤霞、张璘，2016）。

（2）产业链的实质就是不同产业的企业之间的关联，而这种产业关联的实质则是各产业中的企业之间的供给与需求的关系。上游、中游、下游企业是从产业链中所处的相对位置来界定的，上游企业是指处于行业生产和业务的初始阶段的企业，主要是对原材料进行初加工，生产下游企业所必需的原材料和初级产品等，具有基础性、原料性、初加工的特点。下游企业是相对于上游企业而言的，主要是对原材料进行深加工和改性处理，并将初级产品转化为生产和生活中的实际产品。一般来讲，上游生产的产品供给中游，中游生产的产品供给下游。绝大多数产业从一个角度看是上游产业，但从另一个角度看则是下游产业。

从各方含义来看，价值链上下游和产业链上下游既有统一又有区别：如果单从只包含研发设计到生产再到销售服务支持这些环节的产业来看（即该产业不涉及原始材料或者初级产品），价值链上游等同于产业链上游，都是指具有高技术知识密集型的研发等环节，同样生产环节属于中游，营销售后等属于下游；如果从包含原材料挖掘如采矿又包含研发设计以及最后销售等环节的产业看，价值链上游不等同于产业链上游，此时能源采掘业可能属于劳动密集型行业（也可能属于资源或者资金密集型行业），位于价值链的低附加值中游环节，但是属于产业链的上游。

在该领域还有类似于全球价值链的术语，如“全球供应链”（Global Supply Chain），是指在世界范围内将从生产到消费的各个分散的环节有机整合起来，实现产品设计、采购、生产、销售及服务等全流程协同的经济组织形态（路红艳、梁威，2019），是跨国增值活动中实体投入产出序列的通用名词，主要用于侧重物流管理和贸易便利化（如何降低成本和前置时间）的商业研究（杜大伟，2017）。

（二）全球价值链地位的阐述及其衡量

1. 全球价值链地位的内涵描述

伍先福（2019）认为全球价值链地位有两种：一种是可体现价值增值水平的经济地位；另一种是可度量生产分工环节的物理地位。通常认为，全球价值链地位指的是前者，而后者一般用全球价值链位置表示。但是，由于全球价值链位置指标在某种程度上能够反映不同生产环节的价值增值规律，可对其指标进行改善以用其测度全球价值链地位。戴翔和李洲（2017）认为，基于贸易角度对出口增加值进行分析，力图揭示一国贸易的真实经济获益情况，间接地了解一国在全球分工中的经济位置，称为“经济定位”；而从技术层面对产业分工在全球价值链中的具体生产技术位置进行测度，称为“物理定位”。在全球价值链上，无论处于何种生产环节，出口国内附加值率越高则意味着单位出口能创造附加值的能力就越强，即“经济定位”直接决定了产业的经济利润，进而影响产业在全球价值链中的位置。全球价值链中的每个生产环节和阶段都处于一个特定的“物理位置”，而该位置通常可以通过与消费终端的距离进行测度。即“物理定位”从生产技术的角度研究各个经济体所处的全球价值链的具体生产环节。生产技术决定了产业所处分工物理位置，而分工位置（比如微笑曲线上的不同环节和阶段）通常是分工地位的重要决定因素。他们还基于物理定位得出中国产业在全球价值链中的分工地位处于中低端水平，并且呈现出进一步恶化趋势的结论。同时，唐海燕等（2009）指出，要准确度量一国所处的价值链位置非常困难，因为不同产品的价值链属性存在差异，而且研发、设计等非生产环节的价值链位置也难以量化。在产品内国际分工体系中，一国的价值链状况最终都会反映在具体的产品上，产品的技术层次与该国整体的价值链位置密切相关，从而出口商品结构的相似度指数能够反映该国与全球价值链高端环节的相对距离。

2. 全球价值链地位的衡量

Koopman 等（2010）认为，一国某一产业处于全球价值链的上游还是下游，反映了其在国际分工中的地位，可以通过该国出口给他国的中间品与其从他国进口的中间品进行判断。如果某国处于全球价值链上游，其主要通过向其他国家提供原材料或中间品来参与国际产业分工，其间接出口增加值占总出口比重高于国外增加值比重，全球价值链地位就高。相反，如果某国处于全球价值链下游，其主要通过进口他国的中间品简单地组装加工来生产最终产品并参与国际分工，其国外增加值占总出口的比重更大，其地位就更低。陶长琪等（2019）运用 Koopman 等提出的价值链分工地位指数对 41 个国家在全球价值链中的分工地位进行了测算，发现发达国家并不一定位于分工地位的上游位置，发展中国家的分工地位也不必然很低。一般情况下，发达国家和地区处于生产价值链中生产或研发等技术复杂度较高的高端环节，而发展中国家可能处于价值链的原材料供给和组装等低端环节（邱斌、叶龙凤、孙少勤，2012），各个国家都希望提升本国企业在全球价值链中的地位，占据一个更高端、拥有更高附加值的位置（王杰、段瑞珍、孙学敏，2019）。黄锦明（2016）指出，当代国际分工已转向全球价值链分工，一国的国际分工位次是由其在全球价值链分工中所处的环节决定的，在技术和营销环节有优势的发达国家具有更强的国际分工位次和竞争力，获得了较多的国际分工利益。中国在全球价值链分工中的位次低，在中低端生产环节有优势，在技术和营销环节仍处于劣势。唐志芳等（2018）也认为，鉴于我国从事的多是劳动密集型工作，在全球价值链中的地位并不高。黄光灿等（2019）认为，国际分工形式表现为垂直型分工合作，产业价值链被附加值标识并垂直划分层次，发展中国家长期、稳定地处于价值链条的低价值分工节点上，在嵌入全球价值链的过程中会被自动“低端锁定”；同时他们认为一国参与全球化生产的程度越高，且国际分工地位越高，那么一国经济或产品的国际竞争力就越强。彭澎等（2018）认为，一国在全球价值链上越接近高端环节则地位越高，并用一国与发达国家（美、德、日）出口商品结构的相似度指数 ESI 来表示全球价值链地位，出口结构与发达国家越相似则地位越高。韩笑（2019）依据国际贸易中贸易结构可以反映产业结构的理论，使用 Hausmann 等（2007）提出的测度制成品的出口技术复杂度的方法作为全球价值链分工地位的代替变量，出口产品的复杂度越高，其在全球价值链中的地位就越高。

从上述关于全球价值链地位的描述中可以看出，少数学者对地位和位置进行了区分，认为地位是经济含义，位置是物理含义，地位涉及的内容更多且包含位置的内容。而大多数学者将地位与位置混用，比如在唐海燕等（2009）的研究中，其既指出即便我国处在中低端价值链环节，但是鉴于参与程度与范围深化，我国所处的全球价值链地位是在改善的，又在另一篇文章中指出全球价值链位置能够反映一国的价值链状况，且可以用与高端环节的相对距离表示。在唐海燕等（2009）的研究中，价值链地位与位置是同一个意思，既可以是价值链上所处环节，也可以指一国参与全球价值链的多方面情况。而在王杰等（2019）、黄锦明（2016）、唐志芳等（2018）、彭澎等（2018）、韩笑（2019）等学者的研究中，全球价值链地位就是一国或者产业、企业在全球价值链上所处的分工环节，即他们这里的地位等同于价值链上的价值分割节点，并不包括参与全球价值链的其他方面情况。

3. 全球价值链地位的概念界定

黄光灿等（2019）指出，不能单纯强调国际分工参与度，而不注重参与全球分工的方式、路径。如经合组织等报告（2014）所述，参与全球价值链所获的收益并不是自动产生的，各国在全球价值链中的获益程度大小，取决于该国处于价值链的高端还是低端。因此，发达国家和发展中国家在全球价值链中面对的成本和风险是有差异的（Baldwin et al.，2014）。实证研究需要了解整个生产序列的全貌，重要的不仅是生产联系的强度（量级），还有生产联系的长度，而这取决于整个链条生产阶段的数量，若某个商品的生产过程有进一步细分的可能，那么就存在进行更精细的劳动分工的机会，这会导致更高效的资源配置和更低的边际生产成本（杜大伟，2017）。杜大伟（2017）因而指出，由于不同产业和国家在离岸外包及跨国生产活动中的参与程度不同，刻画全球价值链活动应该用多个方面的指标，包括：国家和部门参与全球价值链的强度指数、测度特定价值链复杂性的长度指数，以及衡量某一国家和部门在全球价值链中所处位置的位置指数——测量一个具体的生产阶段与全球价值链两端的相对距离。

从全球价值链位置、全球价值链地位等相关概念阐述中可以看出，地位的含义更多一些，涉及多方面内容，而位置指向的是物理或者空间上的方位，属于地位的一个方面的内容。因此，结合多个学者对全球价值链特征描述指标以及对全球价值链地位的含义阐述，本书对全球价值链地位进行了界定：全球价值链地位是一个综合性概念，代表了一个国家在全球价值链上的治理能力、影响能力、控制能力、协调能力、抗风险能力以及价值增值能力等，是一个国家综合竞争力的体现，不仅包括了一国在全球生产网络中的相对位置、在价值链上所处的分工环节，还包括了一国融入全球价值链的深度与广度、参与全球价值链的范围与力度、参与全球价值链分工的复杂度以及中间产品的流转次数等，需要用多个指标进行衡量。

4. 相关概念的联系和区别

本书研究的全球价值链地位是一个综合性的概念，既包括全球价值链位置——在全球价值链中所处分工环节或者生产阶段，也包括对全球价值链中价值的创造与分配能力（价值增值能力），对全球价值链的链条整合、控制与影响能力（参与程度）等多方面内容。从而可知，向全球价值链高端环节攀升是指提升在全球价值链上的位置，从低端附加值阶段向高端附加值阶段攀升，既包括由经典微笑曲线中间价值洼地的加工组装等环节向左端研发设计渗透，又包括进入右边的营销等环节，即改变嵌入全球价值链的位置。向全球价值链高端环节攀升只是全球价值链地位升级的某一方面，全球价值链地位升级中的位置攀升既可以指由低附加值生产环节攀升至高附加值研发与营销环节，又可以指由同一位置的低附加值状态跃升至高附加值状态，即由一条价值链曲线升至更高位置的价值链曲线，提高了同一环节能够产生的附加价值，甚至改变了不同环节之间的价值分配——由一条陡峭的微笑曲线变为更加平缓的微笑曲线。总之，全球价值链研究中常用的价值链升级名词一般是指全球价值链地位提升的某一个方面。

二、全球价值链地位的度量

为了研究一国在国际贸易中所处的地位，以及真实的国际贸易与投资所得，国外学者开始基于价值对产品创造过程进行分解，构建全球价值链地位的分析框架，通过计算一国或地区在全球价值链中所处地位来反映该国真实的国际分工地位。

（一）全球价值链地位的测量指标

全球价值链地位的测量方法大概经历了三个阶段。

第一个阶段着重通过指标计算分析全球价值链的贸易利得。具有基础性与代表性的是 Hummels 等（2001）提出的垂直专业化指数（VSS 指数），用一国出口产品中包含的进口中间产品价值表示垂直专业化，以及衡量外国出口中的本国产品增加值的垂直专业化程度指标（VS1 指数）。随后，其他学者在此基础上提出了附加值回流指数（VS1*，Daudin et al.，2011）、被其他国家消费的本国附加值比重 VAX 指数（Johnson，Noguera，2012）等。

第二个阶段着重通过测算生产分割程度分析全球价值链生产的复杂度。以 Romero 等（2009）提出的平均增值步长指标（APL）为基础，Fally（2012）提出了生产分割长度，以测算全球价值链的生产长度，能够反映出全球价值链生产过程的细化程度；Antras 等（2012，2013）从生产阶段数角度提出了行业上游度指标，以衡量企业在全球价值链中的位置；倪红福等（2016）对 Fally（2012）的生产分割进行了扩展，研究经济结构复杂度。

第三个阶段在前人研究的基础上对全球价值链地位进行了更细致全面的衡量。第一个是以 Koopman 等（2008，2010，2012，2014）为代表的 KWW 框架，在这个框架内出口被分解为四大类，包括被国外吸收的国内附加值、返回国内的国内附加值、国外附加值和重复计算部分。他们在此基础上提出了全球价值链参与度指标——从前向联系和后向联系两个角度，以反映一国出口对全球价值链的参与程度，以及全球价值链位置指标——衡量一国在全球价值链上所处的位置。该方法成为目前的主流方法之一，众多学者利用该指标研究一国或者行业、企业参与全球价值链的情况。第二个是以 Wang 等（2013，2016，2017）为代表的 WWZ 方法。Wang 等（2013，2016，2017）进一步将 KWW 框架由国家层面拓展至部门、双边贸易、双边贸易—部门层面，利用国际投入产出模型（ICIO），将经济体的出口贸易总额分解为国内增加值、返回增加值、国外增加值和纯重复计算部分四大类价值，每一大类价值又可继续细分，共分为 16 个组成部分。该方法（简称 WWZ 方法）对增加值的生成过程进行了全面的描述，给出了衡量增加值贸易的统一核算框架，解决了传统统计方法中无法解决的重复计算问题，由此为全球价值链的研究提供了新的思路。他们依据此方法构建了全球价值链参与度指标，以衡量参与全球价值链活动的程度，以及衡量全球价值链系统复杂度的指标——生产长度，在此基础上更进一步构建了全球价值链位置指标，以衡量一个国家在全球价值链生产网络中所处的相对位置。

通过梳理定量描述一国参与全球价值链状况的相关指标可以看出，相关研究在不断充实与完善，越来越多的指标被用于刻画一国参与全球价值链的真实情况。结合本书研究的全球价值链地位的概念，基于价值的、对一国出口产品或者 GDP 的价值来源的分解方法（WWZ）可以得到一国参与全球价值链活动产生的真实的增加值，可以用其衡量一国在全球价值链上的价值增值能力；而通过前后向关联进行分解得到的前后向参与度指标可以刻画一国是如何嵌入全球价值链中的（是更多地出口本国生产的中间产品还是更多地进口他国生产的中间产品，更多地进口他国生产的中间产品意味着本国生产的产品中将包含更多的他国生产的价值，更加依赖他国的技术水平，因而往往嵌入全球价值链的低附加值环节，即后向参与度更高，反之，前向参与度更高），以及一国参与全球价值链的程度（参与度越高则意味着一国更深入地融入全球价值链中，对全球价值链的影响力度也会更大）；通过前后向关联进行分解得到的生产长度指标是测度特定价值链复杂性的长度指数，根据该指标可以得到全球生产的分割程度、一国国内生产的阶段数以及参与的跨境生产活动的分工程度，还能够得到一国生产的中间产品的跨境次数——次数越多说明该中间产品在世界范围内流转的次数越多，即被使用的次数越多，能够从侧面反映该国生产的中间产品的重要性，而前后向长度的比值能够刻画一国在全球生产网络中的相对位置，即在全球价值链上的位置。利用 WWZ 方法进行价值分解能够得到刻画全球价值链地位的多方面指标，可用其构建本书研究的全球价值链地位指标体系。

（二）我国全球价值链地位的测量

为了从更立体、更多维的角度分析中国产业的全球价值链地位，国内学者们在国外已有研究的基础上构建了多种指标对其进行衡量。

周升起等（2014）基于 Koopman 方法，计算了我国制造业各行业的全球价值链地位指数，并得出了我国制造业全球价值链分工地位仍然较低，尤其是资本、技术和资源密集型行业的结论。刘重力等（2014）同样利用Koopman方法构建后向关联度指标，结果显示上游依赖层面我国供给者地位不断上升，但对东亚区域内的最终需求贡献较低。李建军等（2016）利用Koopman方法计算出了我国全球价值链参与度指数与位置指数，参与度指数显示我国参与全球价值链的程度非常高，但是位置指数显示我国价值链分工地位却较低，呈先急速下降后缓慢上升的“烟斗曲线”变化趋势。刘琳（2015）计算的我国Koopman参与度指数呈上升趋势，但是后向参与度要大于前向参与度，即我国在不断融入全球价值链的过程中始终处于较下游的位置，而分技术强度的研究结果显示低技术制造业的地位在上升，中高技术制造业地位在下降。

王金亮（2014）利用Fally（2012）的模型计算出了我国产业的上游度指数，结果显示我国产业不仅在全球价值链上的平均位置偏低，且分布较为分散。鞠建东等（2014）使用行业上游度指数得到的研究结果显示我国在全球价值链上的位置同发达国家相似，但是出口产品呈现出低价值现象。赵增耀、沈能（2014）计算出口产品的国内技术含量的研究成果显示，我国出口产品国内技术量低于全部技术含量，得出受制于技术升级的速度过低，我国制造业全球价值链地位不断下滑的结论，且嵌入初期的价值链升级效应逐渐被嵌入深入过程中的低端锁定效应所抵消。尹伟华（2015）构建了后向和前向垂直专业化率指标以衡量我国参与全球价值链的现状，并得出了我国主要以后向参与的方式承担低端附加值环节，从而处于全球价值链下游的结论。廖泽芳等（2015）从贸易附加值的视角考察了我国同伙伴国之间的相对价值链分工地位，基于我国出口产品中较高的国外附加值与较低的国内附加值得出我国在全球生产网络中处于“加工贸易”地位的结论。戴翔（2015）计算了我国制造业各行业的显性比较优势指数，并认为我国的比较优势仍集中在劳动密集型行业。王岚等（2015）通过构建价值链地位指数、增值能力指数和获利指数，得出了我国高、中、低三种技术类型的制造业分别处于全球价值链的中游、上游、下游的结论，且证明我国中高技术制造业的低端锁定效应显著。戴翔等（2017）

通过改善行业上游度指标，测算了我国产业的全球行业上游度，得出我国多数产业处于全球价值链物理位置的中上游，在产业格局中处于中低端位置的结论；通过计算出口上游度指数发现基于附加值的物理与经济定位表明我国产业在全球价值链分工中的地位得到提升，这种提升主要源于制造业的地位改善，同时服务业的地位在下降。

陈艺毛等（2019）将国际知识溢出渠道分为进口贸易渠道与 FDI 渠道，从前后向参与度角度考察了知识溢出对我国制造业价值链升级的影响，并得出了 FDI 渠道的国际知识溢出对我国制造业的前向参与作用小于后向参与，从而抑制了全球价值链分工地位的升级，进口贸易渠道的国际知识溢出对前向参与深度的促进作用大于后向参与，从而整体上促进了全球价值链分工地位升级的结论。屠年松等（2019）计算了 Hausmann 等提出的出口技术复杂度指标，得出了劳动密集型和资源型产业是我国出口优势行业的结论，进而以贸易自由化考察了我国不同技术等级、不同区域的全球价值链攀升，显示贸易自由化能够促进高技术制造业、阻碍中技术制造业的全球价值链攀升，对低技术的影响有正有负。姚战琪（2019）的研究显示了生产性服务的中间品对我国全球价值链前后向参与度具有促进作用。郝凤霞等（2019）的研究进一步揭示了投入服务化对我国制造业的全球价值链参与程度和分工地位的促进作用，尤其是传统制造业。

众多学者的研究结论均显示，中国整体在全球价值链中所处位置较低，虽然参与度较高，但是多以承担发达国家加工组装环节嵌入价值链中，能够创造的价值低微。

三、全球价值链地位的升级

根据本书研究的全球价值链地位的概念，一般意义上的全球价值链升级等同于全球价值链地位升级，既包括全球价值链的链条升级带来的改变，又包括全球价值链的位置提升带来的改变。

（一）全球价值链升级方式

国外学者 Amsden（1989）和 Hobday（1995）认为，对于发展中国家来说，存在着一条由组装到代工生产再到研发设计，最后到建立自有品牌的升级路径。Gereffi 等（1999）研究发现，地方产业集群嵌入全球价值链的模式随着时间推移呈现出由制造工艺升级到产品升级再到功能升级，最后是价值链升级的明显趋势。Kaplinsky 等（2001）将全球价值链升级由低到高划分为流程升级、产品升级、功能升级和链条升级，并认为企业在全球价值链上的升级是一种向创造价值最重要的战略环节攀升的过程。Humphrey（2002）则将企业价值链分工地位升级分为四种形式：流程升级、产品升级、功能升级和跨部门升级，其中前三种升级形式是从同一条价值链上的生产中游向上游或者下游移动，后一种升级形式是从一条低增加值的价值链跨越至另一条更高增加值价值链。

国内学者孙坤乾（2009）提出了三种可能提高全球价值链地位的路径：一是向微笑曲线的上游或者下游提升，即从生产环节向研发和营销环节渗透；二是通过增大价值链弹性提升，即突破上下游企业的技术垄断，使微笑曲线扁平化，缩小同上下游环节的差距；三是向新的更高级价值链提升，即生产新的高技术含量产品，提高在微笑曲线中的位置。胡绪华、蔡济波（2013）将企业嵌入全球价值链后的升级形式分为三种：基于全球价值链横向扩张式、纵向渗透式和阶梯跃迁式，其中横向扩张式是指同一价值链的微笑曲线扁平化，升级的结果是企业扩大增值幅度但是所处价值链环节不变，纵向渗透式是变迁原有生产功能并向更高级演进，即沿同一全球价值链的增值低端环节向高端环节攀升，阶梯跃迁式是在不同的价值链上转换战略生产环节，即从一条价值链向另一条高增值价值链跨越。他们还将我国外贸企业分为高级生产型、低级生产型、创新型和知识型四类。高级生产型、低级生产型企业的升级形式是横向扩张式，创新型企业的升级形式是纵向渗透式，知识型企业的升级形式则是阶梯跃迁式。

（二）我国全球价值链升级

关于我国全球价值链地位升级的研究首先指出了我国在全球价值链上所处分工环节，在我国处于低附加值环节的事实基础上提出我国全球价值链升级的路径。

根据微笑曲线三大价值创造环节的划分，全球价值链也可以根据价值创造的大小分为三大环节，如陈柳钦（2009）据此划分了技术环节、生产环节和营销环节，三大环节的价值创造和进入壁垒依次为高、低、高，技术和营销环节由于具有更高增值能力而成为全球价值链的主导环节，生产环节因增值能力较低而成为从属环节（黄锦明，2016）。Lizbeth Navas - Aleman（2010）认为，发展中国家企业从事低附加值活动，制约了其在全球价值链中地位的升级。王海杰（2013）指出，由于缺少核心技术，中国企业多嵌入在全球价值链的低附加值环节。陈连莹（2008）研究发现，中国仅承担附加值较低的生产任务，但已经开始了由劳动密集型向技术密集型生产的转化。唐海燕和张会清（2009）认为，中国竞争力仍然集中在低附加值的劳动密集型生产环节，处于新分工体系的低端。刘志彪（2007）认为，中国企业进入了全球价值链中的俘获型治理模式之中，这种模式为中国企业的产品和工艺升级能力提供了“绿色通道”，却极大地阻碍了功能升级和产业间升级。刘志彪（2013）进一步指出 GVC 的组织和治理对内资企业的产业升级有明显的阻碍，如若中国不加强 GVC 中的产业升级强度，必将长久处于被俘获的困境之中。马红旗等（2012）实证研究发现，在嵌入全球价值链初期，我国制造业通过“干中学效应”促进了全球价值链升级，但随着专业化水平加深，生产环节被发达国家“锁定”，抑制了价值链的进一步升级。黄启才（2013）对我国战略性产业在全球价值链中的地位进行了分析，并指出，未来中国战略性产业升级的重点在于打破比较优势陷阱，由全球价值链低端扩展到高端。聂名华和徐英杰（2016）进一步指出，新兴国家开始尝试开拓国外市场，构建属于本国的崭新的全球价值链。陈连莹（2008）认为，向技术密集型生产转换要延长价值链，一是前向延伸，向产业链的上游生产环节推进，增加对上游生产环节的参与力度；二是后向延伸，加强对下游生产环节的融入程度，包括建立品牌效应、拓展销售渠道以及加强销售服务等。孙乾坤（2009）则提出了更为细致的升级路径：一是向上游或下游提升，即从生产环节向研发和营销环节渗透；二是通过增大价值链弹性提升，即突破上下游企业的技术垄断；三是向新的更高级价值链提升，即生产新的高技术含量产品。

四、对外直接投资与全球价值链

（一）OFDI 与 GVC 的关系

贸易与投资是参与全球经济的两种方式，白光裕等（2015）据此认为，国际贸易与国际投资通过货物流和资金流将隐形的全球价值链具象化，是全球价值链的两种外在表现形式。梁中云（2017）指出，对外直接投资过程就是一国将本国生产相关环节嵌入全球价值链的过程。跨国投资是推动构建全球价值链的重要引擎，相较于利用外资被动融入的方式，白光裕等（2015）认为对外直接投资是一国或地区主动布局全球价值链的关键举措，是一个国家参与全球价值链的基本要求，也是提升一国在全球价值链中地位的重要方式（Andreff，2009），会对价值链升级产生显著正向影响（Elisa Giuliani，2005），能够显著提高企业在全球价值链体系中的“分工地位”，促进企业产品升级和功能升级（刘斌等，2015）。

跨国公司将产品的不同价值增值环节进行产品内和工序内分工，依据区位、成本等优势进行全球布局，通过中间品贸易实现最终品的生产与消费。该分工模式不再遵循最终品的比较优势，而是 GVC 不同工序上的比较优势，使加入 GVC 的发展中国家对发达国家进行逆向直接投资成为可能（张少军等，2009）。企业通过跨国投资在全球范围内配置资源，实现生产活动的地域重构，进而影响全球价值链的结构，跨国公司的全球布局在很大程度上也决定了全球价值链的走向（白光裕等，2015）。对外直接投资以 GVC 的生产组织方式为基础，表面上全球分散的投资活动始终遵循着一体化的功能，并以此建立了各项分工和全球生产网络（孙黎等，2015）。同时，全球化的深化与全球价值链的形成也能够促进外商直接投资规模迅速增长，企业对外投资决策往往与其在价值链分工中扮演的角色密切相关（陈琳等，2019），全球对外直接投资存量最多的国家也正是在全球价值链上占据主导地位的国家（白光裕等，2015）。

对外直接投资有利于发展中国家企业的工艺升级、产品升级、功能升级和链条升级，可以促进企业不断攀升至全球价值链高端环节，可以降低企业退出全球价值链的风险，延长企业参与全球价值链的持续时间（王杰等，2019）。企业参与到全球价值链中可以购买到成本更低、质量更好以及更多样的中间品，有利于企业降低生产成本、提高生产效率（Kelly，2004）；通过对外直接投资加入当地产业集群，有利于提升企业创新能力和在全球生产链中的价值创造能力（Giuliani，2005）；通过嵌入全球价值链获得更大的市场，使得企业实现规模经济，并通过吸收国外市场先进技术和管理经验的溢出，最终提升其全要素生产率（Baldwin，Yan，2014）；通过国内外产业关联提升企业的生产率和竞争力（Herzer，2012）。

现阶段中国企业进行对外投资是融入全球价值链的需要（何帆，2013），中国企业对外直接投资的迅速发展改变着全球价值链的格局（郑丹青，2019）。对外直接投资明显促进了企业全球价值链分工地位的提升（郑丹青，2019），中国对欧洲的直接投资促进了中国企业劳动生产率提升和国内产业结构升级（Cozza C.，Rabellotti R.，Sanfilippo M.，2015），中国对26个“一带一路”沿线国家的对外直接投资具有显著的全球价值链升级效应（李俊久等，2018）。技术寻求型对外直接投资可以显著地促进我国全球价值链升级（袁然，2016），有利于国内技术进步（张宏等，2013），使企业在全球价值链中的地位提升成为可能（谢光亚等，2012）；行业层面和国家层面的OFDI逆向技术溢出对中国全球价值链升级呈现出显著的促进效应（杨连星等，2017），并呈现出递增的持续滞后效应（郑丹青，2019）。

（二）OFDI影响GVC的路径

对外直接投资的“边际产业转移效应”和“技术溢出效应”成为对外直接投资与价值链升级研究的重要理论基础（王杰等，2019）。

1. 逆向技术溢出效应

对外直接投资的逆向技术溢出是指从事对外直接投资活动的企业从东道国具有先进技术的企业中获取的技术扩散，它是外部性的一个体现，即这种扩散能促进投资国生产力与技术水平的提升而其无须支付相应的成本

（聂名华等，2016）。关于逆向技术溢出的研究主要集中在两个方面：一是逆向技术溢出的存在性；二是逆向技术溢出的异质性。

（1）逆向技术溢出的存在性。国外学者 Lal（1983）的“技术地方化理论”、Cantwel 等（1990）的“技术创新产业升级理论”先后证实了发展中国家的对外直接投资能够产生逆向技术溢出效应。Wesson（1999）接着证实了对外直接投资的逆向技术溢出可以提高落后企业的技术水平。Fosfuri 等（1999）的模型进一步证实了落后企业对外投资的有利可图，即通过逆向技术溢出效应获得高技术水平。Dunning（2001）认为，“技术寻求”已经成为企业对外直接投资的主要动因之一，Palit（2006）进一步指出外商直接投资是发展中国家获得技术扩散和技术溢出的渠道之一。国内学者如李梅等（2012）、王恕立等（2014）认为，技术寻求型对外直接投资会产生积极的逆向技术溢出；刘明等（2009）、沈能等（2013）验证了中国对外直接投资逆向技术溢出的存在性；马亚明等（2003）、付海燕（2014）以发展中国家为对象，证实了发展中国家可通过 ODI 获得技术溢出，推进技术升级。谢光亚等（2012）指出，企业通过对外直接投资获得技术进步主要是通过吸收价值链中发达国家的先进技术外溢以及承接发达国家转移的低端附加值环节实现。刘斌等（2015）指出，技术溢出通过人才、知识流动或再出口传递到母国企业，促进母国企业技术进步，带动母国行业整体技术水平的提升，进而提高母国企业在全球价值链中的地位。赵伟等（2006）指出了对外直接投资促进我国技术进步的四种机理：研发费用分摊、研发成果反馈、逆向技术转移、外围研发剥离。郭飞等（2012）则构建了对外直接投资逆向技术溢出的传递机理模型，即技术互动、技术传递与技术吸收三角循环传导模型。

（2）逆向技术溢出的异质性。国家层面，郑丹青（2019）认为，不同类型对外直接投资的价值链效应存在显著差异，投资发达国家相对于投资发展中国家表现出更大的价值链升级效应。王恕立等（2014）的研究也认为，积极的逆向技术溢出主要来自对发达国家的技术寻求型对外直接投资。而刘雪娇（2017）认为，我国从发展中国家所获得的逆向技术溢出更能够推动我国制造业的技术进步，而从发达国家所获得的逆向技术溢出作用相对较弱。付海燕（2014）研究发现，对发展中国家和地区的投资所获得的逆向技术溢出对我国技术进步有显著的促进作用。欧阳艳艳（2012）研究认为，对新兴国家投资的逆向技术溢出效果好于发达国家，对发展中国家投资的逆向技术溢出效果最差。梁中云（2017）也认为，对新兴市场国家的对外直接投资相对于发达国家会更显著地影响价值链地位。杜江等（2015）则主要研究了投向不同类型国家的绿地投资逆向技术溢出方式，认为投向发达国家的绿地投资主要通过产业集聚实现溢出，而投向发展中国家的绿地投资则主要通过规模经济机制和研发成本分摊实现溢出。地区层面，李梅等（2012）、沙文兵（2012）、欧阳艳艳等（2013）以及陈菲琼等（2013）都得出了东部地区对外直接投资获得逆向技术溢出效应最大的结论。而何建华等（2016）构建的对外直接投资逆向技术溢出回归模型研究发现，OFDI 逆向技术溢出效应虽然存在，但是对我国的技术创新能力具有微弱的消极作用。朱彤等（2012）则认为，对外直接投资获得的逆向研发溢出和逆向人力资本溢出对中国技术进步没有显著影响。

（3）逆向技术溢出不存在。也有研究认为上述影响效应比较微弱，甚至是不存在的。尹东东等（2016）研究表明，中国现阶段积极的逆向溢出效应尚未显现。刘伟全等（2008）认为，我国企业没有从生产者驱动类型价值链中的外资企业获得明显的技术溢出。张海波等（2012）研究认为，东亚各国对外直接投资均表现出正向技术溢出效应，而中国香港的对外直接投资表现出负向技术溢出效应，中国对外直接投资的逆向技术溢出效应则不显著。持相同观点的还有邹玉娟和陈漓高（2008）、白洁（2009）、刘明霞等（2009）、李梅（2010）、李梅等（2011）、朱彤等（2012）、谢钰敏等（2014）、申俊喜等（2016）等。

2. 边际产业转移

相关学者的研究认为对外直接投资具有边际产业转移效应，该效应既能够促进全球价值链升级，也会通过类似产业空洞化效应阻碍全球价值链升级。

（1）OFDI 的边际产业转移效应提升产业结构，促进全球价值链升级。刘斌等（2015）认为，对外直接投资的“边际产业转移效应”能够将一国处于比较劣势的产业依次转移到国外，降低国内留存传统产业的负担，释放国内稀缺的生产要素，投入附加值更高的高新技术产业和服务型行业，最终实现价值链的功能升级和链条升级。张宏（2013）指出，通过直接投资将非关键环节的规模经济转移至该非关键环节的要素禀赋地区，以充分发挥不同环节的规模经济，能够获得价值链上的核心竞争力。张小蒂等（2006）基于中国经验的研究，认为参与全球价值链分工有利于发展中国家提升产业竞争力。刘海云等（2015）估计了中国顺梯度和逆梯度的 OF-DI 的产业结构升级效应，得出结论：顺梯度 OFDI 能够向其他发展中国家转移初级产业，使本国集中于新兴产业的发展；逆梯度 OFDI 能够通过提升产业内部技术水平，间接促进产业结构升级。邹赫（2015）指出，中国境外直接投资的部分产业并不是具有比较优势或过去具有比较优势、在国外仍然存在竞争力的产业，而是在国内处于发展起步阶段、在国际市场上也并不具备竞争力优势的产业，推动此类产业进行国际投资的原因可能是通过整合价值链而获得战略性资产控制权，可以达到直接促进国内产业升级的效果，以提高中国企业的价值链地位。

（2）OFDI 阻碍产业结构升级，不利于全球价值链升级。Slaughter（1998）和 Cowling 等（2000）表达了对产业结构空心化的担忧，即对外直接投资的产业跨国转移会在支柱产业未形成前将成熟产业移至他国，由此引起母国核心支柱产业的空缺，导致“空心化”现象，阻碍产业结构升级。周振华（1998）、国彦兵（2003）和樊纲（2003）等指出对外直接投资将导致母国产业结构的空心化现象，这主要缘于落后的成熟产业被迅速转移至国外市场，而新兴的支柱产业还未曾发展壮大，在综合作用下引致母国支柱产业的空缺，产业结构新而不强，整体水平下降，有碍产业结构升级。刘雪娇（2017）认为，在全球价值链的视角下，我国也并未如库兹涅茨的“需求结构适应”和罗斯托的“经济增长阶段论”中所言，可以通过国际分工实现自然的产业升级，反而由于加入全球价值链后的路径依赖，我国产业升级的步伐减缓了。张珉（2008）研究得出，中国参与全球价值链分工并不必然对中国的产业产生显著的技术溢出和升级促进效应，却有可能带来较多的负面效应。张明志等（2011）的实证分析表明，国际垂直专业化对促进中国产业间升级具有积极作用，而对产业内升级具有阻碍作用。

第三节　对现有研究的评述以及下一步研究思路

在发达国家对外直接投资理论逐渐成熟后，经济发展水平的差异催生了发展中国家的对外投资理论。发展中国家的对外直接投资起步较晚，这在客观上造成了对发展中国家对外直接投资的专门性研究起步较晚，尤其是全球价值链活动的兴起相比对外直接投资也较晚，发展中国家参与全球价值链活动多出于被动而非主动，这些都造成了对发展中国家的全球价值链活动与对外直接投资活动之间关系的研究并不全面。

综合前文对对外直接投资与全球价值链的理论和实证研究现状的分析，本书归纳了现有文献研究的不足和下一步研究的重点。

一、现有研究的不足

（1）多数研究未对全球价值链地位进行定义，未分析全球价值链地位与全球价值链位置之间的关系与区别。多数学者研究对外直接投资影响一国全球价值链地位时，仅从单一方面选取指标并将其作为全球价值链地位的代表，或者将地位等同于位置，这是不全面的。

（2）研究对外直接投资与全球价值链地位之间的关系时，多数研究一是没有以全球价值链地位升级的可能存在形式为基础，阐述对外直接投资如何作用于全球价值链地位升级。只有在指出了对外直接投资同全球价值链地位升级的所有可能形式之间存在的关系时，才能去分析对外直接投资是如何促进全球价值链地位升级的，继而找出对外直接投资影响全球价值链地位升级的路径。二是没有形成一个完整的分析框架，在理论层面未能阐述对外直接投资影响全球价值链地位的内在机制与路径，在模型层面未能构建数理模型对理论进行支撑，而在实证研究上样本不够多样与丰富，未能指出对外直接投资对全球价值链多方面的影响是否存在异质性，不同经济发展水平的国家对外直接投资对自身全球价值链地位的影响是否存在异质性，等等。相关研究仍然存在较多空白。

（3）对我国的研究未能指出符合我国发展情况的 OFDI 影响 GVC 地位的路径。全球对外直接投资存量最多的国家也正是在全球价值链上占据主导地位的国家（白光裕等，2015），可见对外直接投资活动与全球价值链活动之间相互影响与呼应，但是考虑到发展中国家的发展特点，参与全球价值链活动有利有弊，在不同阶段利弊大小不一。从而对于我国来说，通过对外直接投资活动主动参与全球价值链对于我国全球价值链地位提升总体是利大于弊还是弊大于利，又是如何通过不同方面的影响最终作用于全球价值链地位的，仍然需要进一步探索。

二、下一步研究思路

（1）根据第一点不足，本书着重对关于全球价值链地位的概念尤其是全球价值链位置的叙述进行了梳理，并根据相关研究以及本书的研究需要对全球价值链地位进行了概念界定，并区分了常用名词如价值链高端环节、产业链上下游等同全球价值链地位的联系与区别。

全球价值链地位是一个综合性概念，代表了一个国家在全球价值链上的治理能力、影响能力、控制能力、协调能力、抗风险能力以及价值增值能力，是一个国家综合竞争力的体现，不仅包括一国在全球生产网络中的相对位置及在价值链上所处的分工环节，还包括一国融入全球价值链的深度与广度、参与全球价值链的范围与力度、参与全球价值链分工的复杂度以及中间产品的流转次数等。而全球价值链位置是指一国在全球价值链上所处的生产环节，是在价值链上相对他国的生产位置。单纯使用全球价值链位置考察对外直接投资对母国参与全球价值链的影响并不全面，再加上对价值链地位的测算方法、使用数据存在差异性，所以研究结论也有所差别，造成对外直接投资同全球价值链地位之间的关系仍然存在争议。

（2）根据第二点不足，在文献综述部分，本书对现有关于全球价值链升级以及全球价值链地位或者位置提升的研究内容中的升级方式进行了梳理，并指出多数研究中全球价值链升级是一个笼统的概念，相关论述中存在链条升级和地位升级的概念。在此基础上，本书认为全球价值链地位升级包括两种形式：一种是全球价值链的链条升级，另一种是全球价值链的位置提升。并将在下一步的理论部分详细叙述全球价值链地位升级的两种形式存在的可能方式，为对外直接投资作用于全球价值链地位升级提供着力点。然后构建一个简单的全球价值链位置提升的模型，用以说明对外直接投资能够影响一国在全球价值链上的分工位置。最后，在总结现有关于全球价值链地位衡量的研究中，根据本书对全球价值链地位的定义，选取具有代表性的价值分解模型从多方面对全球价值链地位进行衡量，既能够体现一国参与全球价值链活动的价值增值能力，又能体现一国如何嵌入全球价值链以及参与全球价值链的程度，还能体现一国参与全球生产分工的复杂度和在生产中的相对位置，尽量体现全球价值链地位的综合性，并在实证上研究对外直接投资对全球价值链地位的影响。

（3）根据第三点不足，本书利用我国的相关数据对我国的情况进行了多方面的探索。探索了我国对外直接投资对我国参与全球价值链的影响，指出我国对外直接投资对我国全球价值链地位提升的利与弊；并利用中介效应模型指出我国对外直接投资影响我国全球价值链地位的路径，为我国对外直接投资结构调整与全球价值链地位升级提供依据；最后对全球价值链地位各个指标进行更为细致的分解，研究我国参与全球价值链的实际情况。

第三章　全球及我国对外直接投资分析

世界正经历百年未有之大变局，全球宏观经济形势发生着深刻变化。2020 年新冠肺炎疫情全球大流行对世界经济造成重创，加剧全球投资环境恶化趋势，投资总额大幅下降。根据 2021 年联合国贸发会议（UNCTAD）发布的《2021 年世界投资报告》，2020 年全球外国直接投资额约为 1 万亿美元，相比于 2019 年的约 1. 5 万亿美元下降了约 33%；其中 2020 年发达国家外国直接投资额同比下降 58%，发展中国家下降 8%。新冠肺炎疫情正在改变甚至重塑全球经济面貌，疫情常态化、经济和地缘政治的不确定性、刺激经济的政策干预、全球经贸格局的调整等都将持续影响中长期内的投资前景。

第一节　全球投资环境及投资情况分析

新冠肺炎疫情的全球大流行使得全球投资前景充满了不确定性。2020 年受疫情的严重冲击，绝大多数国家的 GDP 为负增长：联合国发布的《2021 年世界经济形势与展望》报告显示，2020 年全球经济萎缩 4. 3%，超过 10 年前金融危机期间这一数据的 2. 5 倍，全球通货膨胀率、失业率、贫困率等创下新高，全球经济复苏形势严峻。疫情的地理封锁措施和全球经济大衰退造成国际直接投资呈断崖式下降，刺激经济的政策干预、金融风险、全球价值链调整、逆全球化、大国竞争回归等都将影响对外直接投资的不确定性前景。

一、全球投资环境充满不确定性

2020 年之前，全球对外直接投资水平已经呈下降趋势，新冠肺炎疫情加剧了这一趋势。同时，在疫情对全球经济造成重创后，全球经济重塑趋势更加明显，经济发展的不确定性给对外直接投资活动带来了很大的不确定性。

（一）疫情加剧全球经济发展的不确定性

2020年，一场史无前例的疫情全球大流行造成了世界经济危机，多数学者认为，危机的深度和严重性远超2008年的全球金融危机，甚至超过经济大萧条时期，促使恢复中的全球经济突然调转趋势，再次陷入深度衰退。虽然2021年全球经济有所恢复，但是新冠病毒将与人类长期共存，这是包括世界卫生组织在内的科学界的基本判断（张劲松，2020）。因此疫情的发展以及疫苗的有效性仍然是中长期全球经济发展的重要影响因素。新冠肺炎疫情控制的有效性、持续时间和减轻疫情对经济影响的政策干预的有效性都将影响全球投资趋势。

联合国《2021年世界经济形势与展望》报告指出，得益于中国和美国等主要经济体的复苏和发展，全球经济增长正在缓慢恢复，但新冠肺炎疫情仍在其他国家蔓延，同时疫苗接种在很多国家推进缓慢，因此全球广泛的经济恢复态势仍然不明朗。疫情对全球经济的冲击在2020年已经得到了深刻的体现，因此，若疫情得到控制或者疫苗接种的有效性得到保证，在各国刺激经济复苏政策的干预下，全球经济能够在短期内得到一定程度的恢复，政策的有效性也将逐渐显现。同时，可以预测的是，若疫情仍然无法有效控制，甚至继续恶化，则世界经济将继续衰退。疫情暴发至今，各国已经出台一系列刺激经济复苏的政策，经济复苏的政策空间被大大压缩，若疫情仍将大范围持续，则后续政策干预的乏力以及前期政策造成的结构性矛盾显现将进一步加剧经济衰退。因此，疫情持续的时间越久，则经济受到的冲击越大，长期性、结构性、永久性损害也越大，经济复苏就越乏力，前景就越悲观。

从最新数据来看，全球疫情呈现出三种趋势。一是疫情仍然未得到有效控制：截至2022年2月28日，全球现有确诊病例仍高达5474万多例，截至3月3日累计确诊病例达4.4亿多例，累计死亡病例接近600万例。[①]国外单日新增确诊人数超过162万人，其中，德国、韩国、越南单日新增确诊分别为233655例、198802例和151852例，[②] 全球疫情仍处于失控状态。发展中国家尤其是医疗卫生条件较差的落后国家的疫情仍然存在进一步恶化的可能。第三世界国家的新冠肺炎疫情会有多严重，仍然具有一定的不确定性。二是病毒变异使得全球疫情正处于“非常危险”的阶段。世界卫生组织指出，新冠病毒变异株在全球多国出现，其中德尔塔变异株已传播至100多个国家和地区。随后，奥密克戎成为全球流行的主要变异株，席卷全球100多个国家。国家卫健委指出，奥密克戎变异株传播能力大概是德尔塔变异株的2倍，传播能力更强，传播过程更为隐蔽。病毒变异主要从两个方面影响全球疫情发展：第一，病毒变异有可能提高病毒的传染性与死亡率，增加了疫情传播与发展的不确定性；第二，病毒的变异将大大降低疫苗的有效性，使得全民免疫更加困难。截至2022年3月3日，全球疫苗接种剂量达105亿多次[③]，全球56%的人口已完全接种新冠疫苗，但在低收入国家，这一数字仅有9%。[④] 三是疫情反弹不断出现。全球疫情得不到控制，则疫情反弹就会不断出现，即便是防控力度最大的我国，零星病例也偶尔出现。疫情反弹会影响经济复苏势头，全球共同面临在进一步抗击疫情的同时加大经济复苏力度的巨大挑战。

疫情发展充满未知，则全球经济前景存在多种可能性。可以预测的是，疫情越早得到有效控制，经济复苏动力和增速的反弹就会越强劲。

（二）逆全球化深刻影响全球价值链

2020年之前，逆全球化浪潮已经愈演愈烈，英国脱欧与中美贸易摩擦升级成为逆全球化浪潮的标志性事件。随着中美以及俄罗斯与西方大国关

---

① 资料来源：美国约翰斯·霍普金斯大学，https://coronavirus.jhu.edu/map.html.

② 资料来源：百度疫情实时大数据报告，https://voice.baidu.com/act/newpneumonia/newpneumonia/?from=osari_aladin_banner#tab4.

③ 资料来源：美国约翰斯·霍普金斯大学，https://coronavirus.jhu.edu/map.html.

④ 资料来源：世卫组织：全球56%的人口已完全接种新冠疫苗[EB/OL]. 光明网，2022-03-03，https://m.gmw.cn/baijia/2022-03/03/1302827834.html.

系的紧张升级，叠加疫情全球大流行下产业链供应链脆弱性凸显，西方发达国家纷纷出台相应措施重塑相对独立安全的经济体系，成为当前逆全球化浪潮的重要推手。未来刺激经济增长和防疫成为相互交织的长期行为。疫情的暴发和长期化可能不会改变全球化的基本逻辑，但一定会加速全球化的调整，强化逆全球化的趋势，未来的全球化将退回到20世纪80年代的"有限全球化模式"（郑永年，2020）。

1. 全球价值链收缩加快

2008年国际金融危机对全球价值链造成了结构性影响。1995—2014年全球价值链生产链条总体上是延伸的，2002—2008年全球价值链生产活动增长明显，是全球价值链的全盛时期。而2008年之后，国际金融危机改变了生产的全球布局，各国国内生产活动成为经济复苏的主要动力之一，跨境生产共享活动减少，全球价值链开始呈收缩趋势。国际金融危机之后，西方发达国家经济受创，经济全球化效率提升与本国经济内在的结构性问题相互制衡矛盾凸显，美国政府在前任总统特朗普的带领下积极推行美国优先的单边主义，欧盟经济复苏乏力，全球贸易保护主义抬头，催化了全球化进程中的逆全球化。逆全球化下，发达国家鼓吹"制造业回流"，强化本国国内的生产分工，造成部分跨境共享活动回归国内，国内生产链延长，相应的全球价值链生产部分收缩。同时，全球价值链使得资本在全球范围内寻找最优生产要素组合，为发展中国家提供了更为便捷的融入全球经济的机会，并带动其国内经济发展，使得全球化的红利惠及发展中国家，新兴经济体快速崛起。以中国为代表的新兴市场经济体国内经济发展水平大幅提高，对国外发达技术进行引进吸收再创新，逐渐用本国中间产品替代国外中间产品，也促进了国内生产活动对全球价值链活动的替代。

新冠肺炎疫情的暴发及其全球大流行又进一步加快了全球价值链的收缩趋势。全球价值链时代，产品生产跨境共享，一种产品的生产往往涉及多个国家，全球生产使得各国产业链相互依赖。疫情初期的地理封锁与隔离造成供应链在封锁国的中断，该效应沿全球价值链迅速传导，使得上下游产品供给中断，导致产品生产中断，凸显了全球产业链的脆弱性。疫情对全球价值链的冲击提升了西方发达国家对全球价值链分工中经济依赖的敏感性，各国致力于构建本土的、更加完整的、更加独立安全的产业链。一方面，受疫情影响，医疗器械、制药、半导体、电子设备等产业供应链安全成为更多国家的共识，直接推动关乎国家经济安全的关键产业以及核心制造环节以安全可控为优先布局导向，本土化、区域化、多元化将同时出现，影响了对外直接投资的战略布局。产业安全导向下全球价值链“缩链”趋势也会更加明显，全球价值链依赖型跨境投资首当其冲。另一方面，全球价值链收缩改变了全球生产格局，全球生产布局进一步改变了对外直接投资方向。疫情对全球价值链的影响因区域而不同，将强化已有的全球价值链“三极鼎立”局面，并突出以中国为中心的亚洲区域价值链的重要性与安全性。因此，疫情将加快世界中心向亚洲倾斜，并且随着疫情后各国的产业链调整强化全球价值链的区域属性。因此，全球生产布局也将跟随向亚洲倾斜，全球对外直接投资在亚洲区域更加富有弹性。但是，也要看到，一些发展中国家更加依赖全球价值链分工中的劳动密集与资源密集型环节，因物流受阻和人员隔离而受到较大影响。

2. 全产业链向“区域化”推进

在逆全球化的影响下，尤其是在美国优先的单边主义的推动下，以WTO为代表的多边贸易合作受阻，同时新兴经济体与发展中国家的区域合作不断加强。发达国家的贸易保护主义以及金融危机的结构性影响导致全球经济格局中以“一带一路”为代表的区域内合作势头加强。一方面，全球价值链已经呈现出区域化趋势，服务于全球价值链分工布局的对外直接投资也将同步出现区域化趋势。随着中国“一带一路”倡议的深入推进，发展中国家构建自主可控的区域价值链诉求越来越强烈，美国、欧洲和亚洲三大价值链的区域属性逐步放大，有逐渐形成各自价值链闭环的趋势。中国主导的“一带一路”区域价值链逐渐完善与强化，推动区域内投资强化，区域内部经济联系正日益加强：2017年，内部贸易已成为“一带一路”沿线国家和地区进口来源的最大构成部分，占比超过40%。区域内部贸易占比的提升意味着区块化价值链格局的形成：内部经济体根据各自比较优势参与区域分工，构成区域价值链分工体系。随着全球价值链区域发展，国际投资也呈现出区域内相互投资迅速增加的趋势。另一方面，区域全面经济伙伴关系协定（Regional Comprehensive Ecnomic Partnership，RCEP）的顺利签订以及合作不断深化，进一步推进全球经贸投资格局向区域化转变。2019 年，RCEP 区域覆盖全球约 30% 的人口和 29.4% 的 GDP，吸收了全球 15.7% 的外国直接投资存量和 23.6% 的外国直接投资流量（金瑞庭等，2021）。同时，美国总统拜登上台后表达了继续多边贸易合作的倾向，跨大西洋贸易与投资伙伴协议（Transatlantic Trade and Investment Partnership，TTIP）谈判、重新加入全面与进步跨太平洋伙伴关系协定（Comprehensive and Progressive Agreement for Trans－Pacific Partnership ，CPTPP）等，都会促进区域一体化进程的加快。区域合作的深化将进一步降低区域内各种关税与非关税壁垒，提高区域内投资的吸引力。最后，外部供应链断裂风险增加促使各国出于供应链安全的考虑，将同时强化国内全产业链构建以及供应链多样化，供应链将会在本土化安全与多元化替代之间寻求新的平衡，最后呈现出伙伴化即区域化。

二、世界投资现状分析

（ ）全球对外直接投资总体分析

2021 年，当地时间 6 月 21 日，联合国贸发会议发布了《2021 年世界投资报告》。整体来看，2020 年新冠肺炎疫情加剧了对外直接投资已有的下降趋势：2020 年全球外国直接投资流量为 1 万亿美元，与 2019 年相比下降幅度高达 33% 。

1. 总体分析

总体来看，1982—2019 年，全球对外直接投资流量呈现出长期上升趋势，但是受外部环境影响部分年份回落较大。2007 年全球对外直接投资流量达到峰值 21704.61 亿美元，受 2008 年国际金融危机影响，2009 年该指标大幅跌落至 11824.99 亿美元。与此同时，全球对外直接投资流量年增长率呈现出大起大落的特点，年增长率最低的 2001 年达到 －41.27% ，最高的 2004 年达到 71% 左右，整个阶段有 8 个年份跌幅超过 15% ，有 20 个年份涨幅超过 15%，其中有 10 个年份涨幅超过 30%，大跌大涨的年份比较多（见图 3－1）。

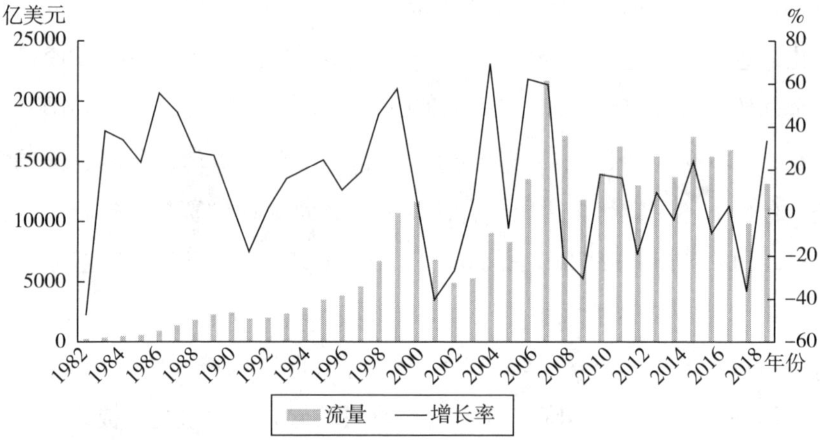

图 3－1　1982—2019 年全球对外直接投资流量与名义增长率

资料来源：UNCTAD，访问时间 2021 年 7 月 12 日，https：//unctadstat. unctad. org/wds/TableViewer/tableView. aspx？ReportId＝96740。

图 3－2 为 1982—2019 年全球对外直接投资存量。

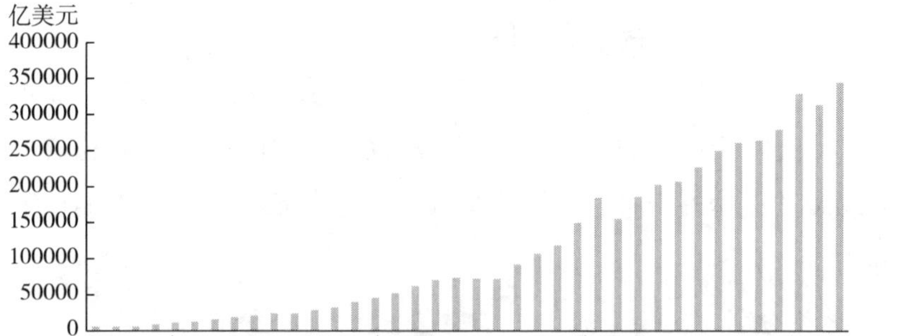

图 3－2　1982—2019 年全球对外直接投资存量

资料来源：UNCTAD，访问时间 2021 年 7 月 12 日，https：//unctadstat. unctad. org/wds/TableViewer/tableView. aspx？ReportId＝96740。

1982—2019 年，发展中国家与发达国家占全球对外直接投资流量的比例呈现出较大差距，发达国家始终占据绝对份额，虽然总体来看其份额有所下降。发展中国家对外直接投资在全球影响力逐渐增加，2015—2019年，发展中国家占总流量的份额均值为29.58%，并在2018年达到最高占比42%左右（见图3－3）。

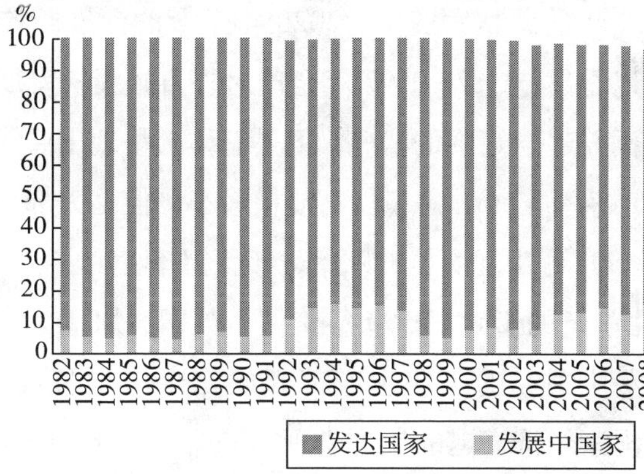

图3－3 1982—2019年发展中国家与发达国家占全球对外直接投资流量的比例

资料来源：UNCTAD，访问时间2021年7月12日，https：//unctadstat.unctad.org/wds/TableViewer/tableView.aspx？ReportId＝96740。

图3－4为部分年份部分经济体对外直接投资流量。

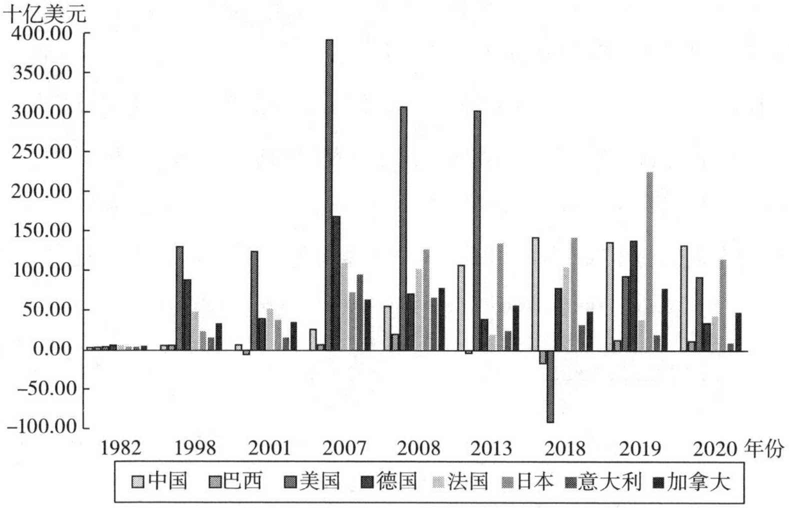

图3－4 部分年份部分经济体对外直接投资流量

注：2019年和2020年数据来源于《2021年世界投资报告》，其他数据来源于联合国贸发会议数据库。

2. 阶段分析

根据1982—2019年全球对外直接投资流量数据，可以将全球对外直接投资大致划分为四个阶段：1982—1997年的缓慢发展期、1998—2007年的快速发展期、2008—2019年的调整发展期、2020年至今的深度调整期。

（1）从图3-1中可以看出，1982—1997年全球对外直接投资发展较为平稳，虽然在某些阶段处于停滞甚至下降的状况，但是总体上呈现出曲线上升的态势。由于初始规模较小、存量较小，总量增加规模较小，但是大部分年份年增长率处于高位。其中，1991年出现明显的跌落，年下降率达到了-18.46%，这归因于西方经济持久性萧条的影响。1990年美国、英国、加拿大、澳大利亚、意大利等西方主要发达国家的工业生产都开始出现零增长（孙执中，1997），是西方工业发达国家经济衰退的典型表现。同时，1991—1995年，日本经历了长期性经济萧条（孙执中，1997）。当时世界对外直接投资主要表现为西方发达国家的跨国投资受国内经济发展的影响，跨国公司的对外直接投资行为受到大幅限制，造成全球对外直接投资规模下降。连续3年成为世界首位直接投资大国的日本，1991年的投资规模仅为307亿美元，较上年锐减36%；第二位的美国为271亿美元，较上年下降17.3%；德国为215亿美元，较上年下降了6%。欧洲主要十国的总投资额为952亿美元，平均降幅达15.3%（吕辉斌，1994）。之后在各国的调整下，加上发展中国家和地区对外投资活动的活跃，全球对外直接投资继续增加，并于1997年达到4662.27亿美元，是1982年的17倍多。这一时期，跨国并购是对外直接投资的主要手段。表3-1、图3-5为金砖5国和G7国家1992—1997年对外直接投资流量及占比情况。

表3-1 1992—1997年主要经济体对外直接投资流量及占比

单位：亿美元

年份		1992	1993	1994	1995	1996	1997
世界		2036.81	2362.56	2852.50	3567.27	3921.07	4662.27
金砖五国	中国	40.00	44.00	20.00	20.00	21.14	25.62
	巴西	1.37	4.92	6.90	10.96	-4.69	11.16
	印度	0.24	0.00	0.82	1.19	2.40	1.13
	俄罗斯	15.66	10.22	2.81	6.06	9.23	31.84

续表

年份		1992	1993	1994	1995	1996	1997
金砖五国	南非	19. 37	2. 98	12. 36	24. 98	10. 43	23. 50
	总和	76. 64	62. 13	42. 89	63. 18	38. 51	93. 25
	占世界比重	3. 76%	2. 63%	1. 5%	1. 77%	0. 98%	2. 00%
G7国家	美国	426. 47	772. 47	732. 52	920. 74	844. 26	957. 69
	英国	177. 39	260. 33	321. 99	435. 62	340. 47	615. 86
	德国	186. 00	171. 96	188. 59	390. 49	508. 05	417. 98
	法国	318. 54	197. 16	245. 39	156. 82	301. 24	359. 06
	日本	173. 04	139. 13	181. 21	226. 30	234. 28	259. 93
	意大利	59. 47	72. 21	51. 10	57. 32	64. 65	122. 42
	加拿大	35. 91	57. 02	92. 94	114. 62	130. 96	230. 66
	总和	1376. 81	1670. 29	1813. 73	2301. 90	2423. 91	2963. 60
	占世界比重	67. 6%	70. 7%	63. 58%	64. 53%	61. 82%	63. 57%

资料来源：UNCTAD。

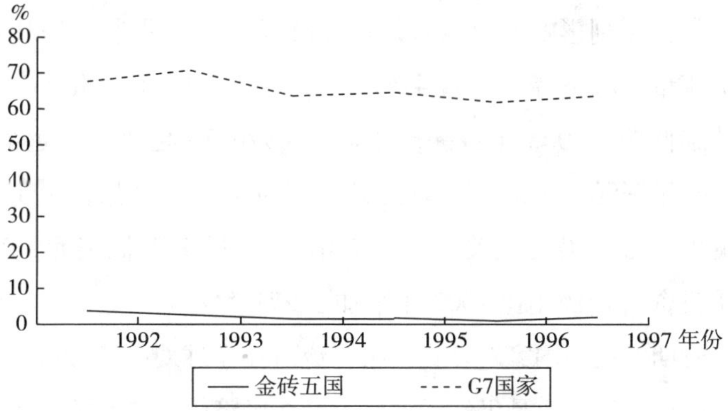

图 3－5　1992—1997 年金砖五国和 G7 国家对外直接投资总额占世界总额比重

资料来源：UNCTAD。

（2）1998—2007 年是全球化快速发展的时期，也是对外直接投资快速发展的时期。这一时期，世界经济进入一个以全球化为显著特征的新时期，全球化红利惠及全球各国，其中发展中国家迅速崛起，以中国为代表的新兴经济体在这一时期经济发展迅速，广泛参与全球经济，对外直接投资大幅增加。在此过程中，对外直接投资已成为各国和地区参与国际分工与增强综合竞争力的关键。全球化不断深入推进，加上2001年中国加入世贸组织，对全球的影响力逐渐增大，各国都认识到开放对对外直接投资的重要性。20世纪90年代，不论是发达国家还是发展中国家都充分认识到国际直接投资的作用，均制定了更为宽松的国际资本流动政策，特别是发展中国家，更是加大了放松管制、鼓励外商投资的力度。据统计，20世纪90年代各国相关政策的修订中95%以上都是关于推进自由化、利于外国直接投资的，这些都使得国际直接投资和间接投资高速增长（乐智强，2006）。1999年，全球对外直接投资流量突破1万亿美元，达到10751.86亿美元，增长率超过58%。2001年美国本土发生了严重的恐怖袭击事件——"9·11恐怖袭击事件"，随后美国发动了"反恐战争"。在此影响下，全球经济环境安全受到严重挑战，彼时发达国家仍然为全球对外直接投资的主力，始终占有较高的份额，拥有较大的影响力，以美国为首的发达国家的行为深刻影响着全球对外直接投资行为，是造成2001年全球对外直接投资流量大幅下降（超过41%）的主要原因。此后几年，全球对外直接投资持续低迷，2002年进一步下降至4970.73亿美元，远低于1998年的6794.98亿美元。2003年全球对外直接投资流量开始恢复上升后，2006年再次突破1万亿美元大关，并于2007年接近2万亿美元，2007年全球对外直接投资流量额相比2002年增加了271.5%。

这一时期发展中国家对外直接投资流量在全球对外直接投资流量总额中的占比呈增长态势，但是仍然远远低于发达经济体所占比重，发达经济体所占比重始终在80%以上（见表3-2、图3-6）。联合国贸发会议发布的《2008年世界投资报告》显示，得益于亚洲跨国公司的海外扩张，发展中国家作为外国直接投资来源的重要性继续增加，流出量创2531亿美元的新高。

这一阶段，发达国家对外直接投资也发生了显著变化。西方发达国家率先从工业国发展成为服务业占比超过工业的服务业大国，经济呈现出服务化趋势。受国内经济影响，对外直接投资也从制造业领域转向服务业领域，服务业领域的投资所占比重逐渐增加。2001年，对外直接投资方面，全球服务业领域投资总量占全部累计总量的65%。全球通信、商务服务业领域的外国直接投资总量占全部累计总量的44%，新兴的金融、商务和贸易服务领域的外国直接投资已取代传统服务业领域的投资，从而凸显了新的服务业外国投资模式（乐智强，2006）。根据《2008年世界投资报告》中数据，在这一时期，跨国并购的数额和比重均得到了极大增长，成为对外直接投资的主要方式，通过跨国兼并和收购（并购）继续进行的整合大大推动了外国直接投资的全球增长，2007年，此类交易的金额达到16370亿美元，比2000年的创纪录水平增长了21%。跨国并购的产业也发生了变化，如金融、电信、医药、汽车等行业在全球范围内的资源重新整合，其所采取的主要手段都是跨国并购（乐智强，2006）。这一时期，发达国家之间的投资表现出服务化趋向，而发达国家对发展中国家的投资仍主要集中在制造业。

表3-2 2002—2007年按区域和选列国家的外国直接投资流出量

单位：十亿美元

年份		2002	2003	2004	2005	2006	2007
全球		537.4	562.8	920.2	880.8	1323.2	1996.5
发达经济体		483.2	507	786	748.9	1087.2	1692.1
欧洲		279.9	307.1	402.2	689.8	736.9	1216.5
	欧盟	265.6	285.2	368	609.3	640.5	1142.2
	日本	32.3	28.8	31	45.8	50.3	73.5
	美国	134.9	129.4	294.9	15.4	221.7	313.8
其他发达国家		36	41.8	58	-2.1	78.4	88.3
发展中经济体		49.6	45	120	117.6	212.3	253.1
非洲		0.3	1.2	2	2.3	7.8	6.1
拉丁美洲和加勒比		12.1	21.3	28	35.8	63.3	52.3
亚洲和大洋洲		37.3	22.5	89.9	79.5	141.1	194.8
亚洲		37.2	22.5	89.9	79.4	141.1	194.7
	西亚	3.2	-1.9	7.7	12.3	23.2	44.2
	东亚	27.6	17.4	62.9	49.8	82.3	102.9
	中国	2.5	2.9	5.5	12.3	21.2	22.5
	南亚	1.8	1.6	2.3	3.5	13.4	14.2

续表

年份		2002	2003	2004	2005	2006	2007
	东南亚	4.7	5.3	17	13.8	22.2	33.5
大洋洲		0	0	0.1	0.1	0	0.1
东南欧和独联体（转型期经济体）		4.6	10.7	14.1	14.3	23.7	51.2
	东南欧	0.5	0.1	0.4	0.3	0.4	1.4
	独联体	4.1	10.6	13.8	14	23.3	49.9
占全球总额的比例							
发达经济体		89.9%	90.1%	85.4%	85.0%	82.2%	84.8%
发展中经济体		9.2%	8.0%	13.0%	13.3%	16.0%	12.7%
东南欧和独联体（转型期经济体）		0.9%	1.9%	1.5%	1.6%	1.8%	2.6%

资料来源：《2008 年世界投资报告》。

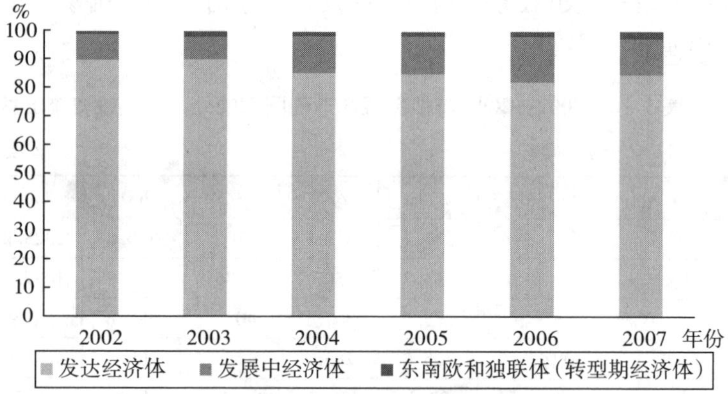

图 3-6　2002—2007 年三种经济体对外直接投资总额占世界总额的比重

资料来源：《2008 年世界投资报告》。

（3）2008—2019 年是全球跨境投资的调整发展期。2008 年爆发的国际金融危机影响了全球经济发展，主要经济体受到重创，此后全球经济开始了漫长而缓慢的复苏。《2009 年世界投资报告》显示，2008 年发达国家的外国直接投资流量下降了 29%，并指出这种下降的主要原因在于跨国并购的繁荣期结束，并购额大幅下降 39%。2002—2007 年全球跨国并购非常活跃，但是随着 2007 年跨国并购浪潮的结束，欧洲的跨国并购交易骤跌 56%，日本下降了 43%。2008 年全球 FDI 大幅回落标志着始于 2004 年的此轮国际投资增长周期的终结（乐智强，2006）。

2009 年以后，全球对外直接投资进入较长调整期，基础趋势仍然疲软。总体来看有升有降，2009—2019 年，增长的年份有 6 个，下降的年份有 5 个，使得全球对外直接投资始终维持在一个变动幅度不大的高位水平。其中，2018 年再次跌破 1 万亿美元。《2019 年世界投资报告》显示，2018 年，发达国家的跨国公司减少了 40% 的海外投资，为 5580 亿美元，最终使得它们在全球对外直接投资中的份额下降到 54%，是有史以来最低纪录。而主要原因是美国跨国公司的收益下降。2018 年上半年，美国跨国公司的再投资收益净下降了 3670 亿美元，与同期的 1680 亿美元相比大幅转为负，导致 2018 年全年从美国流出的外商直接投资大幅下降至 -910 亿美元。

图 3 -7 为 2005—2018 年发达经济体 OFDI 及其占世界流出量的比重。

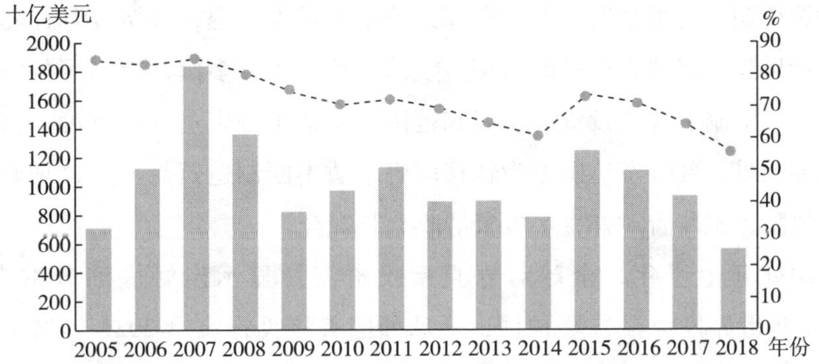

图 3 -7　2005—2018 年发达经济体 OFDI 及其占世界流出量的比重

资料来源：《2019 年世界投资报告》。

2019 年，发达经济体的跨国公司在海外投资额为 9170 亿美元，较上年大幅增长。但是相比金融危机前的峰值水平仍然较低，仅为 2007 年的一半左右。同时，由于发展中国家和转型期经济体的资金外流减少，发达经济体在世界外国直接投资流出中的总体份额从 2018 年的 54% 提高到 2019 年的 70% 左右。

2019 年，日本仍然位居对外直接投资流量的第一名，其跨国公司的投资增长了 58%，达到 2270 亿美元。2018 年美国对外直接投资流量降为负值，即 -910 亿美元，随后得益于其跨国公司的税收改革后的资金回流，2019 年转为 1250 亿美元的正值。荷兰的跨国公司境外投资大为活跃，加上德国跨国公司的海外再投资收益翻了一番，最终欧洲跨国公司的对外直接投资流量增加了 13%。相比之下，2018 年对外直接投资流量额较大的法国和瑞士，在 2019 年资金流出分别大幅降低了 63% 和 82%。发展中经济体跨国公司的海外投资活动下降了 10%，为 3730 亿美元。由于中国对外直接投资流量的连年下降，亚洲发展中国家的资金外流减少了 19%，中国的海外并购量降至过去 10 年的最低水平。2019 年，转型期经济体的外国直接投资流出减少了 37%，为 240 亿美元，俄罗斯仍然几乎占据了所有对外直接投资份额①。

（4）2020 年，全球对外直接投资呈断崖式下降。受新冠肺炎疫情的影响，国际投资环境呈现出一些新的变化和特点，国际投资触底反弹后进入深度调整期。疫情暴发至今，全球经济陷入深度衰退，经济复苏伴随着疫情不断反弹，仍然有很多国家深陷疫情大流行中，多国都提高了外资的进入门槛，限制了外资投资的领域和范围，增加了外资进入的难度。基于经济复苏困难，部分发达国家为转移国内矛盾不断制造贸易冲突，加剧地缘政治风险，威胁着对外直接投资的收益与安全。

2021 年上半年，全球对外直接投资流量显示出触底回升的态势，《2021 年世界投资报告》预估，全球外国直接投资流量 2021 年增幅约为 10% ~15%，但是仍然不能抵消 2020 年的下降幅度。并进一步预估，2022 年外国直接投资将进一步增加，达到预测上限，恢复到 2019 年的水平。全球对外直接投资的复苏同世界经济复苏息息相关，将主要取决于经济复苏的速度和流行病复发的可能性、一揽子复苏支出对外国直接投资的潜在影响以及政策压力。

---

① 《2020 年世界投资报告》。因为数据的调整，不同年份公布的世界投资报告中各个数据略有不同。比如《2020 年世界投资报告》显示美国 OFDI 为 125 亿美元，但是《2021 年世界投资报告》显示该数值为 94 亿美元。

（二）2020 年主要经济体对外直接投资情况分析

《2021 年世界投资报告》显示，2020 年，中国的对外直接投资流量跃居世界第一，全球 OFDI 流量前 20 经济体（见图 3－8、图 3－9）的总体投资占全球 OFDI 总流量的比重超过 90%。发达经济体的跨国公司海外投资减少了 56%，为 3470 亿美元，在全球对外直接投资中所占的份额降至历史新低，为 47%。欧洲跨国公司的对外投资总额（包括巨额负流量）下降了 80%，为 740 亿美元，为 1987 年以来的最低水平。从荷兰、德国、爱尔兰和英国流出的资金也同样大幅减少。出于供应链安全方面的考虑，部分跨国公司开始剥离海外资产，例如，特易购以 99 亿美元的价格出售了其在泰国的门店，沃达丰也以 58 亿美元的价格出售了其在意大利的塔楼资产。

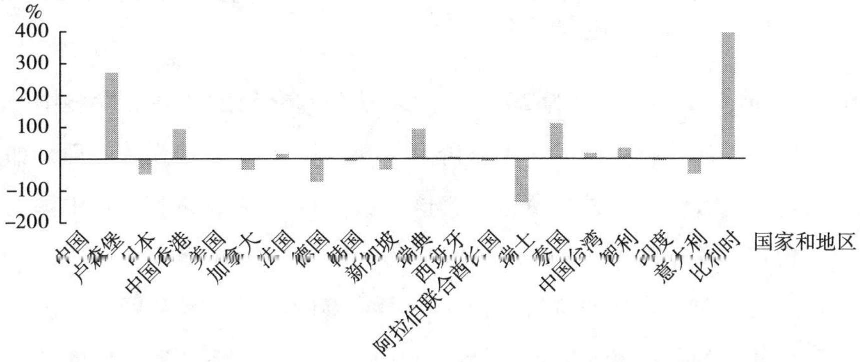

图 3－8　2020 年全球对外直接投资流出量前 20 的经济体年增长率

大型跨国公司是全球外国直接投资的主要参与者，也是这场疫情风暴的主要承受者。疫情使得大部分跨国公司 2020 年盈利下降，甚至亏损，但前 100 家跨国公司仍大幅增加了现金持有量，这是大型跨国公司的韧性表现，它们更能抵抗住全球经济衰退的负面影响，在疫情风暴中保持长久的生命力。2020 年，全球国有跨国公司数量约为 1600 家，增长了 7%。

《2021 年世界投资报告》指出，从美国流出的资金仍持平于 930 亿美元，流入欧洲的资金增加被亚洲（主要是新加坡）的投资减少所抵消。过去两年最大的对外投资来源——日本跨国公司对外投资额下降了一半，为

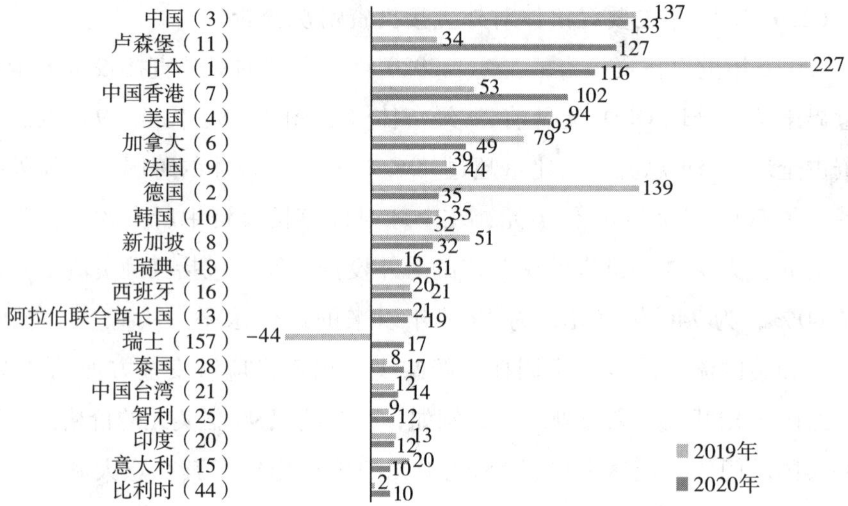

图 3 – 9　2020 年全球对外直接投资流出量前 20 的经济体（单位：十亿美元）

注：括号内为2019 年流出量全球排名。

1160 亿美元，这主要是因为 2020 年大规模并购交易的消失。发展中经济体跨国公司的海外投资活动价值下降了 7%，为 3870 亿美元。然而，如果剔除来自中国香港的对外投资流量，这一数值将下降 22%。来自中国的对外直接投资尽管下降了 3%，但仍保持在 1330 亿美元的高位，使中国成为世界上最大的对外直接投资者。由于中国香港的金融交易活跃，中国跨国公司跨境并购的价值翻了一番。持续推进的“一带一路”建设也使得在疫情大规模流行期间中国对外直接投资的流出具有弹性。从东南亚流出的资金减少了 16%，为 610 亿美元。新加坡的对外投资资金减少了 36%，为 320 亿美元，大部分投资流向了东南亚联盟其他国家。相反，泰国的对外直接投资额翻了一番，达到 170 亿美元，主要流向了邻国的金融服务和制造业。2020 年，疫情下的拉丁美洲跨国公司对外投资达到崩溃边缘，反而撤资了 35 亿美元，这是有史以来第一次。约 500 亿美元的价值下降主要是由巴西持续的负外流造成的，这一外流额为 260 亿美元。而主要原因是跨国公司通过其海外子公司筹集资金，导致墨西哥的对外直接投资减少了 41%。相反，从智利流出的资金增加了 25%，达到 120 亿美元，因为智利跨国公司增加了对其海外分支机构的贷款。2020 年，转型经济体的外国直接投资流出额下降了 76%，为 60 亿美元，其中大部分是由于俄罗斯跨国公司投资收益大幅下降（-83%），从而减少了对采掘业的海外直接投资。表 3-3 为 2019—2021 年分组公布的绿地项目、跨境并购和国际项目融资交易。

表 3-3　2019—2021 年分组公布的绿地项目、跨境并购和国际项目融资交易

经济体	投资类型	价值/十亿美元		增长率	数量/项		增长率
		2019 年	2020 年		2019 年	2020 年	
发达经济体	跨国并购	424	379	-11%	5802	5225	-10%
	绿地项目	346	289	-16%	10331	8376	-19%
	国际融资项目	243	175	-28%	543	587	8%
发展经济体	跨国并购	82	84	2%	1201	907	-24%
	绿地项目	454	255	-44%	7240	4233	-42%
	国际融资项目	365	170	-53%	516	443	-14%
转型经济体	跨国并购	1	12	1100%	115	69	-40%
	绿地项目	46	20	-57%	697	371	-47%
	国际融资项目	26	21	-19%	59	31	-47%

资料来源：《2021 年世界投资报告》。

注：转型经济体的三种投资类型价值年增长率数据由笔者计算得来。

新冠肺炎疫情的影响是深远的，在逆全球化下，监管性和限制性投资政策措施的数量也翻了一番多，联合国贸发会议的监测数据显示，2020 年国家性投资政策措施达到了 50 项，而 2019 年为 27 项（见表 3-4）。提高涉及国家安全以及供应链安全等更加敏感行业的投资门槛是新冠肺炎疫情后很多发达国家的做法。同时，多数发展中经济体仍然致力于促进贸易与投资的便利化。《2021 年世界投资报告》接着指出，大多数国家的复苏投资计划侧重于基础设施部门，包括有形资产、数字和绿色基础设施。全球经济停滞得越久，则复苏投资计划的规模也会相应地越庞大，若疫情后期仍然控制不住，则投资的触底反弹也会来得更加猛烈，很可能会影响未来几年的全球投资格局。《2021 年世界投资报告》预估，用于全球长期投资的复苏基金的累计价值已经接近 3.5 万亿美元，酝酿之中的举措规模可观。考虑到利用这些资金吸引更多私人资金的潜力，复苏计划的总“投资火力”可能超过 10 万亿美元。

表 3-4　2014—2019 年全球外资政策数量及限制类新政数量　　单位：项

年份	2014	2015	2016	2017	2018	2019	2020
全球外资新政数	74	100	125	144	112	107	—
限制类外资新政数	12	14	22	23	31	27	50

资料来源：《2021 年世界投资报告》。

第二节　我国对外直接投资分析

当前，在新冠肺炎疫情的推动下世界格局重塑趋势越来越明显。我国是最先成功控制住疫情并顺利恢复经济发展的国家，各方面都表现出具有抗击突发事件冲击的持久韧性。联合国贸发会议（UNCTAD）发布的《2021 年世界投资报告》显示，2020 年中国成为全球第一大外国直接投资流出国，投资总额达 1330 亿美元。在全球投资大幅下滑的前提下，这得益于中国率先控制住疫情，率先复工复产，帮助全球多个国家进行抗疫并保持正常经贸往来。

一、国内对外投资基本情况

国家统计局发布的《2021 年国民经济和社会发展统计公报》显示，2021 年全年我国对外非金融类直接投资额为 1136.4 亿美元，比上年增长了 3.2%（见表 3-5）。其中，对“一带一路”沿线 57 个国家非金融类直接投资为 1309.7 亿元，同比增长 6.7%，占同期总额的 17.9%，较上年同期上升 1.7 个百分点，主要投向新加坡、印度尼西亚、马来西亚、越南、孟加拉国、阿拉伯联合酋长国、老挝、泰国、哈萨克斯坦和柬埔寨等国家。全年对外承包工程完成营业额为 9996 亿元，比上年下降 7.1%。其中，我国企业在“一带一路”沿线的 60 个国家新签对外承包工程项目合同6257份，新签合同额为8647.6亿元，同比下降11.4%，占同期我国对外承包工程新签合同额的51.9%；完成营业额为5785.7亿元，同比下降7.9%，占同期总额的57.9%。

租赁和商务服务业仍然是我国非金融类对外直接投资主要领域，占比达32%左右，随后是制造业。

表3-5 2021年我国对外非金融类直接投资及其增长速度

行业	总额/亿美元	比上年增长/%	占比/%
总计	1136.4	3.2	100
农/林/牧/渔业	11.3	-18.7	0.99
采矿业	49.8	-2.2	4.38
制造业	184.0	-7.9	16.19
电力/热力/燃气及水生产和供应业	48.9	75.9	4.30
建筑业	55.7	7.9	4.90
批发和零售业	176.5	9.8	15.53
交通运输/仓储和邮政业	51.0	92.5	4.49
信息传输/软件和信息技术服务业	75.3	12.2	6.63
房地产业	24.9	-8.8	2.19
租赁和商务服务业	366.2	-12.4	32.22

资料来源：《2021年国民经济和社会发展统计公报》。

（一）总体情况分析

2020年我国对外直接投资流量第一次位居世界第一，超过第二名卢森堡60亿美元，贡献了全球对外直接投资流量的13.3%（见图3-10）。但是受疫情影响，相比2019年，我国对外直接投资下降了2.86%，2017—2020年连续四年总量萎缩。

根据联合国贸发会议数据库数据，1982—2020年我国对外直接投资总量翻了几番，从1982年的0.44亿美元大幅增长至2020年的1330亿美元，年均复合增长率高达23.48%。2016年我国对外直接投资流量以1961.49亿美元达到峰值水平，位居全球第二（见表3-6）。随后为进一步引导和规范对外投资方向，推动对外投资持续合理有序健康发展，有效防范各类风险，2017年我国政府加强对企业对外投资的真实性、合规性审查，

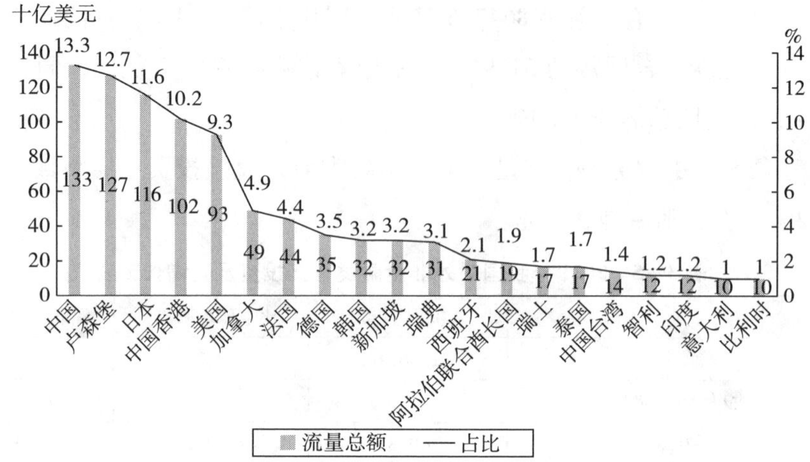

图 3－10　2020 年 OFDI 流量全球前 20 经济体 OFDI 流量总额及其占比

资料来源：《2021 年世界投资报告》。

市场主体对外投资更趋成熟和回归理性，2017 年对外直接投资流量下降了 19.3%。

2002—2020 年，我国对外直接投资流量由全球第 26 名一路跃升至全球第一名。2008 年国际金融危机后，全球经济整体复苏缓慢，西方发达国家经济增长乏力，新兴经济体增速进一步回落，相比之下，我国国内经济仍然保持较高增长率，带动全球经济复苏。我国对外直接投资也显示出强劲生命力，于 2009 年位居全球第五名。挑战与机遇并存，2020 年的疫情全球大流行使得全球经济遭受重创，多国经济停滞，我国率先实现复工复产，经济发展韧性十足，对外直接投资流量也首次达到全球第一的水平。虽然 2016 年后我国 OFDI 水平持续下降，但这是经济发展进入调整期的正常现象，是我国对外直接投资由注重数量向更加注重质量转变的表现，标志着我国对外直接投资水平停止盲目扩张，带动我国经济整体保持健康有序增长。

表 3－6　1982—2020 年我国对外直接投资数据

年份	流量				存量	
	总额/亿美元	增长率/%	全球位次	全球占比/%	总额/亿美元	全球位次
1982	0.44	—	—	0.16	0.44	
1998	26.34	2.81	—	0.39	224.44	
2002	25.18	－63.43	26	0.51	299	25
2007	265.06	50.31	17	1.22	1179.11	22
2008	559.07	110.92	12	3.26	1839.71	18
2009	565.29	1.11	5	4.78	2457.55	16
2010	688.11	21.73	5	4.93	3172.11	17
2011	746.54	8.49	6	4.59	4247.81	13
2012	878.04	17.61	3	6.73	5319.41	13
2013	1078.44	22.82	3	7.59	6604.78	11
2014	1231.2	14.16	3	9.01	8826.42	8
2015	1456.67	18.31	2	8.53	10978.65	8
2016	1961.49	34.66	2	12.71	13573.9	6
2017	1582.9	－19.3	3	9.89	18090.4	2
2018	1430.4	－9.63	2	14.50	19822.7	3
2019	1369.1	－4.29	2	10.42	20994	3
2020	1330	－2.86	1	13.30	23318.8	3

注：流量和存量数据来源于 UNCTADSTAT，全球排名来源于《中国对外直接投资统计公报》，2020 年数据来源于《2021 年世界投资报告》，增长率为名义增长率。

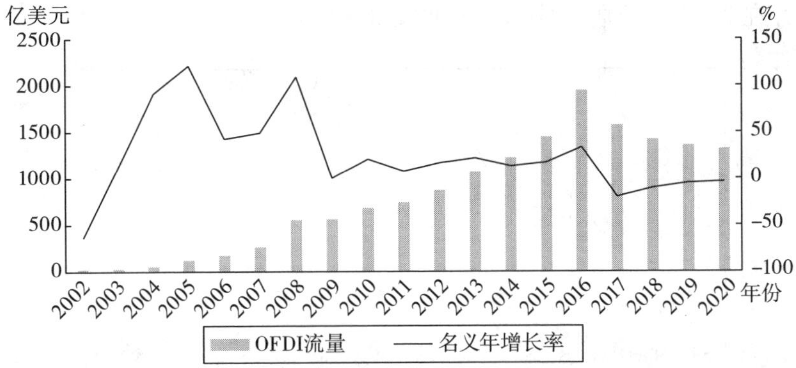

图 3－11　2002—2020 年我国对外直接投资流量及名义年增长率

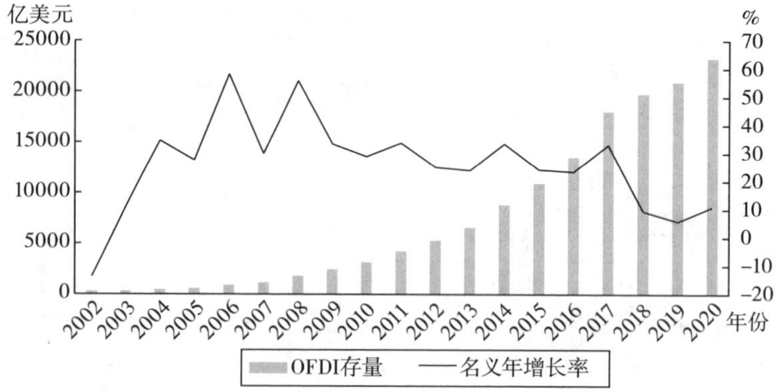

图 3－12　2002—2020 年我国对外直接投资存量及名义年增长率

资料来源：联合国贸发会议数据库，访问时间为 2021 年 12 月，其中 2020 年数据为 2019 年存量数据加上 2020 年流量数据得到。

从名义年增长率（见图 3－11、图 3－12）来看，2004—2016 年，我国对外直接投资流量规模呈快速增长态势。2004—2008 年以每年超过 40% 的高速水平增长，2005 年年增长率达到了 123% 的超高水平，随后年增长率开始回落。金融危机后，对外直接投资流量的年增长率开始以中低速度保持稳中有涨，2009—2016 年以年均 19.45% 的速度平稳增长。随后进入 2017—2020 年连续四年的调整时期，加上受全球经济复苏乏力的影响，对外直接投资总额持续下降。从有数据记录以来的 1982 年至今，我国对外直接投资的绝对规模快速扩张，同全球其他国家相比，相对规模增长速度明显，并在 2020 年位居全球第一（见图 3－13）。

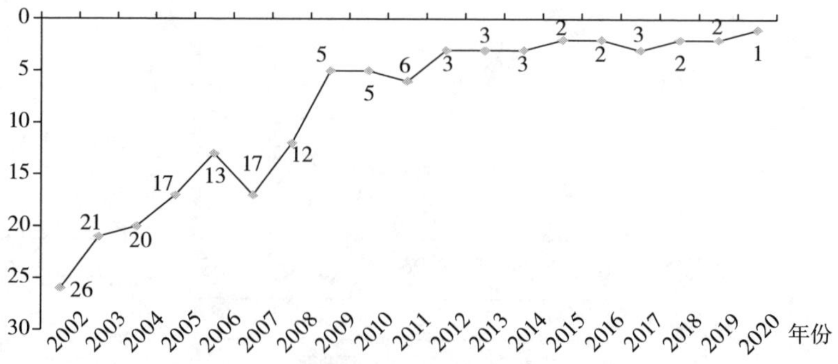

图 3－13　2002—2020 年我国对外直接投资流量全球排名

资料来源：历年《中国对外直接投资统计公报》。

（二）国别与行业分析

我国对外直接投资主要流向亚洲，从2020年数据来看，有七成多流向亚洲。

1. 区域与国别分析

《2020年度中国对外直接投资统计公报》显示，2020年中国对外直接投资中有83.9%流向亚洲和拉丁美洲，其中流向亚洲达1123.4亿美元，同比增长1.4%，占中国对外直接投资总额的比重为73.1%，流向拉丁美洲166.6亿美元，同比增长160.7%，占当年对外直接投资总额的比重为10.8%（见表3－7）。

表3－7　2020年中国对外直接投资流向全球地区分布

地区	投资流量/亿美元	同比增长/%	比重/%
亚洲	1123.4	1.4	73.1
拉丁美洲	166.6	160.7	10.8
欧洲	126.9	20.6	8.3
北美洲	63.4	45.1	4.1
非洲	42.3	56.1	2.8
大洋洲	14.5	－30.3	0.9
合计	1537.1	12.3	100

资料来源：《2020年度中国对外直接投资统计公报》。

表3－8为2020年我国对外直接投资流量前20名的国家和地区。

表3－8　2020年我国对外直接投资流量前20名国家和地区

单位：亿美元

排名	国家/地区	流量/亿美元	占总额比重/%
1	中国香港	891.5	58.0
2	开曼群岛	85.6	5.6
3	英属维尔京群岛	69.8	4.5
4	美国	60.2	3.9
5	新加坡	59.2	3.9
6	荷兰	49.4	3.2
7	印度尼西亚	22.0	1.4

续表

排名	国家/地区	流量/亿美元	占总额比重/%
8	瑞典	19.3	1.3
9	泰国	18.8	1.2
10	越南	18.8	1.2
11	阿拉伯联合酋长国	15.5	1.0
12	老挝	14.5	0.9
13	德国	13.8	0.9
14	马来西亚	13.7	0.9
15	澳大利亚	12.0	0.8
16	瑞士	10.7	0.7
17	柬埔寨	9.6	0.6
18	巴基斯坦	9.5	0.6
19	英国	9.2	0.6
20	中国澳门	8.3	0.5
	合计	1411.4	91.7

资料来源：《2021 年度中国对外直接投资统计公报》。

（1）亚洲。亚洲地区一直以来都是我国企业对外直接投资的主要市场和重点区域。2020 年，我国对亚洲的投资流量高达 1123.4 亿美元（见图 3－14），同比增长 1.4%，占当年对外直接投资流量的 73.1%，在亚洲地区投资存量高达 16448.9 亿美元，占我国对全球直接投资存量的 63.7%；① 在亚洲 45 个国家和地区设立了境外企业，覆盖率超过 95%，居全球首位；在亚洲地区设立的境外企业数量超过 2.5 万家，占中国在全球境外企业总数的一半以上。②

我国对外直接投资不仅表现为主要集中在亚洲区域，还表现为在亚洲地区的投资也集中在少数几个国家（地区），其中，2020 年我国对中国香港的投资为 891.5 亿美元，同比增长 1.5%，占对亚洲投资的 79.4%，对东盟 10 国的投资为 160.6 亿美元，同比增长 23.3%，占对亚洲投资

① 资料来源：《2020 年度中国对外直接投资统计公报》。
② 资料来源：《中国对外投资合作发展报告 2020》。

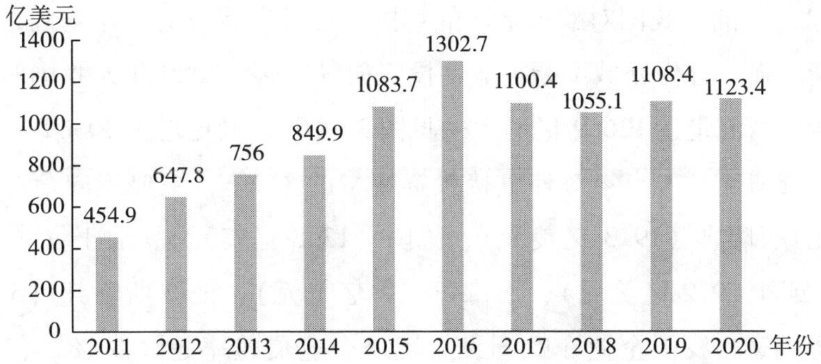

图 3－14 2011—2020 年我国对亚洲地区直接投资流量

资料来源：历年《中国对外直接投资统计公报》。

的 14.3%。

香港特别行政区是我国设立境外企业数量最多、投资最活跃、投资额最集中的目的地，2020 年投资流量为 891.5 亿美元，同比增长 1.5%，占当年中国对外直接投资总额的 58%，对中国香港投资存量占亚洲存量的 87.5%。①

图 3－15 为 2019 年我国对亚洲地区投资存量前十的国家和地区。

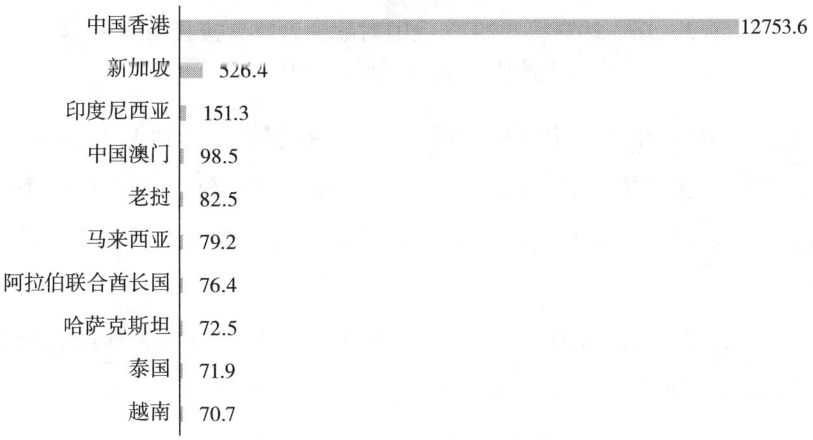

图 3－15 2019 年我国对亚洲地区投资存量前 10 的国家和地区（单位：亿美元）

资料来源：《中国对外投资合作发展报告 2019》。

① 资料来源：《2020 年度中国对外直接投资统计公报》。

（2）欧洲。我国对欧洲地区的直接投资具有深厚的合作基础，合作机制不断增强，合作领域不断扩宽，投资前景广阔。2020 年，我国对欧洲地区直接投资流量达 126.9 亿美元（见图 3－16），同比增长 20.6%，远高于全球投资增速，占当年对外直接投资流量的 8.3%，主要流向荷兰（49.4 亿美元）、瑞典（19.3 亿美元）、德国（13.8 亿美元）、瑞士（10.7 亿美元）、英国（9.2 亿美元）、卢森堡（7 亿美元）、俄罗斯联邦（5.7 亿美元）等国家。我国企业在欧洲设立境外企业覆盖率超过 80%，仅次于亚洲，设立的境外企业超过 4800 家，占境外企业总数的 11%。图 3－17 为 2019 年我国对欧洲直接投资流量前十的国家。

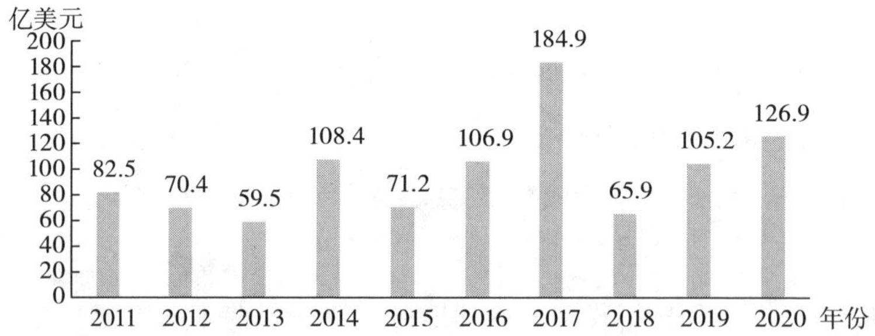

图 3－16　2011—2020 年我国对欧洲地区直接投资流量

资料来源：《2020 年度中国对外直接投资统计公报》。

截至 2020 年年底，中国在欧洲地区直接投资累计达到 1224.3 亿美元，占我国对外直接投资存量总额的 4.7%，主要分布在荷兰、英国、卢森堡、德国、俄罗斯联邦、瑞典、瑞士、法国、意大利、爱尔兰、捷克、西班牙等国家。

（3）其他区域。2020 年，我国对外直接投资流向北美洲的投资额为 63.4 亿美元（见图 3－18），同比增长 45.1%，占当年对外直接投资流量的 4.1%，其中对美国投资 60.2 亿美元，同比增长 58%；对加拿大投资 2.1 亿美元，同比下降 55.3%。对北美洲累计投资达到 1000.2 亿美元，占存量总额的 3.9%，主要分布在美国和加拿大。对非洲投资 42.3 亿美元（见图 3－19），同比增长 56.1%，占当年对外直接投资流量的 2.8%，主

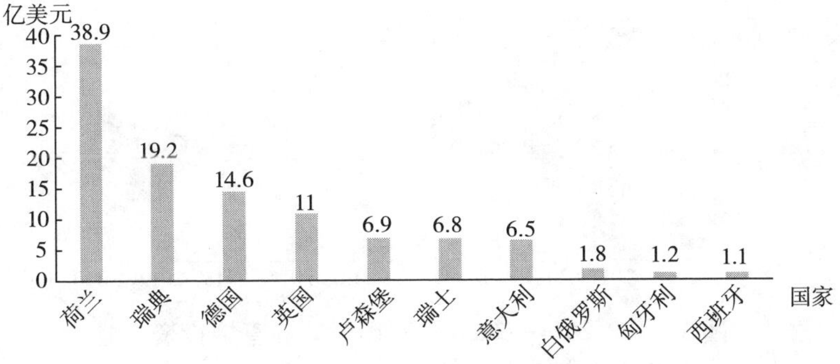

图 3－17　2019 年我国对欧洲直接投资流量前 10 的国家

资料来源：《中国对外投资合作发展报告 2019》。

要流向肯尼亚、刚果（金）、南非、埃塞俄比亚、尼日利亚、刚果（布）、尼日尔、赞比亚、塞内加尔等国家。截至 2020 年年底，对非洲累计投资达到 434 亿美元，占我国对外直接投资总存量的 1.7%。对大洋洲投资 14.5 亿美元（见图 3－20），同比下降 30.3%，占当年对外直接投资流量的 0.9%，主要流向澳大利亚、新西兰、马绍尔群岛、斐济等国家。在大洋洲投资总额累计达 401.1 亿美元，占存量总额的 1.6%。对拉丁美洲投资 166.6 亿美元（见图 3－21），同比增长 160.7%，占当年对外直接投资流量的 10.8%，主要流向开曼群岛（85.6 亿美元）、英属维尔京群岛（69.6 亿美元）、阿根廷（4 亿美元）、秘鲁（3.2 亿美元）、巴西（3.1 亿美元）、墨西哥（2.6 亿美元）等，对委内瑞拉的投资流量为－4.5 亿美元。

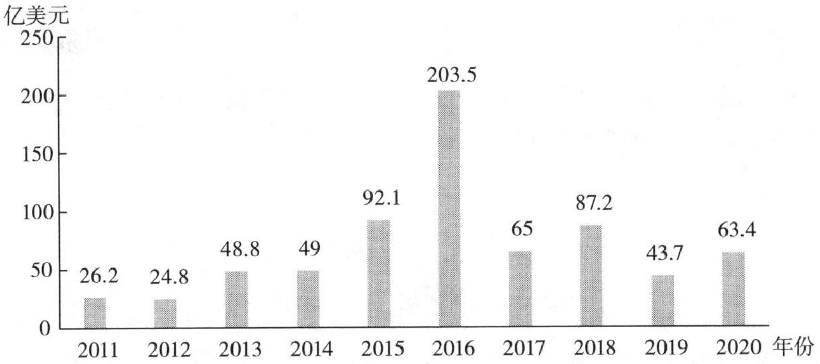

图 3－18　2011—2020 年我国对北美洲直接投资流量

资料来源：《2020 年度中国对外直接投资统计公报》。

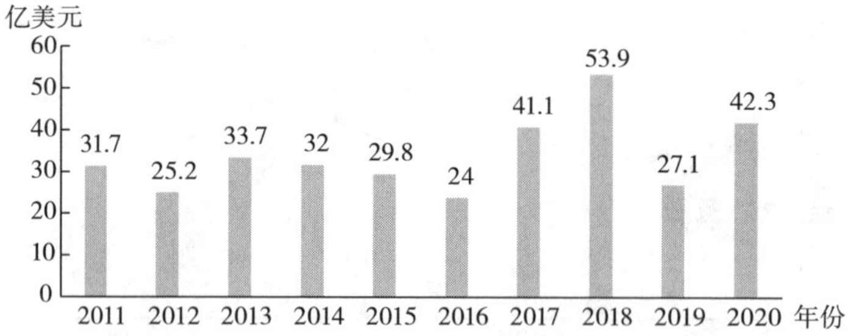

图 3-19　2011—2020 年我国对非洲直接投资流量

资料来源：《2020 年度中国对外直接投资统计公报》。

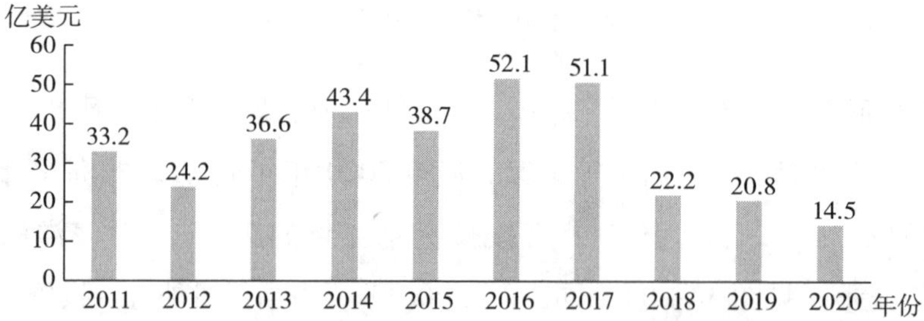

图 3-20　2011—2020 年我国对大洋洲直接投资流量

资料来源：《2020 年度中国对外直接投资统计公报》。

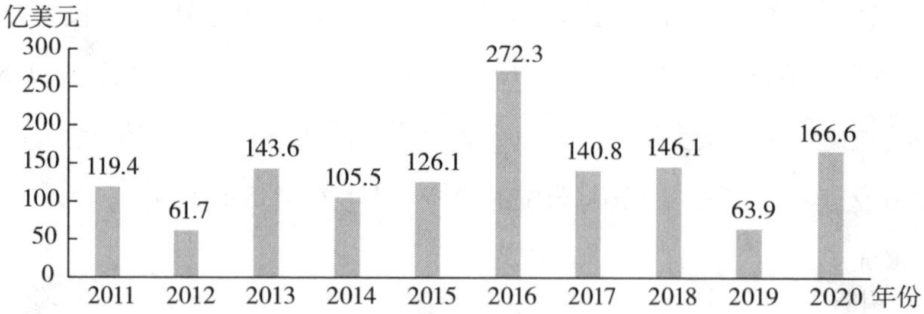

图 3-21　2011—2020 年我国对拉丁美洲直接投资流量

资料来源：《2020 年度中国对外直接投资统计公报》。

2. 行业与地区分析

（1）就行业选择来说，2020 年我国对外直接投资涉及 18 个行业大类，涉及领域广泛，近七成投资流向租赁和商务服务、制造、批发和零售、金融领域。就金额来说，租赁和商务服务业最多，为 387.2 亿美元，制造业次之，为 258.4 亿美元，分别占当年流量总额的 25.2% 和 16.8%。从增长率看，租赁和商务服务业下降了7.5%，而制造业增加了27.7%。流向租赁和商务服务业，制造业，金融业，批发和零售业，信息传输、软件和信息技术服务业五大行业的投资规模高达1164.1亿美元，占2020年对外直接投资总额的75.73%。① 行业数据反映出我国对外直接投资分布领域广泛，但是存在高度集中在某几个行业的现象。但是，2020年，对外直接投资行业分布更趋均衡，对租赁和商务服务业投资的规模和占比均下降，对制造业，批发和零售业，信息传输、软件和信息技术服务业投资较上年分别提高27.7%、18.3%和67.7%。租赁和商务服务业、制造业、金融业、批发和零售业等4大行业的投资流量继续保持百亿美元规模以上。从产业分布看，第三产业占比达到71.6%，而第一产业最少，流向农、林、牧、渔业10.8亿美元，同比减少55.7%，占全部对外直接投资的比重仅有0.7%（见表3-9）。

表3-9 2019年和2020年中国对外直接投资流量行业分布

行业	流量/亿美元		同比增长/%		占比/%	
	2020年	2019年	2020年	2019年	2020年	2019年
合计	1537.1	1369.1	12.3	-4.29	100	100
租赁和商务服务业	387.2	418.8	-7.5	-17.5	25.2	30.6
制造业	258.4	202.4	27.7	5.9	16.8	14.8
金融业	196.6	199.5	-1.5	-8.1	12.8	14.6
批发和零售业	230	194.7	18.3	59.1	15	14.2
信息传输、软件和信息技术服务业	91.9	54.8	67.7	-2.7	6	4
采矿业	61.3	51.3	19.5	10.8	4	3.7
建筑业	80.9	37.8	114	4.5	5.3	2.8
交通运输、仓储和邮政业	62.3	38.8	60.6	-24.8	4	2.8
电力、热力、燃气及水生产和供应业	57.7	38.7	49.1	-17.7	3.7	2.8

① 《2021年度中国对外直接投资统计公报》显示，2021年我国对外直接投资流量总额为1537.1亿美元，与《2021年国民经济和社会发展统计公报》中数据存在差别。

续表

行业	流量/亿美元		同比增长/%		占比/%	
	2020 年	2019 年	2020 年	2019 年	2020 年	2019 年
房地产业	51.9	34.2	51.8	11.5	3.4	2.5
科学研究和技术服务业	37.3	34.3	8.7	-9.7	2.4	2.5
农、林、牧、渔业	10.8	24.4	-55.7	-4.8	0.7	1.8
居民服务、修理和其他服务业	21.6	16.7	29.3	-24.9	1.4	1.2
教育	1.3	6.5	-80	13.2	0.1	0.5
住宿和餐饮业	1.2	6	-80	-55.4	0.1	0.4
文化/体育和娱乐业	-21.3	5.2	0	-55.1	-1.4	0.4
水利/环境和公共设施管理业	1.6	2.7	-40.7	51.1	0.1	0.2
卫生和社会工作	6.4	2.3	178.3	-56.7	0.4	0.2

资料来源：《2021 年度中国对外直接投资统计公报》。

（2）从国内区域来看，东部地区的对外直接投资流量在总投资流量中占比较大，是我国对外直接投资流量的主要贡献方。2020 年东部地区对外直接投资流量 713.9 亿美元，同比下降 0.2%，占地方对外投资流量总额的 84.1%。中部地区、西部地区和东北三省 2020 年对外直接投资流量分别为 69.3 亿美元、59.2 亿美元和 6.1 亿美元，同比分别下降 23.9%、24.2% 和 51.6%，占地方比重分别为 8.2%、7% 和 0.7%（见表 3-10）。

表 3-10　2020 年地方对外直接投资流量按区域分布情况

地区	流量/亿美元	比重/%	同比/%
东部地区	713.9	84.1	-0.2
中部地区	69.3	8.2	-23.9
西部地区	59.2	7	-24.2
东北三省	6.1	0.7	-51.6
合计	848.5	100	-5.4

注：东部地区包括：北京、天津、河北、上海、江苏、浙江、福建、山东、广东和海南；中部地区包括：山西、安徽、江西、河南、湖北、湖南；西部地区包括：内蒙古、广西、四川、重庆、贵州、云南、陕西、甘肃、青海、宁夏、新疆、西藏；东北三省包括：黑龙江、吉林、辽宁。

资料来源：《2021 年度中国对外直接投资统计公报》。

2020年，我国对外直接投资流量前10名的主要省份投资额占总投资的87.2%，其中有8个省份属于东部地区。对外直接投资流量超百亿美元的省份有三个，其中广东以235.3亿美元位列第一，随后是上海的125.5亿美元、浙江的107.4亿美元（见表3-11）。

表3-11 2020年我国对外直接投资流量前5名的省份

排名	省份	流量/亿美元		占比/%	
		2019年	2020年	2019年	2020年
1	广东	167	235.3	18.6	27.7
2	上海	104.9	125.5	11.7	14.8
3	浙江	89.5	107.4	10	7.2
4	山东	102.4	61	11.4	7.2
5	北京	82.7	59.9	9.2	7.1
合计		564.5	589.1	60.9	64

资料来源：《2020年度中国对外直接投资统计公报》《2021年度中国对外直接投资统计公报》。

（3）从对外直接投资主体的属性来看，对外非金融类直接投资中，中央企业和单位2020年对外直接投资492亿美元，占2020年对外非金融类直接投资总额的36.7%。总体来看，国有企业对外直接投资存量的占比也呈现出下降的趋势，由2006年的81%下降至2019年的50.1%（见图3-22）。

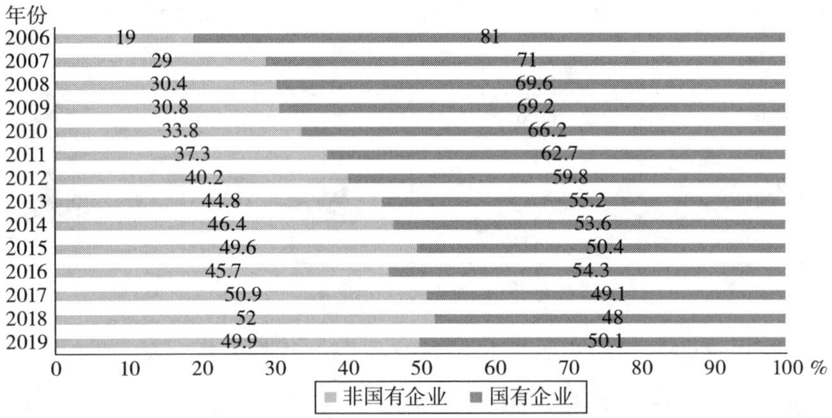

图3-22 2006—2019年中国国有企业和非国有企业对外直接投资存量占比

资料来源：《2019年度中国对外直接投资统计公报》。

3. 投资方式分析

2020 年，受疫情影响，我国对外投资呈现出并购交易数量增加但并购金额下降的情况。全年企业共实施对外投资并购项目 513 起（较上年增加 46 起），涉及 61 个国家（地区），实际交易总额 282.0 亿美元，同比下降 17.7%，其中，直接投资[①] 164.8 亿美元，占并购总额的 58.4%，占当年中国对外直接投资总额的 10.7%；境外融资 117.2 亿美元，占并购总额的 41.6%（见表 3－12）。

表 3－12　2004—2020 年我国对外直接投资并购情况

年份	并购金额/亿美元	同比/%	比重/%
2004	30.0	—	54.4
2005	65.0	116.7	53
2006	82.5	26.9	39
2007	63.0	－23.6	23.8
2008	302.0	379.4	54
2009	192.0	－36.4	34
2010	297.0	54.7	43.2
2011	272.0	－8.4	36.4
2012	434.0	59.6	31.4
2013	529.0	21.9	31.3
2014	569.0	7.6	26.4
2015	544.4	－4.3	25.6
2016	1353.3	148.6	44.1
2017	1196.2	－11.6	21.1
2018	742.3	－37.9	21.7
2019	342.8	－53.8	12.6
2020	282.0	－17.7	10.7

资料来源：历年《中国对外直接投资统计公报》。

对外投资的主要形式包括开办合资企业、并购、设立子（分）公司和

① 直接投资是指境内投资者或其境外企业收购项目的款项来源于境内投资者的自有资金、境内银行贷款（不包括境内投资者担保的境外贷款）。

少量投资但不参与企业经营。2004—2020 年，我国以并购的方式对外投资所占比例大幅下降。2010 年以前，并购是中国企业对外投资活动的主要形式。2020 年，参与并购活动的对外直接投资流量占总额的比例下降到 10.7% 左右（见图 3 - 23）。对外直接投资方式的变化说明近十年中国企业参与国际投资活动的主要方式不再局限于并购，而是通过设立子（分）公司、合资等更多样的方式进入海外市场，表明中国企业在海外扎根的能力有所提升，不再高度依赖并购进入他国市场。

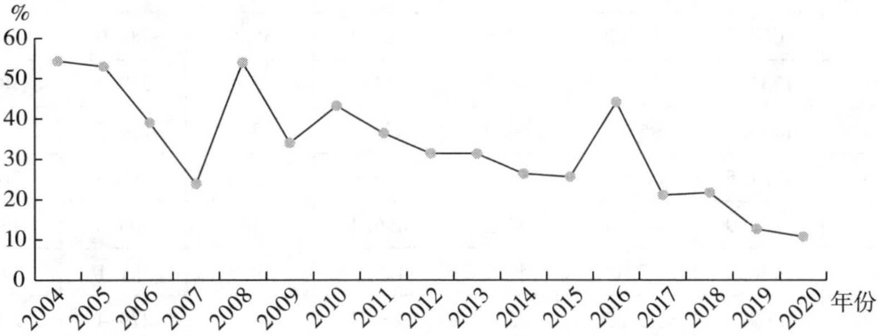

图 3 - 23　2004—2020 年我国并购占对外直接投资总额的比重

资料来源：历年《中国对外直接投资统计公报》。

从对外直接投资流量构成看，2020 年新增股权投资 630.3 亿美元，同比增长 30.4%，占流量总额的 41%。债务工具投资（仅涉及对外非金融类企业）为 190.4 亿美元，占 12.4%。境外企业的经营情况普遍良好，超七成企业盈利或持平，当期收益再投资（即新增留存收益）达 716.4 亿美元，创历史最高值，占同期中国对外直接投资流量的 46.6%（见表 3 - 13）。

表 3 - 13　2006—2020 年我国对外直接投资流量构成

年份	流量/亿美元	新增股权		当期收益再投资		债务工具投资	
		金额/亿美元	比重/%	金额/亿美元	比重/%	金额/亿美元	比重/%
2006	211.6	51.7	24.4	66.5	31.4	93.4	44.2
2007	265.1	86.9	32.8	97.9	36.9	80.3	30.3

续表

年份	流量/亿美元	新增股权		当期收益再投资		债务工具投资	
		金额/亿美元	比重/%	金额/亿美元	比重/%	金额/亿美元	比重/%
2008	559.1	283.6	50.7	98.9	17.7	176.6	31.6
2009	565.3	172.5	30.5	161.3	28.5	231.5	41
2010	688.1	206.4	30	240.1	34.9	241.6	35.1
2011	746.5	313.8	42	244.6	32.8	188.1	25.2
2012	878	311.4	35.5	224.7	25.6	341.9	38.9
2013	1078.4	307.3	28.5	383.2	35.5	387.9	36
2014	1231.2	557.3	45.3	444	36.1	229.9	18.6
2015	1456.7	967.1	66.4	379.1	26	110.5	7.6
2016	1961.5	1141.3	58.2	306.6	15.6	513.6	26.2
2017	1582.9	679.9	42.9	696.4	44	206.6	13.1
2018	1430.4	704	49.2	425.3	29.7	301.1	21.1
2019	1369.1	483.5	35.3	606.2	44.3	279.4	20.4
2020	1537.1	630.3	41	716.4	46.6	190.4	12.4

资料来源：《2020 年度中国对外直接投资统计公报》。

二、我国对“一带一路”沿线投资情况

2020 年是共建“一带一路”的第八年，“一带一路”倡议极大地激发了国内企业对沿线国家的投资热情。截至 2021 年 6 月 23 日，中国已经同 140 个国家和 32 个国际组织签署了 206 份共建“一带一路”合作文件。[①] 商务部网站数据显示，2021 年前 5 个月，我国企业在“一带一路”沿线对 55 个国家的非金融类直接投资达 74.3 亿美元，同比增长 13.8%，占同期总额的 17.2%，主要投向新加坡、印度尼西亚、越南、阿拉伯联合酋长国、哈萨克斯坦、老挝、孟加拉国、泰国、马来西亚和斯里兰卡等国家。图 3－24 为 2014—2020 年我国对“一带一路”沿线国家非金融类直接投资情况。

“一带一路”倡议提出以来，中国境内投资者对“一带一路”沿线国

① 资料来源：中国“一带一路”网，http://www.yidaiyilu.gov.cn/.

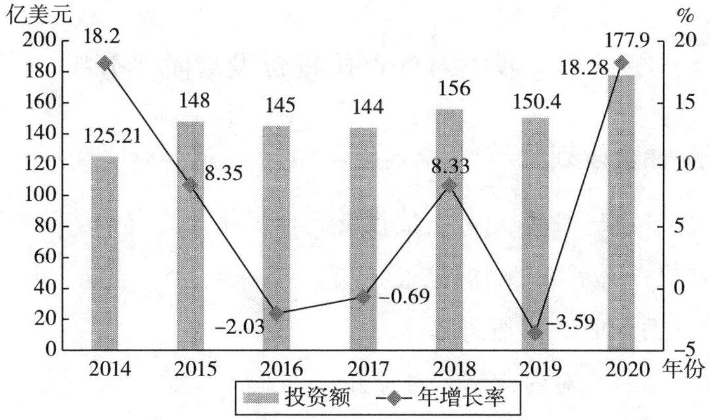

图 3-24　2014—2020 年我国对“一带一路”沿线国家非金融类直接投资

资料来源：历年《中国对外直接投资统计公报》。

家的直接投资额不断上升，在“一带一路”沿线的 63 个国家设立境外企业累计超过 1.1 万家，2020 年实现 225.9 亿美元的投资，涉及国民经济 18 个行业大类，占同期总额的 14.7%，较上年提升 1 个百分点。从国别构成看，主要流向新加坡、印度尼西亚、泰国、越南、阿拉伯联合酋长国、老挝、马来西亚、柬埔寨、巴基斯坦、俄罗斯联邦等国家。2013—2020 年，中国对沿线国家累计直接投资 1398.5 亿美元。①

2020 年，我国对“一带一路”沿线国家重点行业投资实现较快增长，装备制造业、信息技术业、科研和技术服务业投资分别增长 21.9%、9.6% 和 18.1%。②《2020 年度中国对外直接投资统计公报》显示，制造业是我国对“一带一路”沿线国家投资流向的主要领域，2020 年其规模达到了 76.8 亿美元，同比增长 13.1%，占比 34.1%。

整体来看，我国对“一带一路”沿线国家的投资呈现出较为稳定的状态，即便 2020 年新冠肺炎疫情导致各国经济停摆，我国仍然通过与“一带一路”沿线国家的投资合作、与沿线国家共同抗疫，实现投资合作稳定推进。

---

① 资料来源：《2020 年度中国对外直接投资统计公报》。

② 资料来源：中国“一带一路”网，http://www.yidayiilu.gov.cn/.

第三节 我国对外直接投资发展阶段分析

一、定性阶段划分

改革开放以来，我国对外直接投资实现了从无到有、从弱小到占据世界对外直接投资流量第一名的位置。

（一）我国 OFDI 发展历程

从1978年的“对内改革、对外开放”政策开始，到党的十九大的全面深化改革开放，我国对外直接投资经历了量变与质变的过程。根据对外直接投资规模以及投资产业重心的变化，大致可以把对外直接投资的发展历程划分为四个阶段：尝试起步阶段（1979—1986年）、探索发展阶段（1987—2000年）、加快发展阶段（2001—2016年）、提质增效阶段（2017年至今）。

（1）尝试起步阶段（1979—1986年）。1979年年底北京友谊商业服务公司与日本东京丸一商事株式会社合作兴办“京和股份有限公司”，成为我国企业对外直接投资的发端。基于当时的国内发展环境，我国主要以引进外资进行经济建设，对外直接投资则以少数企业的初步尝试为主，主要集中在第一、第二产业。当时，国家及国内企业初步接触国际贸易与投资，对国际投资规则与惯例不甚熟悉，对外直接投资规模较小，涉及行业较少，至1986年对外直接投资存量仅为13.5亿美元（见表3-14）。

表3-14 1982—1986年我国对外直接投资流量与存量情况

年份	投资流量/亿美元	增长率/%	投资存量/亿美元	增长率/%
1982	0.44	—	0.44	12.82
1983	0.93	111.36	1.37	211.36
1984	1.34	44.09	2.71	97.81
1985	6.29	369.40	9.00	232.10
1986	4.5	-28.46	13.50	50.00

注：数据仅表示中国内地范围的对外直接投资数额。

资料来源：https://unctadstat.unctad.org/wds/TableViewer/tableView.aspx。

（2）探索发展阶段（1987—2000 年）。经过改革开放的前几年摸索，我国开始在“引进来”的同时关注“走出去”，更多地接触国际投资。1987 年年底，国务院正式批准中国化工进出口总公司进行国际化经营试点，这标志着国内企业进行国际化经营的起步。随着各种对外直接投资政策和制度的制定与实施，更多的国有大型企业在国家政策的号召下开始积极进行对外投资的尝试与探索，对外投资流量比较稳定，涉及行业也更加宽泛，投资多集中在发达地区。表 3 - 15 为 1987—1991 年我国对外直接投资流量与存量情况 。

表 3 - 15　1987—1991 年我国对外直接投资流量与存量情况

年份	投资流量/亿美元	增长率/%	投资存量/亿美元	增长率/%
1987	6.45	43.33	19.95	47.78
1988	8.50	31.78	28.45	42.61
1989	7.80	-8.24	36.25	27.42
1990	8.30	6.41	44.55	22.90
1991	9.13	10.00	53.68	20.49

注：数据仅表示中国内地范围的对外直接投资数额。

资料来源：联合国贸发会议数据库，https://unctadstat.unctad.org/wds/TableViewer/tableView.aspx。

1992 年 1 月，邓小平同志的南方谈话中指出，改革开放要敢于试验，吸收借鉴世界各国包括资本主义发达国家的经验，鼓励企业大胆尝试。党的十四大明确提出要“积极扩大我国企业的对外投资和跨国经营”的“走出去”战略；紧接着 1997 年党的十五大提出“更好地利用国内国外两个市场、两种资源，积极参与区域经济合作和全球多边贸易体系，鼓励能够发挥我国比较优势的对外投资”；1999 年，外经贸部、国家经贸委、财政部发布《关于鼓励企业开展境外带料加工装配业务的意见》；2000 年，全国人大九届三次会议把“走出去”战略提高到国家战略层面。至此，“走出去”战略在我国的地位基本确定。

这一阶段，一方面，国家进行战略调整与政策制定，以期引导鼓励企业大胆尝试，加快“走出去”学习借鉴国外经验，学习国外先进技术。另一方面，国家开始对“走出去”的过热现象进行管理，1993年开始对对外直接投资企业进行清理和重新登记，调整对外直接投资规则与制度，加大对企业对外投资的审查力度，并对前面的错误探索进行调整，基本确定了我国企业“走出去”的步调。至2000年，我国对外直接投资存量达到277.68亿美元，是1982年的600多倍（见表3-16）。同时，对外直接投资方式与主体更加多样化，海外投资主要以新建方式进入，并伴有合资、战略联盟、收购兼并等；国有大型企业仍然为投资主体，但是私营企业、小型企业也逐渐开展国际业务，成为投资的新生力量；境外加工贸易和资源开发成为投资主流；对外投资区域仍然相对集中，主要集中在欧美及中国港澳地区；投资项目以中小型为主，但是规模逐渐增大；企业进行对外投资的选择更多，进而投资行业结构逐渐得到改善，在国内经济活力得到释放、制造业快速发展的基础上，对外投资仍然以生产制造领域为主，并向金融服务业延伸。

表3-16　1992—2000年我国对外直接投资流量与存量情况

年份	投资流量/亿美元	增长率/%	投资存量/亿美元	增长率/%
1992	40	338.12	93.68	74.52
1993	44	10.00	137.68	46.97
1994	20	-54.55	157.68	14.53
1995	20	0.00	177.68	12.68
1996	21.14	5.70	198.82	11.90
1997	25.62	21.19	224.44	12.89
1998	26.34	2.81	250.78	11.74
1999	17.74	-32.65	268.53	7.08
2000	9.16	-48.37	277.68	3.41

注：数据仅表示中国内地范围的对外直接投资数额。

资料来源：https://unctadstat.unctad.org/wds/TableViewer/tableView.aspx。

（3）加快发展阶段（2001—2016年）。2001年世界贸易组织批准中国加入的决定成为我国“走出去”新征程的标志性事件。随着我国加入世界贸易组织，对接国际贸易与投资规则，改革开放的步伐进一步加快，为国内企业“走出去”提供了良好的国际条件，对外直接投资在这一阶段得到快速稳定发展。2016 年我国对外直接投资流量高达 1961.49 亿美元，达到我国对外直接投资的峰值（见表 3－17）。

表 3－17 2001—2016 年我国对外直接投资流量与存量情况

年份	流量/亿美元	增长率/%	存量/亿美元	增长率/%
2001	68.85	651.64	346.54	24.79833
2002	25.18	－63.43	371.72	7.266116
2003	28.55	13.38	332.22	－10.6263
2004	54.98	92.57	447.77	34.78117
2005	122.61	123.01	572.06	27.75755
2006	176.34	43.82	750.26	31.15058
2007	265.06	50.31	1179.11	57.16018
2008	559.07	110.92	1839.71	56.02531
2009	565.29	1.11	2457.55	33.58355
2010	688.11	21.73	3172.11	29.07611
2011	746.54	8.49	4247.81	33.91118
2012	878.04	17.61	5319.41	25.22712
2013	1078.44	22.82	6604.78	24.16377
2014	1231.2	14.16	8826.42	33.63685
2015	1456.67	18.31	10978.65	24.38395
2016	1961.49	34.66	13575.9	23.65728

注：数据仅表示中国内地范围的对外直接投资数额。

资料来源：https：//unctadstat.unctad.org/wds/TableViewer/tableView.aspx。

一是政策措施的调整。为了对接国际投资规则，履行我国加入世贸组织的承诺，以下放投资核准权限、简化手续、鼓励企业“走出去”为目标的一系列调控措施相继出台：2004 年商务部下发了《关于境外投资开办企业核准事项的规定》《关于内地企业赴香港、澳门投资开办企业核准事项的规定》《对外投资国别产业导向目录（一）》《在拉美地区开展纺织加工贸易类投资国别导向目录》《在亚洲地区开展纺织服装加工贸易类投资国别指导目录》等文件；同年，国务院做出关于投资体制改革的决定；2006 年，七部委下发了《境外投资产业指导政策》；2007 年，国务院下发了

《关于鼓励和规范企业对外投资合作的意见》；等等。① 二是对外直接投资总量的变化。对外直接投资流量总额从 2001 年的 68.85 亿美元跃升为 2016 年的 1961.49 亿美元，完成了量变的过程，增长了 2748.93%，年均增长率达 25%，存量从 346.54 亿美元增加为 13575.9 亿美元，增长了 38 倍多，年均增长率达 27.7%。三是投资国家分布广泛，对外直接投资仍然主要集中在亚洲地区，但是覆盖国家（地区）更多，分布在全球 190 个国家（地区），更多流向发展中国家。四是投资主体多样化，非国有企业占比持续增加，境外设立企业数量增加。2016 年中国对外非金融类投资流量中，属非公有经济控股的境内投资者对外投资 1232.4 亿美元，占 68%，远超公有经济控股的 579.9 亿美元。五是对外直接投资方式以设立境外子公司和分支机构为主，海外并购以获取资源为主，同时目标逐渐多元化，如获取核心技术、开拓海外市场等逐渐变得更为重要。六是对外直接投资行业门类更加齐全，覆盖了国民经济所有行业类别，主要集中在租赁和商务服务业，金融业，采矿业，批发和零售业，制造业，交通运输、仓储和邮政业，建筑业。七是海外投资项目增多的同时，规模也越来越大。2005 年联想收购 IBM 全球 PC 业务，2007 年中国移动分两次收购 Millicom 持有的巴基斯坦 Paktel 公司股权，2009 年中国吉利控股集团收购沃尔沃、中石油收购 Addax 石油公司全部股份等，成为标志性事件。

随着改革开放进入全面深化阶段，我国经济发展结构性矛盾越发突出，在 2008 年全球金融危机的影响下，我国经济开始进入调整期。2013 年习近平总书记提出了构建“21 世界海上丝绸之路”的战略构想，2015 年国务院印发《中国制造 2025》，2015 年 11 月我国提出供给侧结构性改革，经济发展在经历了改革开放三十多年的跨越式发展后，进入了发展“新常态”。对外直接投资在国内经济发展的带动以及各种政策的刺激下进入了高速增长的尾期。

---

① 刘雪娇.GVC 格局、ODI 逆向技术溢出与制造业升级路径研究[D].北京：对外经济贸易大学，2017.

总体来讲，这一阶段随着“入世”的推进，我国对外直接投资迎来了新一轮的高峰，企业“走出去”的步伐加快，最直观的体现就是“量”的增加，我国对外直接投资在全球对外直接投资流量排名中由2002年的第26名跃升为2016年的第2名，在全球地位举足轻重，成为推动经济全球化的重要力量。

（4）提质增效阶段（2017年至今）。2016年我国对外直接投资流量总额达到峰值1961.49亿美元，随后进入调整期，2017—2021年连续五年总额下降。（见表3－18）。

2017年，我国连续出台《关于改进境外企业和对外投资安全工作的若干意见》和《关于进一步引导和规范境外投资方向的指导意见》两大文件，叫停了不断蔓延扩展的非实体经济对外直接投资。随着国内改革的深化，企业对外投资增速放缓，结构进一步优化，市场主体对对外投资更趋成熟和回归理性。随着国际分工由传统的产品内分工转变为价值链分工，为了突破价值链低端锁定，我国企业更加注重对全球价值链高端环节的投资，并对发达国家和技术密集型行业进行投资，努力提高我国在全球价值链中地位，构建属于我国的全球价值链。

表3－18　2016—2020年我国对外直接投资流量与存量情况

年份	投资流量/亿美元	增长率/%	投资存量/亿美元	增长率/%
2016	1961.49	34.66	13575.9	23.65728
2017	1582.90	－19.3	18090.4	33.25378
2018	1430.40	－9.63	19822.7	9.575797
2019	1369.10	－4.29	21988.8	10.92737
2020	1330.00	－2.86	23318.8	6.048534

注：数据仅表示中国内地范围的对外直接投资数额。

资料来源：2016—2020年数据来源于https：//unctadstat.unctad.org/wds/TableViewer/tableView.aspx。

（二）我国OFDI发展阶段判断

邓宁的投资发展阶段理论为发展中国家对外投资行为提供了解释。该理论指出，一国的FDI净额流动方向受其经济发展水平的影响，呈现出一定的阶段性特征，并据此可划分为五个阶段（见图3－25）。第一阶段基本特征：人均GNP不足400美元，FDI净流入，对外直接投资净额[①]为零或负数；该国企业不具备所有权优势。第二阶段基本特征：人均GNP处于400~1500美元区间，资金流入量增加，同时有少量的资金流出，NOI仍为负数；主要利用原材料及劳动力成本低廉的优势，企业仍然未形成较强的所有权优势，大部分发展中国家处于这一阶段。第三阶段基本特征：人均GNP处于1500~4750美元区间，FDI流入速度减缓，流出速度加快，流入量大于流出量，但差距在缩小，NOI仍然为负；企业所有权优势大大增强，大部分新兴工业化国家处于该阶段。第四阶段基本特征：人均GNP处于4750美元以上水平，资金流出量逐渐追赶上资金流入量，并超过流入量，对外直接投资净额为正并逐渐增大；企业具备强大的所有权优势，对外直接投资完成从量变到质变转变，大部分发达国家处于该阶段。第五阶段基本特征：NOI围绕零上下波动，该阶段的经济体受经济发展阶段的影响程度大大减弱，而更多地取决于发达国家之间的交叉投资。

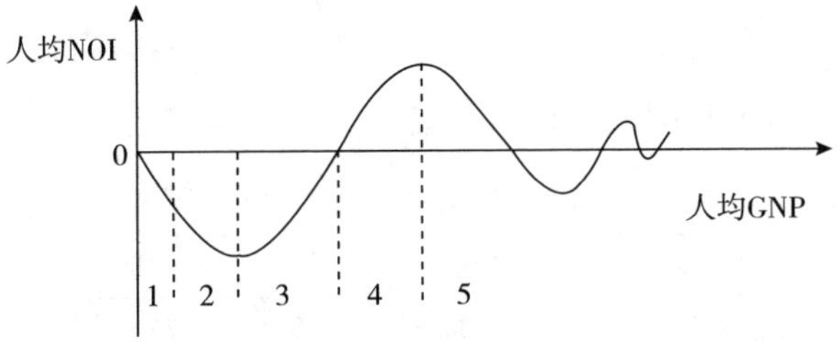

图3－25　邓宁投资发展阶段理论的五个阶段

根据邓宁的投资发展阶段理论，结合我国经济数据，可以大致判断出我国对外直接投资所处的阶段。鉴于数据来源的一致性以及数据统计的权威性，这里用人均GDP替换人均GNP。其中，借鉴邓宁的做法NOI取存量数据。

① 对外直接投资净额（Net Outward Investment，NOI），等于流出量减去流入量。

表 3－19　1982—2020 年我国对外投资存量与人均 GDP①

年份	流出存量/亿美元	流入存量/亿美元	NOI/亿美元	人均 GDP/美元
1982	0. 44	17. 69	－17. 25	282. 01
1983	1. 37	26. 85	－25. 48	296. 97
1984	2. 71	41. 04	－38. 33	301. 29
1985	9	60. 6	－51. 6	294. 56
1986	13. 5	83. 04	－69. 5373	282. 03
1987	19. 95	106. 17	－86. 2226	301. 88
1988	28. 45	138. 11	－109. 659	370. 43
1989	36. 25	172. 04	－135. 785	407. 43
1990	44. 55	206. 91	－162. 356	347. 91
1991	53. 68	250. 57	－196. 89	359. 40
1992	93. 68	360. 64	－266. 965	423. 59
1993	137. 68	635. 79	－498. 114	525. 52
1994	157. 68	741. 51	－583. 83	473. 43
1995	177. 68	1010. 98	－833. 3	609. 70
1996	198. 82	1280. 69	－1081. 87	709. 75
1997	224. 44	1539. 95	－1315. 51	781. 79
1998	250. 78	1751. 56	－1500. 78	828. 50
1999	268. 53	1861. 89	－1593. 36	873. 07
2000	277. 68	1933. 48	－1655. 8	959. 18
2001	346. 54	2031. 42	－1684. 88	1052. 78
2002	371. 72	2165. 03	－1793. 31	1148. 07
2003	332. 22	2283. 71	－1951. 49	1288. 16
2004	447. 77	2454. 67	－2006. 9	1508. 09
2005	572. 06	2720. 94	－2148. 88	1754. 33
2006	750. 26	2925. 59	－2175. 33	2100. 13
2007	1179. 11	3270. 87	－2091. 76	2698. 03
2008	1839. 71	3780. 83	－1941. 12	3470. 65

① 人均 GDP（元）来源于《中国统计年鉴（2019）》，2020 年数据由统计公报数据计算得到；人均 GDP（美元）由当年平均汇率计算得出，历年平均汇率数据来源于历年《中国统计年鉴》；对外投资流入存量以及流出存量数据均来源于联合国贸发会议数据库。

续表

年份	流出存量/亿美元	流入存量/亿美元	NOI/亿美元	人均 GDP/美元
2009	2457.55	4730.83	-2263.93	3839.24
2010	3172.11	5878.17	-2696.71	4560.71
2011	4247.81	7118.02	-2860.86	5635.14
2012	5319.41	8328.82	-2999.99	6340.25
2013	6604.78	9567.93	-2953.73	7072.90
2014	8826.42	10852.93	-2017.11	7704.07
2015	10978.65	12209.03	-1220.65	8065.97
2016	13575.9	13546.13	39.49	8122.74
2017	18090.4	14899.56	3190.84	8825.44
2018	19822.7	16282.61	3540.09	9916.92
2019	21988.8	17694.86	4293.94	10235.11
2020	23318.8	19138.86	4179.94	10504.00

资料来源：联合国贸发会议数据库，访问时间为2021年7月18日；2020年流入存量数据为2019年流入存量加上2020年实际使用外资数额得到。

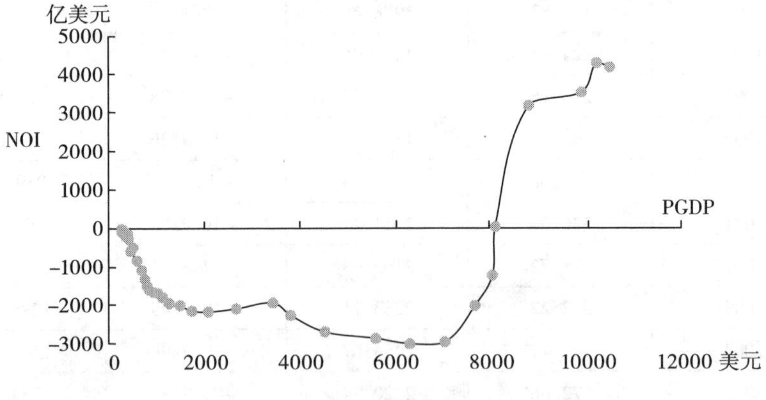

图3-26　1982—2020年我国对外直接投资存量净额和人均GDP散点图

由表3-19可知，2016年我国人均GDP超过8000美元，NOI首次为正，从这一数值来看，我国处于邓宁投资发展周期的第四阶段。结合我国NOI和人均GDP散点图（见图3-26）来看，1982—2015年两者散点图呈现出“U”形变化，符合邓宁投资发展周期理论的前三阶段，2016年我国NOI首次为正，随后我国对外直接投资存量净流出额保持正值，2020年达到4179.94亿美元水平。从整体来看，我国对外直接投资目前处于邓宁投资发展周期的第四阶段前期。

二、定量阶段判断

（一）对外直接投资绩效

运用邓宁的投资发展阶段理论时不能简单地从人均GDP和NOI指标来判断，还要结合东道国的所有权优势，这里选取联合国贸发会议公布的对外直接投资绩效指数OND，可以用它来衡量一国或地区的对外投资水平，反映一国对外直接投资的所有权优势和区位优势，其数值为一国对外投资流量占全球对外投资流量的份额与该国国内生产总值占世界生产总值的份额之比。如果一国或地区的绩效指数等于1，则表明该国或地区对外直接投资的绩效达到世界平均水平。

$$OND = \frac{OFDI_i / OFDI_w}{GDP_i / GDP_w} \tag{3-1}$$

式（3-1）中，i表示本国，w表示全球，该指数越大说明该国对外直接投资水平越高。

表3-20 2000—2020年我国对外直接投资绩效①

年份	2000	2001	2002	2003	2004	2005	2006	2007	2008	2009
OND	0.022	0.252	0.120	0.126	0.136	0.306	0.244	0.200	0.453	0.567

年份	2010	2011	2012	2013	2014	2015	2016	2017	2018	2019	2020
OND	0.536	0.446	0.592	0.613	0.683	0.580	0.865	0.653	0.901	0.639	0.765

从表3-20和图3-27中可以看出，我国对外直接投资绩效自2000年以来整体呈现出上升趋势，并在2009年以后在数值0.6上下波动，2018年达到0.901的高水平。即在控制了我国经济规模的影响之后，我国对外投资的绩效水平表现较好，且总体在提高。这表明我国对外直接投资优势在增加，随着我国经济发展水平的提高，跨国公司的所有权优势与区位优势能够更好地结合。但是我国对外直接投资绩效数值始终小于1，即始终

① 原始数据来源于联合国贸发会议数据库。

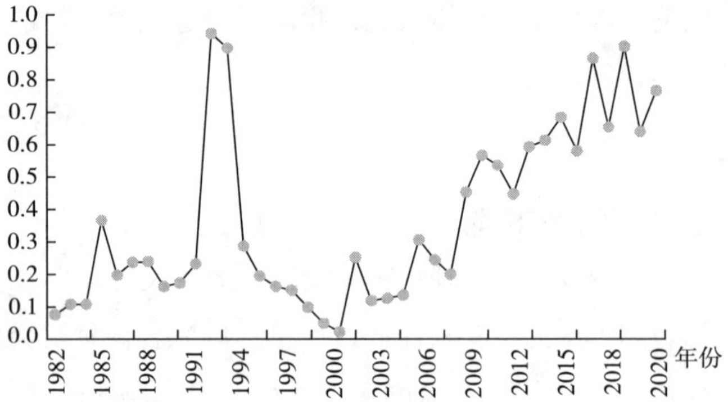

图 3-27　1982—2020 年我国 OND 指数变化情况

注：OFDI 数据来源于联合国贸发会议数据库，GDP 数据来源于世界银行数据库，访问时间为 2021 年 7 月 19 日。

低于世界平均水平，说明即便我国已经在邓宁投资发展周期的第四阶段，但是我国对外直接投资的绩效仍需进一步提高。

（二）定量发展阶段验证

为了分析 NOI 与人均 GDP 之间的关系，Dunning（1981a，1981b，1986）、Paz Estrella E. To - Lentino（1987，1993）和 Narula（1996）都用一个二次方程函数来描述投资发展路径；Buckley 和 Castro（1998）则用一个五次函数来验证和描述投资发展路径。[①] 这里同时用两个模型来拟合我国数据：

模型 1：$NOI_t = \alpha + \beta_1 PGDP_t + \beta_2 PGDP_t^2 + U_t$。

模型 2：$NOI_t = \alpha + \beta_1 PGDP_t^3 + \beta_2 PGDP_t^5 + U_t$。

首先对 *NOI* 和 *PGDP* 时间序列数据进行单位根检验，可见两组数据均未通过检验，为非平稳数据。而一阶差分后的数据皆通过了检验，即两组数据皆为一阶单整（见表 3-21）。对两组数据进行协整检验，发现在 5% 的显著水平上存在 2 个协整方程，可以用经典的回归方法建立回归模型。

① 姚永华，苏佳丽，陈飞翔．我国对外投资发展阶段的实证分析[J]．国际贸易问题，2006（10）：96-101.

表 3-21 *NOI* 和 *PGDP* 的 ADF 检验结果

变量	t	10% 临界值	结论
NOI	0.809	-2.614	非平稳
NOI 一阶差分	-3.821	-3.211	平稳
PGDP	4.814	-2.614	非平稳
PGDP 一阶差分	-3.597	-3.211	平稳

对模型 1 和模型 2 进行 OLS 估计得到结果：

模型 1：

$$NOI_t = 249.99 - 1.67\,PGDP_t + 0.0002\,PGDP_t^2$$

$$(1.43) \qquad (-12.76) \qquad (14.82)$$

$$R^2 = 0.8815,\ F = 133.93$$

模型 2：

$$NOI_t = -1048.85 - 8.3 \times 10^{-9}\,PGDP_t^3 + 1.27 \times 10^{-6}\,PGDP_t^5$$

$$(-5.46) \qquad (-3.52) \qquad (5.32)$$

$$R^2 = 0.7083,\ F = 43.71$$

由 R^2 可以看出，模型 1 对数据的拟合效果更好，达到了 88.15%，同时，模型 2 的拟合度只有 70.83%；从常数项看，模型 1 的常数项 t 值没有通过检验，即截距为 0，模型 2 的常数项通过了检验，即截距大于 0，可知模型 1 的常数项符合我国对外直接投资现实情况：改革开放之初发达国家对我国的经济封锁导致对外直接投资数额可以近似看为 0；从解释变量的系数符号看，模型 1 中人均 GDP（*PGDP*）的系数符号为负，二次方的系数为正，模型 1 的图像可近似看作“U”形；模型 1 的各系数 t 统计量都比模型 2 更为显著，同时模型 1 的残差序列为平稳序列。即通过各项比较可知，模型 1 能够更好地解释我国实际对外直接投资情况，表明人均 GDP 能够影响对外直接投资净额，且两者为二次函数关系。

根据模型 1 的回归结果，可计算出在 *PGDP* 等于 4175 美元左右时，*NOI* 接近最小值，即投资发展路径出现拐点，由第二阶段迈向第三阶段；当 *PGDP* 等于 8198 美元左右时，*NOI* 接近 0，即投资发展周期由第三阶段迈向第四阶段。对比我国实际数据可知，2010 年我国人均 GDP 为 4560.71 美元，超过了拐点值 4175 美元，即我国进入投资发展周期的第三阶段；2016 年我国人均 GDP 为 8122.74 美元，2017 年我国人均 GDP 为 8825.44 美元，超过第三阶段迈向第四阶段的拐点值，即我国约在 2016 年后进入了对外直接投资的第四阶段，同前面的分析一致。

第四节　本章小结

一、我国对外直接投资存在的主要问题

2020 年我国对外直接投资呈现出以下特点：一是投资总额下降，但是在全球排名中升至第一，即相对规模增加；二是并购交易规模和数量创近年新低，新签项目八成集中在基础设施领域；三是对“一带一路”沿线国家和地区投资稳步推进；四是流向租赁和商务服务业、批发和零售业、科学研究和技术服务业、电力生产和供应业等领域的投资增长较快，地方企业对外投资活跃；等等。在全球经济衰退、多国经济停滞的情况下，我国经济发展呈现出蓬勃生命力。但是通过对我国 OFDI 的发展历程及现状进行分析发现，我国对外直接投资存在以下问题：一是地区和国别高度集中，主要集中在亚洲和部分国家；二是行业过于集中，比例失衡，产业结构不合理，技术密集型产业、高附加值产业仍然存在较大投资空间；三是国有企业仍然占据半壁江山，非国有企业投资受限较多；四是流向避税地区金额较大。

（一）我国对外直接投资集中度较高

我国对外直接投资集中度较高主要体现在以下两个方面：一是区域集中度高，即我国对外直接投资主要流向亚洲区域，同时在亚洲区域又主要流向少数几个国家和地区；二是行业集中度高，我国在全球范围内的投资都表现出集中在租赁和商务服务业、制造业、金融业等行业的现象。

1. 区域集中度高

我国对外直接投资主要流向亚洲。2011—2020 年我国 OFDI 流向亚洲区

域的规模和比重都大幅攀升，规模由2011年的454.94亿美元增加至2020年的1123.40亿美元，增长了1.47倍左右，所占比重也由2011年的60.94%上升至2020年的73.1%（见表3-22）。

表3-22 2011—2020年我国对亚洲区域直接投资额及占总投资的比重

年份	2011	2012	2013	2014	2015	2016	2017	2018	2019	2020
流量/亿美元	454.94	647.85	756.04	849.88	1083.71	1302.68	1100.40	1055.05	1108.41	1123.40
比重/%	60.94	73.78	70.11	69.03	74.40	66.41	69.52	73.76	80.96	73.10

资料来源：历年《中国对外直接投资统计公报》。

流向亚洲区域的资金又主要流向了我国香港地区。2011年我国对亚洲地区的直接投资有78.37%流向了中国香港，2020年这一数值为79.4%。即我国流向亚洲区域的对外直接投资绝对规模和相对规模在不断增加的同时，流向亚洲的中国香港地区的绝对规模和相对规模也在不断增加，呈现出集中之中又集中的现象。我国对外直接投资流向中国香港地区的规模占我国对外直接投资流量的比例也由2011年的47.76%上升至2020年的58%，即我国对外直接投资流量中将近六成流向了我国香港地区（见表3-23）。

表3-23 2011—2020年我国对我国香港地区直接投资额及占总投资的比重

年份	2011	2012	2013	2014	2015	2016	2017	2018	2019	2020
流量/亿美元	356.55	512.38	628.24	708.67	897.90	1142.33	911.53	868.69	905.50	891.5
占亚洲比重/%	78.37	79.09	83.10	83.39	82.85	87.69	82.84	82.34	81.69	79.4
占总比重/%	47.76	58.36	58.25	57.56	61.64	58.24	57.59	60.73	66.14	58

资料来源：历年《中国对外直接投资统计公报》。

2019年我国对欧洲区域的直接投资主要流向了荷兰、瑞典、德国和英国，流向这4个国家的对外直接投资占对欧洲总投资的79.58%。2011—2019年我国对欧直接投资流向荷兰、瑞典、德国、英国、俄罗斯、法国和卢森堡7个国家的比重基本维持在90%，2011年这一数值为92.26%，

2019 年这一数值为 83.32%，即这 9 年间，我国对欧投资九成左右流向以上 7 国，很少改变目的地。

2011—2019 年，非洲的南非、刚果（金）、安哥拉、赞比亚、埃塞俄比亚、尼日利亚、加纳、阿尔及利亚、津巴布韦、肯尼亚 10 国吸收我国对外直接投资流量总额占我国对非投资流量总额的比重基本维持在五成以上，并于 2019 年达到了 84.76% 的高比例。

我国对北美洲的投资则主要集中在美国，2011—2019 年我国对美国的直接投资额占对北美洲投资总额的比重平均达到了 83.06%，2017 年则直接达到了 98.88% 的高比例（见表 3－24）。

表 3－24　2011—2019 年我国对美国直接投资及占北美洲总投资的比重

年份	2011	2012	2013	2014	2015	2016	2017	2018	2019
美国/亿美元	18.11	40.48	38.73	75.96	80.29	169.81	64.25	74.77	38.07
北美洲总值/亿美元	24.81	48.82	49.01	92.08	107.18	203.51	64.98	87.24	43.67
比重/%	73.00	82.91	79.03	82.50	74.90	83.44	98.88	85.71	87.17

资料来源：历年《中国对外直接投资统计公报》。

同样，我国对大洋洲的直接投资主要集中于澳大利亚，对拉丁美洲的直接投资主要集中在开曼群岛和英属维尔京群岛。

综上可知，从全球来看，我国对外直接投资的流入地呈现出集中现象，从各个洲来看，我国对各个洲的直接投资也主要集中在几个国家，且主要的几个国家几乎没有变动。过于集中会造成我国对外投资的风险较大，受东道国的影响较大，若东道国对我国资金采取更为严厉的审查，比如中美贸易摩擦后美国加大了对我国资本的进入限制，则会对我国企业在当地的经营产生较为长远的影响。

2. 行业集中度高

从整体来看，我国对外直接投资主要流向第三产业，2019 年流向第三产业的资金占总投资流量的 83.4%。服务业中流向租赁和商务服务业的最多，占到了服务业的36.66%。我国对亚洲区域的投资主要集中在租赁和商务服务业，2019年占比达41.5%；对非洲地区投资存量主要集中于建筑业，占比达30.6%，随后依次是采矿业占比达24.8%，制造业占比为12.6%，以及金融业占比为11.8%，且采矿业占比增长较快；对欧洲和北美洲地区的投资存量主要集中在制造业，占比分别为33.1%、21.4%；对大洋洲地区的投资主要集中在矿业，占比接近五成；对拉丁美洲国家投资最为集中的两个行业：信息传输、软件和信息技术服务业占比35.8%，租赁和商务服务业占比为22.7%。

由此可见，虽然我国对外直接投资涉及全部行业门类，但是存在行业集中的现象。

（二）较多流向避税区域

中国香港、卢森堡、英属维尔京群岛、开曼群岛、百慕大群岛等是国际上著名的避税港。而近几年我国流向中国香港的投资流量占比超过五成，2019年，流向众所周知的避税区域中国香港、瑞士、卢森堡、百慕大群岛和英属维尔京群岛的投资总额为1006.8433亿美元，占比达到73.54%。而这些地区其实只是起到了中转地的作用，用于记账、避税等，并无生产、投资等实体经营活动。在中转地设立对外直接投资的平台公司，一般登记为租赁和商务服务业，中国对外直接投资主要并购项目大多通过包括中国香港在内的这些中转地再投资完成。除此之外，避税地还有新加坡、瑞士等。这些国家人口不足千万，甚至不足百万，流入它们的行业主要是租赁和商务服务业，避税港特征明显。而从我国对外直接投资行业结构也可以看出，流向租赁和商务服务业最多，2019年占到了总额的30.6%，符合避税特征。

二、后疫情时期我国对外直接投资面临的机遇与挑战

IMF于2020年4月发布的《世界经济展望报告》预测2021年和2022年经济复苏的势头会更为强劲，同时也指出危机可能对经济产生持久的破坏，并且各国疫情控制与经济复苏的速度存在很大差异，尤其是低收入国

家和新兴市场经济体在疫情中所受损害更大，复苏前景更为严峻。全球经济复苏前景在很大程度上取决于病毒与疫苗之间的较量。

2021 年是具有里程碑意义的一年，是全面实施“十四五”规划的开局之年，也是疫后经济发展的关键之年。面对不断变化的国际国内新形势，我国对外直接投资也面临更为严峻的挑战。同时我们也应当看到，全球经济面临巨大的不确定性主要与疫情的未来发展路径有关，我国疫情控制得当，疫苗接种快速推进，国内经济实现健康稳定发展，企业“走出去”也面临更多机遇。

“一带一路”沿线投资前景广阔。2020 年，中欧班列全年开行 12406 列，同比增长 50%，首次突破“万列”大关。[①] 疫情期间，中欧班列平稳开行，运送了大量口罩、防护服等医疗物资支援“一带一路”沿线国家的抗疫之战，发挥出其在维护全球供应链、产业链稳定方面的战略价值。疫情加速了全球产业链供应链的调整，区域化与本土化成为主要趋势之一，将催生出大量近岸投资与区域内合作，我国与“一带一路”沿线国家合作基础深厚，在逆全球化的影响下，区域内合作极具潜力与发展前景。

亚太合作不断深化。2020 年 11 月，东盟十国和中国、日本、韩国、澳大利亚、新西兰共 15 个亚太国家正式签署了《区域全面经济伙伴关系协定》（RCEP），标志着当前世界上人口最多、经贸规模最大、最具发展潜力的自由贸易区正式启航。其中，协议第十章“投资”主要包括投资自由化、投资保护、投资促进和投资便利化措施四方面内容，约定在 RCEP 协定生效后的两年内，就投资者与国家间投资争端解决机制进行讨论，RCEP 成员之间将相互实施关税减让、开放市场准入、简化海关通关程序、减少投资壁垒等规则，大大扩展了贸易和投资自由化的范围，RCEP 的签署为中国与相关国家的投资合作创造了良好的发展环境。RCEP 的正式签署，将不断推进亚太合作的深化与经济高质量发展，推动亚太地区的产业

① 资料来源：商务部网站，http://fec.mofcom.gov.cn/article/fwydyl/zgzx/2021070/20210703176205.shtml。

链互助互补、供应链安全稳定，进而促进亚太地区以及全球经济的发展。

新兴领域合作契机增多。疫情全球大流行深刻影响了产业发展态势，传统业态遭受重创，同时不断催生出新产业、新业态。数字经济的发展打破了传统的时间与空间限制，疫情期间地理封锁、人员隔离，为有效应对疫情，大数据、人工智能、区块链等数字科技发挥了重要作用，数字经济得到了长足发展，市场需求激增。在线教育、在线办公、在线医疗、在线娱乐和电子商务等线上活动凸显了数字经济的优势和广阔的发展前景，进一步催生出对信息基础设施建设的投资需求。尤其是发展中国家推动经济多元化实现自给自足，提高信息基础设施建设面临更加强烈的诉求，以及“一带一路”沿线国家的基础设施建设进一步推进，我国对外直接投资大有可为。

第四章 全球价值链地位的衡量与现状分析

现代技术的突飞猛进带来了运输、通信和信息成本的下降，商品和资本的流通障碍减少引起了全球贸易和生产模式的变化——中间品贸易成为主流、同一产品不同生产工序跨多国分布成为常态，国际分工格局不断被打破重塑，进而带来国际分工模式的实质性变化——由产品间分工演变为产品内分工，产品价值生产工序片段化为分工节点，形成了新的国际分工体系，即全球价值链分工。全球化的价值链导致国际分工中的比较优势更多地体现为价值链上某一特定环节或工序上的优势，是国际分工进一步细化和深入的表现。[①] 全球价值链时代，中间品贸易迅速崛起，发展中国家通过进出口中间产品越来越多地参与到全球价值链中。据 OECD 统计，目前中间品贸易占全球货物贸易的比例超过了 50%，由中间产品贸易产生的产品价值来源于多个国家和地区，而不再是传统贸易统计下仅由最终出口该产品的国家或地区所有，给传统贸易统计带来了困难。在价值链体系下，不同环节的附加值在不同国家或地区被不断地创造累加，并多次跨越国界，给产品价值的统计带来了困难。传统的贸易统计方法已经不能反映出全球价值链分工体系下的国际贸易真实情况，增值贸易成为衡量全球价值链贸易流动的主要方式。

世界贸易组织（WTO）前总干事帕斯卡尔·拉米（Pascal Lamy）于 2011 年 6 月 11 日在日内瓦会议上建议：应以进出口贸易中的各国国内增

---

① 任金玲．价值链分割生产、不完全转移与我国的产业转移[J]．中国科技论坛，2011(10)：37－41.

加值变化作为对外贸易统计的标准。WTO 和 OECD 于 2012 年 3 月 15 日启动了增加值贸易测算的联合研究项目。欧盟和联合国贸发组织（UNCTAD）等多个国际组织也先后开展了增加值贸易统计研究。这一系列工作推动了增加值贸易统计的主流化，使其成为国际官方统计体系的一个永久组成部分。

第一节　全球价值链地位的界定与衡量

一、全球价值链地位的概念与范围界定

随着全球价值链的研究逐渐深化，附加值贸易统计方法也不断完善，从 Hummels 等（2001）提出的垂直专业化指数（VS），及其延伸的 VS1、VS* 等相关指标，到 Koopman 等（2010）构建的全球价值链中的分工位置指数，再到 Johnson 等（2012）提出的增加值出口率（VAX）指标，最后王直等（2012，2013，2017）将一国总出口进行分解，并构建了以增加值为标准的国民经济核算统计体系，至此完成了全球价值链下以附加值为基础的贸易增加值的完全分解。

在第二章，本书根据已有研究以及研究需要，对全球价值链地位进行了解读，认为全球价值链地位是一个综合性概念，代表了一个国家在全球价值链中的治理能力、影响能力、控制能力、协调能力、抗风险能力以及价值增值能力，是一个国家综合竞争力的体现，不仅包括了一国在全球生产网络中的相对位置及在价值链上所处的分工环节，还包括了一国融入全球价值链的深度与广度、参与全球价值链的范围与力度、参与全球价值链分工的复杂度以及中间产品的流转次数等。

通过梳理定量描述一国参与全球价值链状况的相关指标，结合本书研究的全球价值链地位的概念，基于价值的对一国出口产品或者 GDP 的价值来源的分解模型（WWZ）可得出一国参与全球价值链活动产生的真实的增加值大小，可以用其衡量一国在全球价值链上的价值增值能力；而通过前后向关联进行分解得到的前后向参与度指标可以刻画一国是如何嵌入全

球价值链中的（更多地出口本国生产的中间产品还是更多地进口他国生产的中间产品。更多地进口他国生产的中间产品意味着本国生产的产品中将包含更多的他国生产的价值，更加依赖他国技术水平，往往嵌入全球价值链的低附加值环节，即后向参与度更高，反之则前向参与度更高），以及一国参与全球价值链的程度——参与度越高则表明一国更深入地融入全球价值链中，对全球价值链的影响力度也会更大；通过前后向关联进行分解得到的生产长度指标是测度特定价值链复杂性的长度指数，根据该指标可以得到全球生产的分割程度、一国国内生产的阶段数以及参与的跨境生产活动的分工程度，还能够得到一国生产的中间产品的跨境次数——次数越多说明该中间产品在世界范围内流转的次数越多，即被使用的次数越多，能够从侧面反映该国生产的中间产品的重要性，而前后向长度的比值能够刻画一国在全球生产网络中的相对位置，即在全球价值链中的位置。因此，利用 WWZ 方法进行价值分解能够得到刻画全球价值链地位的多方面指标，可用来构建本书研究的全球价值链地位的指标体系。

二、增加值分解模型

（一）国际投入产出模型（ICIO）

全球价值链分解模型以国际投入产出模型为基础，对产品生产过程中的增加值来源进行分解，要了解增加值分解模型需要先了解国际投入产出模型（ICIO）。

投入产出模型简单来说就是研究投入和产出的，研究经济活动中的投入量与产出量以及两者的数量依存关系。其提出者 W. Leontief 最初用该方法研究美国的经济结构和宏观经济活动，因为能直接刻画、分析和考察国民经济各部门在产品生产与消耗之间的数量依存关系，该方法逐渐成为国民经济核算体系的一部分。根据研究范围的选择，ICIO 可以分为地区投入产出模型、国家投入产出模型、国际投入产出模型等。通过编制投入产出表，投入产出分析方法用数字直观表达国民经济各部门、各生产环节生产一定产品所需要的其他部门或者环节的产品量，揭示国民经济各部门之间的内在联系。

（二）出口产品价值分解模型（WWZ）

国际投入产出模型因为能够系统、全面地刻画出各经济体各产业间的生产消耗关系以及直接、间接增加值的创造过程，成为研究全球价值链分解或贸易增加值测算的有力工具。

王直等（2013）利用国际投入产出模型（ICIO），将经济体的出口贸易总额分解为国内增加值、返回增加值、国外增加值和纯重复计算部分四大类，每一大类价值又可继续细分，共分为16个组成部分，具体的增加值分解模型步骤这里不再赘述，只列出最后的分解算式：

$$
\begin{aligned}
E^{BA} = Z^{BA} + Y^{BA} = A^{BA} X^{B} + Y^{BA} = \\
(V^{B} B^{BB})^{T} \# Y^{BA} + \\
(V^{B} L^{BB})^{T} \# (A^{BA} B^{AA} Y^{AA}) + \\
(V^{B} L^{BB})^{T} \# \Big(A^{BA} \sum_{t \neq A,B}^{n} B^{At} Y^{tt}\Big) + \\
(V^{B} L^{BB})^{T} \# \Big(A^{BA} B^{AA} \sum_{t \neq A,B}^{n} Y^{At}\Big) + \\
(V^{B} L^{BB})^{T} \# \Big(A^{BA} \sum_{t \neq A,B}^{n} B^{At} \sum_{u \neq B,t}^{n} Y^{tu}\Big) + \\
(V^{B} L^{BB})^{T} \# (A^{BA} B^{AA} Y^{AB}) + \\
(V^{B} L^{BB})^{T} \# \Big(A^{BA} \sum_{t \neq A,B}^{n} B^{At} Y^{tB}\Big) + \\
(V^{B} L^{BB})^{T} \# (A^{BA} B^{AB} Y^{BB}) + \\
(V^{B} L^{BB})^{T} \# \Big(A^{BA} B^{AB} \sum_{t \neq B}^{n} Y^{Bt}\Big) + \\
(V^{B} L^{BB})^{T} \# \Big(\sum_{t \neq B}^{n} A^{Bt} B^{tB}\Big) \# (A^{BA} X^{A}) + \\
(V^{A} B^{AB})^{T} \# Y^{BA} + \\
\Big(\sum_{t \neq A,B}^{n} V^{t} B^{tB}\Big)^{T} \# Y^{BA} + \\
(V^{A} B^{AB})^{T} \# (A^{BA} L^{AA} Y^{AA}) +
\end{aligned}
$$

$$(\sum_{t\neq A,B}^{n} V^{t} B^{tB})^{T}\#(A^{BA} L^{AA} Y^{AA}) +$$
$$(V^{A} B^{AB})^{T}\#(A^{BA} L^{AA} E^{A}) +$$
$$(\sum_{t\neq A,B}^{n} V^{t} B^{tB})^{T}\#(A^{BA} L^{AA} E^{A}) \quad (4-1)$$

第 1 部分为 *B* 国最终出口的国内增加值 *DVA_FIN*。第 2 部分为 *B* 国直接被进口国 *A* 生产国内最终需求吸收的中间出口的国内增加值 *DVA_INT*。第 3 部分为被进口国 *A* 生产中间品出口至第三国 *t*，并被第三国 *t* 生产国内最终需求吸收的中间出口的国内增加值（第三国不包括 *B*）*DVA_INTrex*1。第 4 部分为被进口国 *A* 生产用于出口至第三国的最终产品，而被第三国消费吸收的中间出口的国内增加值 *DVA_INTrex*2。第 5 部分为被进口国 *A* 生产用于出口至第三国 *t* 的中间产品，然后第三国 *t* 用该中间产品生产用于出口至其他国家（可以包括 *A*，但是不包括 *B*）消费的最终产品吸收的中间出口的国内增加值 *DVA_INTrex*3。这五部分之和为最终被国外吸收的 *B* 国国内增加值 *DVA*。

第 6 部分为被进口国 *A* 用于生产出口至 *B* 国的最终产品，并被 *B* 国自己吸收的中间出口的 *B* 国内增加值 *RDV_FIN*1。第 7 部分为被进口国 *A* 生产用于出口至第三国 *t* 的中间产品，然后第三国 *t* 用以生产最终产品并出口至 *B* 国，返回 *B* 国内被吸收的中间出口的 *B* 国内增加值 *RDV_FIN*2。第 8 部分为被进口国 *A* 生产中间产品并出口返回 *B* 国内，用于生产 *B* 国内最终需求所吸收的中间出口的 *B* 国内增加值 *RDV_INT*。这三部分之和为返回的 *B* 国国内增加值 *RDV*：国内增加值先被出口至国外，但隐含在本国的进口中返回国内，并最终在国内被消费。

第 9 部分为隐含于进口中返回国内，被用于生产出口的最终产品所吸收的中间出口国内增加值 *DDC*1。第 10 部分为隐含于进口中返回国内，被用于生产出口的中间产品所吸收的中间出口的国内增加值 *DDC*2。这两部分之和是本国中间出口的国内价值重复计算部分 *DDC*。

第 11 部分为本国最终出口的进口国 *A* 的增加值 *FVA_FIN*1。第 12 部分为本国最终出口的除进口国 *A* 国以外的其他国家的增加值 *FVA_FIN*2。

第 13 部分为被进口国 *A* 生产国内最终需求吸收的 *B* 国中间产品中进口国 *A* 的增加值 *FVA_INT*1。第 11 和第 13 部分为隐含于本国出口的进口国增加值 *MVA*。第 14 部分为直接被进口国 *A* 国生产国内最终需求吸收的 *B* 国中间产品中第三国增加值 *FVA_INT*2。第 12 和第 14 部分为隐含于本国出口的第三国增加值 *OVA*。*MVA* 与 *OVA* 之和，为用于生产本国出口的国外增加值 *FVA*。

第 15 部分为本国中间出口的进口国价值重复计算部分。第 16 部分为本国中间出口的第三国价值重复计算部分。第 15 部分和第 16 部分之和为本国中间出口的外国价值重复计算部分 *FDC*。*DDC* 和 *FDC* 之和为中间品贸易的纯重复计算部分 *PDC*（见表 4－1）。

表 4－1　增加值分解指标

1. *DVA*	最终被国外吸收的国内增加值
（1） *DVA_FIN*	最终出口的国内增加值
（2） *DVA_INT*	直接被进口国吸收的中间出口的国内增加值
（3） *DVA_INTrex*1	被进口国使用最终出口至第三国并被吸收的中间出口的国内增加值
（4） *DVA_INTrex*2	
（5） *DVA_INTrex*3	
2. *RDV*	先出口，后返回国内并被国内吸收的国内增加值
（6） *RDV_FIN*1	通过进口国最终产品返回国内的
（7） *RDV_FIN*2	通过第三国最终产品返回国内的
（8） *RDV_INT*	通过进口国中间产品返回国内的
3. *PDC*	纯重复计算部分
（9） *DDC*1	本国中间出口的国内价值重复计算部分 *DDC*
（10） *DDC*2	
（15） *FDC*1	本国中间出口的外国价值重复计算部分 *FDC*
（16） *FDC*2	
4. *FVA*	本国出口的国外增加值
（11） *FVA_FIN*1	隐含于本国出口的进口国增加值 *MVA*
（13） *FVA_INT*1	
（12） *FVA_FIN*2	隐含于本国出口的第三国增加值 *OVA*
（14） *FVA_INT*2	

价值分解模型对增加值的生成过程进行了全面描述，给出了衡量增加值贸易的统一核算框架，解决了传统统计方法中无法解决的重复计算问题，为全球价值链的研究提供了新的思路。

（三）GDP 分解模型

王直等（2017a）认为，从要素角度对产品在国家或部门层面进行完全的分解需要同时考虑产业关联，由此可以得到基于前向产业关联和后向产业关联的分解模型。基于前向产业关联的价值分解是从生产者角度出发看一个国家或部门在全球价值链活动中的参与程度，将 GDP 中至少经历一次跨境的要素创造部分划分为全球价值链生产活动，而整个生产过程都在境内进行的要素创造部分则被划分为国内生产活动。该分解针对价值而非产品进行。基于后向产业关联的分解则是站在使用者的角度，看一个国家或部门在全球价值链活动中的参与程度。该分解从一个国家或部门的最终产品出发，追溯其中所有原始投入要素的源头，并基于是否涉及跨境生产这一统一标准，识别出这些国内或者国外生产要素生产活动中的全球价值链和非全球价值链部分。

1. 前向产业关联的分解

将中间投入分为国内投入和国外投入，得到增加值的分解：

$$
\begin{aligned}
VA^{B} = {} & V^{B} L^{BB} Y^{BB} + V^{B} L^{BB} \sum_{t \neq B}^{n} Y^{Bt} + V^{B} L^{BB} \sum_{t \neq B}^{n} A^{Bt} \sum_{u=1}^{n} \left(B^{tu} \sum_{r \neq B}^{n} Y^{ur} \right) + \\
& V^{B} L^{BB} \sum_{t \neq B}^{n} A^{Bt} \sum_{u=1}^{n} \left(B^{tu} Y^{uB} \right) = \\
& V^{B} L^{BB} Y^{BB} + V^{B} L^{BB} \sum_{t \neq B}^{n} Y^{Bt} + V^{B} L^{BB} \sum_{t \neq B}^{n} A^{Bt} L^{tt} Y^{tt} + \\
& \left\{ V^{B} L^{BB} \sum_{t \neq B}^{n} A^{Bt} \sum_{u=1}^{n} \left(B^{tu} \sum_{r \neq B, t}^{n} Y^{ur} \right) - V^{B} L^{BB} \sum_{t \neq B}^{n} A^{Bt} L^{tt} Y^{tt} \right\} + \\
& V^{B} L^{BB} \sum_{t \neq B}^{n} A^{Bt} \sum_{u=1}^{n} \left(B^{tu} Y^{uB} \right) \qquad (4-2)
\end{aligned}
$$

从而将 GDP 在国家部门层面分解为三大项——国内吸收的国内增加值、最终出口的国内增加值、中间出口的国内增加值。

式（4-2）中第一项为在国内产生并直接吸收的国内增加值 V_D，该部分价值用来满足国内的最终需求，没有跨越国界。第二项为最终产品出口的国内增加值 V_RT，该部分价值用于满足国外的最终需求，跨越了国界，但是进口国进口该产品不是为了生产，而是为了消费，从而该部分价值直接被进口国吸收掉而没有产生第二次跨境，相当于传统贸易。后三项表示作为中间出口的国内增加值，进口国进口该中间产品是为了生产，可以用来生产中间产品，也可以用来生产最终产品。第三项表示直接被进口国吸收的中间出口的国内增加值 V_GVC_R，即进口国进口中间产品用来生产满足国内需求的最终产品，这部分增加值只跨境一次，且是为了生产活动。第四项表示间接被进口国吸收或者重新出口到第三国家的中间出口的国内增加值 V_GVC_F，即进口国用该中间产品生产最终需求的产品，并出口至其他国家被消费，或者进口国用该中间产品生产其他中间产品，并将生产的中间产品出口至第三国家，第三国家将其用来生产最终产品并出口到其他国家（包括直接进口国）或者第三国家自己消费掉。第五项为返回国内并被吸收的中间出口的国内增加值 V_GVC_D，隐含在中间产品中的国内增加值被进口国 A 用来生产中间产品或最终需求品，最后又返回 B 国，并被 B 国最终需求吸收。

根据跨境次数的多少，全球价值链活动又可以分为简单的全球价值链活动和复杂的全球价值链活动，对应式（4-2），即第三项为简单的全球价值链活动，第四和第五项为复杂的全球价值链活动。

2. *后向产业关联的分解*

根据投入产出表的列平衡，按照前向产业关联的分解方法，基于后向产业关联的最终产品也可以分解为三部分：

$$Y = V^B B^B Y^B = V^B B^{BB} Y^B + \sum_{t \neq B}^{n} (V^t B^{tB}) Y^B =$$

$$V^B \{L^{BB} + \sum_{t \neq B}^{n} (B^{Bt} A^{tB} L^{BB})\} Y^B + \sum_{t \neq B}^{n} (V^t B^{tB}) Y^B =$$

$$V^B L^{BB} Y^{BB} + V^B L^{BB} \sum_{t \neq B}^{n} Y^{Bt} + V^B \sum_{t \neq B}^{n} (B^{Bt} A^{tB} L^{BB}) Y^B + \sum_{t \neq B}^{n} (V^t B^{tB}) Y^B =$$

$$V^B L^{BB} Y^{BB} + V^B L^{BB} \sum_{t \neq B}^{n} Y^{Bt} + V^B \sum_{t \neq B}^{n} (B^{Bt} A^{tB} L^{BB}) Y^B +$$

$$\sum_{t \neq B}^{n} V^t L^{tt} A^{tB} L^{BB} Y^{BB} + \left\{ \begin{array}{l} \sum_{t \neq B}^{n} [V^t (\sum_{u \neq B}^{n} B^{tu} A^{uB} L^{BB})] Y^B - \\ \sum_{t \neq B}^{n} (V^t L^{tt} A^{tB} L^{BB}) Y^{BB} \end{array} \right\} \quad (4-3)$$

第一项是直接被国内吸收的国内增加值 Y_D，第二项是作为最终需求出口的国内增加值 Y_RT，后三项是作为中间出口的国内增加值 Y_GVC，同理可分为简单的 Y_GVC_R，即第四项，复杂的 Y_GVC_D 和 Y_GVC_F，即第五项和第三项。

三、全球价值链地位的衡量指标

根据价值分解模型，可以得到能够衡量一国在全球价值链上所处地位的多方面指标：能够代表增值能力的参与全球价值链产生的增加值、能够代表嵌入方式与参与分工复杂度的生产长度指标、能够表明相对生产位置的位置指标以及能够衡量融入全球价值链程度以及如何融入的参与度指标。

（一）全球价值链增加值

参与全球价值链活动产生的增加值为 B 国国内生产的增加值通过出口参与到国外生产中，即该部分增加值附着在中间产品上以生产为目的进行了跨境行为。该跨境行为分为三种：第一种是该中间产品直接出口至 A 国，且被 A 国用来生产最终消费的产品，该产品被 A 国国内消费，此时该部分增加值只进行了一次跨境行为；第二种是直接出口至 A 国，但是 A 国用该中间产品生产了用于出口的最终产品——该最终产品被第三国消费掉，或者用于出口的其他中间产品——第三国用新中间产品生产最终产品，且该最终产品被第三国或者第 N 国消费掉（N 国不包括原始 B 国，可以包括 A 国），此时 B 国该部分增加值进行了两次或者两次以上的跨境行为；第三种是直接出口至 A 国，A 国用该中间产品生产新的中间产品或者最终产品，在最后，内含这部分增加值的产品又出口返回至 B 国，并被 B 国最终需求吸收掉，此时原始部分增加值进行了两次或者两次以上的跨境行为。其中第一种生产活动又称为简单的全球价值链活动，即只以生产为目的的一次跨境活动，第二和第三种活动称为复杂的全球价值链活动，即跨境两次或者两次以上的活动。

全球价值链增加值即国内增加值被用于境外生产活动，为包含跨国分工的全球价值链生产活动贡献国内生产要素。可知，只有当要素以生产为目的跨境时，才可算作全球价值链中的增加值创造活动。而且国家层面的前后向关联的全球价值链增加值是相等的。表 4 -2 为价值增加值及分解指标。

表 4 -2　价值增加值及分解指标

前向关联	*SVA*	总增加值
	VA_D	纯国内增加值
	VA_RT	传统贸易增加值
	VA_GVC	全球价值链增加值
	VA_S_GVC	简单全球价值链增加值
	VA_C_GVC	复杂全球价值链增加值
后向关联	*Y*	总增加值
	Y_D	纯国内增加值
	Y_RT	传统贸易增加值
	Y_GVC	全球价值链增加值
	Y_S_GVC	简单全球价值链增加值
	Y_C_GVC	复杂全球价值链增加值

（二）生产长度与位置

根据前后向关联的价值分解，王直等（2017）构建了可以衡量经济系统复杂度的生产长度指标，并对生产长度进行了定义：一个国家的原始投入到另一个国家的最终产品的过程中平均生产阶段数。度量的是一个国家的生产要素创造的增加值在全球经济活动中被记为总产出的次数，因此生产链条的长度等于增加值被记为总产出的次数，从该增加值第一次作为原始投入开始到最后附着在最终产品上为止。该指标能够反映劳动分工的程度以及生产过程的复杂度，分工越精细，生产阶段越多、过程越复杂，则增加值被记为产出的次数越多，生产链条越长。

整个经济系统的生产长度即整个经济系统的总产出与世界 GDP 的比值，可看作世界经济复杂性的衡量指标，该指标值越大，表明世界经济的生产过程越复杂，生产分割程度越深，分工越深化。根据分工能够促进生产效率的观点可知，生产长度越长，则分工越细化，生产效率越高，表明一国参与全球价值链生产活动能够得到的效益越高。全球价值链活动能够引致国内生产过程和国外生产过程，即全球价值链活动涉及的国内生产过程复杂度用全球价值链国内生产长度表示，国内生产长度越长，表示参与全球价值链活动引致的国内分工越深化；涉及的国外生产过程的复杂度用国外生产长度表示，国外生产长度越长，表示参与全球价值链活动引致的国外分工越深化。两者之和为全球价值链的总生产长度。

而全球价值链生产的国外长度可以进一步划分：中间贸易流的跨境次数，即以生产为目的的跨境次数，跨境次数越多，表明该中间产品涉及的跨境生产次数越多，即产品生产对该中间产品的依赖程度越高，能够表明该中间产品的重要性；在中间品离开原国后，所有参与全球价值链活动的其他国家国内生产长度（全球价值链活动引致的其他国家的国内生产长度）越长，表明其他国家国内分工越深化，即全球价值链生产的国外长度 = 跨境次数 + 全球价值链生产的其他国家长度。从而结合全球价值链的国内长度，可得：全球价值链生产长度 = 全球价值链生产的国内长度 + 全球价值链生产的国外长度 = 全球价值链生产的国内长度 + 中间品跨境次数 + 全球价值链生产的其他国家国内长度。

这里可以将全球价值链国内长度重新定义为中间产品第一次跨境前的生产链长度，跨境次数即中间产品的跨境次数，全球价值链生产的国外长度即中间品第一次跨境后的生产链长度。具体指标如表 4 – 3 所示。

表 4 – 3　生产长度指标分解

TPL	总生产长度
PL_D	纯国内生产长度
PL_RT	传统生产长度
GVC_PL	全球价值链生产长度

续表

GVC_S_PL	简单全球价值链生产长度
GVC_S_PLd	首次跨境前链长
GVC_S_PLc	跨境次数（恒等于1）
GVC_S_PLf	首次跨境后链长
GVC_C_PL	复杂全球价值链生产长度
GVC_C_PLd	首次跨境前链长
GVC_C_PLc	跨境次数
GVC_C_PLf	首次跨境后链长

根据前后向关联，可以得到前后向关联的全球价值链生产长度 GVC_PLv 和 GVC_PLy。同时根据定义可知，前向关联的生产链长度越长，则该国家或部门或行业在全球生产网络上越处于上游，后向关联的生产链长度越长，则该国家或部门或行业在全球生产网络上越处于下游。据此全球价值链的生产链长度可以作为衡量一个国家或者行业在全球生产网络上的相对位置的指标。可以得到：全球价值链的位置指数 $GVC\_ps = GVC\_PLv/GVC\_PLy$。该指标值越大，则表明该国家或部门或行业在全球价值链上所处的位置相对越高，则该国家生产的产品附加值越高。

（三）参与程度

一个国家或部门或行业可以通过四种方式参与全球生产：出口含国内增加值的中间产品——该中间产品被进口国用来生产国内消耗品，出口含国内增加值的中间产品——该中间产品被进口国用来生产出口到第三国的产品，用其他国家的增加值生产本国出口品，用其他国家的增加值生产本国消耗品。传统的指标无法准确衡量一个行业参与全球价值链的所有方式，而基于 WWZ 方法构建的参与度指标可以准确识别出一个国家或部门或行业参与全球生产网络中的所有四种可能方式以及参与程度。

基于前向联系的全球价值链参与度（GVC_patf）描述了一个国家或部门或行业的全球价值链活动通过下游企业产生的价值增值占该国家或

部门或行业总增加值的比例，该指数越大，表明该国家或部门或行业参与全球价值链上游环节的程度越高。较高的前向参与度意味着该国国内增加值更多的是来自中间产品出口，即主要生产中间产品出口供其他国家使用，表明该国技术水平较高，能够生产高附加值的中间产品，是关键核心零部件的生产者，在全球价值链上处于高附加值环节。同样，该指标值越大，表明该国越可能是全球价值链的主导者。该指标由简单前向参与度 GVC_S_patf 与复杂前向参与度 GVC_C_patf 构成：$GVC\_patf = GVC\_S\_patf + GVC\_C\_patf$。

基于后向联系的全球价值链参与度 GVC_patb 描述了通过上游公司参与全球价值链所涉及的最终产品和服务中的国内增加值占该国家或部门或行业全部最终产品和服务的比例。同样，该指数值越大意味着该国家或部门或行业参与全球价值链下游生产环节的程度越高。较高的后向参与度意味着生产过程中更多地依赖于外国的中间产品，即该国主要通过进口他国高附加值中间产品进行加工组装，处于全球价值链的低附加值环节。同时，该指标值越大，表明该国主要通过加工组装等技术含量较低的环节嵌入全球价值链，该国越可能是全球价值链的被动从属者。同样，该指标由简单后向参与度 GVC_S_patb 与复杂后向参与度 GVC_C_patb 构成：$GVC\_patb = GVC\_S\_patb + GVC\_C\_patb$。具体指标如表 4 -4 所示。

表 4 -4　参与程度及分解指标

前向关联	GVC_patf	前向参与度
	GVC_S_patf	简单前向参与度
	GVC_C_patf	复杂前向参与度
后向关联	GVC_patb	后向参与度
	GVC_S_patb	简单后向参与度
	GVC_C_patb	复杂后向参与度

四、全球价值链地位的衡量指标体系

全球价值链地位是一个综合性概念，结合第二章相关学者对全球价值链衡量方法的构建与发展，综合价值链的分解模型可以得到多种全球价值链相关指标。根据研究的需要，本书选取了 Wang 等（2013，2017）的研究成果中的全球价值链增加值、全球价值链参与度、全球价值链生产长度与全球价值链位置四种指标，综合衡量全球价值链地位。

其中全球价值链参与度分为前向参与度与后向参与度，一般认为发达国家前向参与度较高，而发展中国家后向参与度较高。参与度是一个中性指标，不具有好坏之分，但是根据经济发展程度不同，可以赋予参与度“好坏”属性。对于大部分发展中国家来说，通过加工组装环节参与国际分工在初期利大于弊，从而后向参与度较高表明参与全球价值链程度较深，能够得到的全球分工利益较多，此时较高的后向参与度具有“好”的属性。而对于新兴发展中国家来说，随着参与全球价值链程度加深与国内经济发展水平提升，后向参与度较高往往会限制其在全球价值链上地位的提升，此时通过低端环节嵌入全球价值链的弊端开始显现，抵消了部分分工利益，此时后向参与度较高具有“坏”的属性。对于发达国家来说，由于占据全球价值链高端环节，前向参与度往往高于后向参与度。从而参与度指标能够衡量一国参与全球价值链的程度，并且所处生产环节或者嵌入位置不同，对不同发展阶段的国家来说具有不同的属性。

全球价值链生产长度是衡量生产复杂度的一种指标，根据前后向分解分为前向生产长度与后向生产长度，同样不具有好坏之分。但是同参与度指标一样，一般发达国家的前向生产长度大于后向生产长度，发展中国家则相反。一般意义上，前向生产长度“好”于后向生产长度。由分工能够促进生产效率的观点可知，生产链条越长，则分工越细化，生产效率越高，表明一国参与全球价值链生产活动能够得到的效益越高。由生产长度定义可知，前向关联的生产链长度越长，则该国家在全球生产网络上越处于上游；后向关联的生产链长度越长，则该国家在全球生产网络上越处于下游。根据前后向生产长度指标的比值得到的全球价值链位置指标能够衡量一国在全球生产网络中所处相对位置，即能够体现一国在产业链上的物理位置，该指标值越大，表明该国家在全球价值链上所处的位置越高，则该国家创造的增加值越高。

根据各个指标的定义，结合全球价值链位置指标为前向生产长度与后向生产长度的比值，本书不再选取后向生产长度作为全球价值链地位的分析指标，而是选取全球价值链增加值、前向参与度、后向参与度、前向生产长度、位置指标作为全球价值链地位的衡量指标，具体如表4－5所示。

表4－5　全球价值链地位指标体系

1. 增加值	前向关联	VA_ GVC	全球价值链增加值
		VA_ S_ GVC	简单全球价值链增加值
		VA_ C_ GVC	复杂全球价值链增加值
	后向关联	Y_ GVC	全球价值链增加值
		Y_ S_ GVC	简单全球价值链增加值
		Y_ C_ GVC	复杂全球价值链增加值
2. 生产长度	前向关联	GVC_ PLv	全球价值链生产长度
		GVC_ S_ PLv	简单全球价值链生产长度
		GVC_ S_ PLv_ d	首次跨境前链长
		GVC_ S_ PLv_ c	跨境次数（恒等于1）
		GVC_ S_ PLv_f	首次跨境后链长
		GVC_ C_ PLv	复杂全球价值链生产长度
		GVC_ C_ PLv_ d	首次跨境前链长
		GVC_ C_ PLv_ c	跨境次数
		GVC_ C_ PLv_f	首次跨境后链长
	后向关联	GVC_ PLy	全球价值链生产长度
		GVC_ S_ PLy	简单全球价值链生产长度
		GVC_ S_ PLy_ d	首次跨境前链长
		GVC_ S_ PLy_ c	跨境次数（恒等于1）
		GVC_ S_ PLy_f	首次跨境后链长
		GVC_ C_ PLy	复杂全球价值链生产长度
		GVC_ C_ PLy_ d	首次跨境前链长
		GVC_ C_ PLy_ c	跨境次数
		GVC_ C_ PLy_f	首次跨境后链长

续表

3. 参与度	前向关联	*GVC_patf*	前向参与度
		GVC_S_patf	简单前向参与度
		GVC_C_patf	复杂前向参与度
	后向关联	*GVC_patb*	后向参与度
		GVC_S_patb	简单后向参与度
		GVC_C_patb	复杂后向参与度
4. 位置		*GVC_ps*	全球价值链位置

第二节　全球价值链的现状分析

传统贸易模式下，物物交易涉及跨境的基本上是最终产品，产品生产过程片段化地存在于一国境内，产品的外部需求冲击仅对该产品的生产国产生影响。国际分工模式下，产品生产过程跨境共享，外包普遍存在，中间产品成为跨境贸易流的主要对象，产品的外部需求冲击会对处于不同生产阶段的国家产生不同的影响。全球价值链分工下，产品生产过程按价值环节被分割，各国凭借不同比较优势嵌入全球价值链不同环节——发达国家作为主导国家占据价值链分工的高附加值环节，即主要处于生产的上游环节；同时，生产的中低端环节如加工装配等被大量转移至发展中国家，这种生产外包一方面给发展中国家提供了融入全球价值链的机会，而另一方面从事低端有形的生产活动促使发展中国家只能通过嵌入全球价值链低端环节参与全球价值链分工，即主要处于生产的下游环节。处于上游的发达国家具有较高的生产前向参与度，比较优势多是专利技术、品牌、资本等可替代性比较小的竞争优势，而处于生产下游的发展中国家后向参与度相对较高，比较优势多体现在资源、劳动力上，而这些要素在经济全球化下可以轻易被资本和技术所替代。差异化的比较优势决定了发达国家和发展中国家嵌入全球价值链的位置差异，进而造成发达国家和发展中国家在全球价值链中面对的成本和风险也是有差异的：处于价值链高端环节的发达国家主要生产技术含量高的中间产品，面对外部需求冲击可以轻易分散风险与成本，处于价值链低端的发展中国家主要进口中间产品，在面临更大风险的同时还要承接来自上游国家转移的风险与成本，即面临双倍冲击。

一、全球价值链的发展现状

随着世界经济在波动中不断前进，以及经济周期的不断循环往复，不同阶段的经济现象与本质也存在不同，增加值分解模型以及生产长度的分解为从整体上把握全球价值链的发展轨迹与趋势提供了数量描述。

（一）全球价值链的价值创造

根据王直等（2017）的价值分解模型，利用世界投入产出数据库WIOD2011 和 WIOD2016，以及 ADB（Asia Development Bank）的最新数据库 ADB－MRIO2018，可以得到 1996—2017 年的各类增加值。①

首先，从绝对量来看，图 4－1 显示出世界层面各种生产活动的增加值是呈增长趋势的，但是不同生产活动的增加值年增长率存在较大差异。全球价值链生产活动的增加值整体来说增长最快，超过了世界整体水平。从全球价值链内部来看，简单全球价值链活动和复杂全球价值链活动的变化也不一样，复杂全球价值链活动增长更快，更能推动全球价值链生产活动的扩张（见图 4－2）。

其次，从阶段来看，各种生产活动的增长存在明显的阶段特性。1996—2001 年全球生产活动增长较慢，这一阶段经济全球化进程也相对缓慢，全球价值链分工并未深化。2002—2008 年所有类别的生产活动年增长率明显拔高，体现在绝对量上就是增加值总额的大幅增加，这一阶段可以称作全球经济的全盛时期，经济系统之间联系更加紧密，贸易往来更加频繁。该阶段对于全球价值链生产活动来说同样是全盛时期，增长率保持在稳定的高水平，全球价值链生产活动高速扩张，尤其是复杂的全球价值链

① 鉴于数据量的庞大，为了保证数据的准确性，本书所用的指标结果当与对外经贸大学全球价值链研究院建立的 UIBE 数据库中的指标结果一致时，则用 UIBE 数据库得到所有结果，当指标结果不一致时则使用自己的运算结果，因此个别数据与王直等论文中的数据存在不一致情况，这一问题有待进一步研究。如果没有特殊说明，则数据结果都是基于前向产业关联得到的。

活动，推动全球化飞速发展。受世界金融危机的影响，各类生产活动增加值在2009年出现了骤降，其中全球价值链生产活动所受影响最大，尤其是复杂价值链中的跨境生产活动，而纯国内生产活动所受影响最小，可知世界金融危机对全球经济外部环境的冲击较大。随后两年经济迅速回升，并在2012年后缓慢复苏。从2012—2017年增加值的增长率来看，跨境生产活动同世界金融危机之前存在明显不一样，相较于金融危机之前高于其他类别生产活动年增长率的情况，金融危机之后跨境生产活动的增长明显低于其他类别的生产活动，即金融危机之后，生产全球化速度减缓。

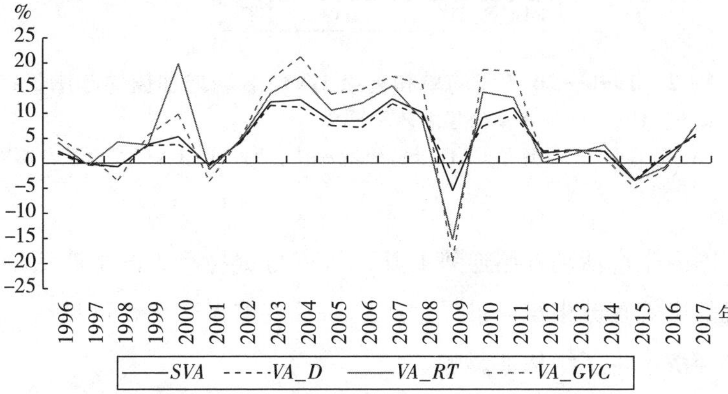

图4－1　1996—2017年各类活动创造增加值的年增长率

注：SVA表示总增加值，VA_D表示纯国内增加值，VA_RT表示传统贸易增加值，VA_GVC表示全球价值链活动增加值，下同。

资料来源：UIBE数据库，经笔者计算得来。

最后，从增加值的份额来看，图4－3显示出2008年之前纯国内生产活动份额保持稳定下降趋势，即该阶段纯国内生产活动缩减是主导趋势，但是纯国内生产活动始终在全球生产活动中占据绝对份额。全球价值链生产活动份额在2008年之前保持上升趋势，2008年之后在曲折中下降，其中跨境生产活动（VA_GVC）是推动全球价值链生产活动扩张的主要力量，跨境消费活动（传统贸易VA_RT）的重要性相对来说不断下降。2001—2008年全球价值链生产活动份额上升迅速也能进一步体现出生产的全球化进程加快。

值得一提的是，2008年国际金融危机之后，不同于其他生产活动的份

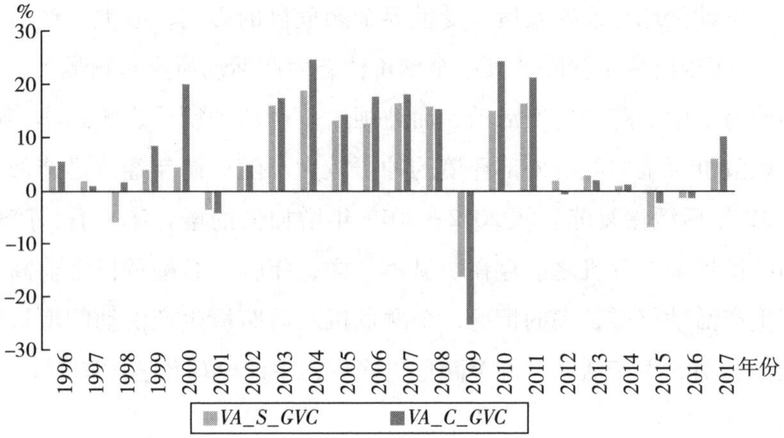

图 4-2　1996—2017 年简单和复杂 GVC 活动增加值的年增长率

资料来源：UIBE 数据库，经笔者计算得来。

注：VA_S_GVC 表示简单 GVC 活动的增加值，VA_C_GVC 表示复杂 GVC 活动的增加值，下同。

额下降，国内生产活动开始逆势上升，所有与贸易有关的生产活动受国际金融危机的影响复苏艰难，世界生产格局发生重大变化，可见国际金融危机对世界经济产生了结构性影响。

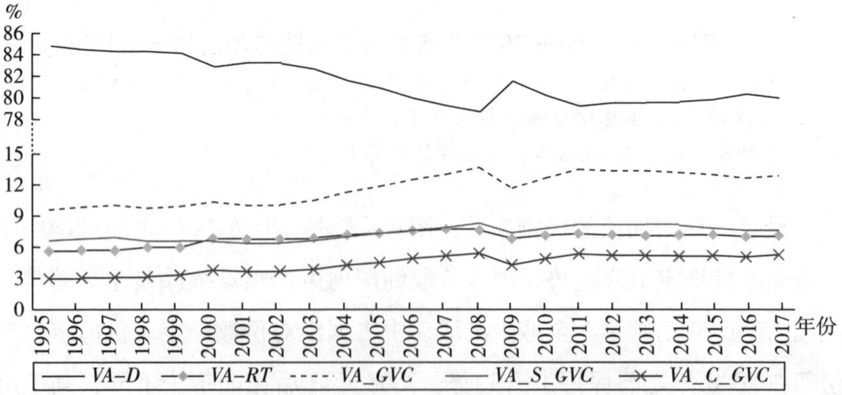

图 4-3　1995—2017 年各类生产活动创造的增加值占全球总增加值的比例

资料来源：UIBE 数据库，经笔者计算得来。

（二）全球价值链的生产长度

前文从增加值角度对全球价值链的变化进行了简单的分析，得出全球价值链生产活动的扩张轨迹与生产全球化放缓的趋势，而世界金融危机的爆发改变了全球生产格局，各类型的生产活动都出现了前所未有的新变化，对导致这种变化的内部因素还需要从生产长度的角度进一步进行分析。

（1）综合分析。由图4-4可以看出，各类增加值创造活动中，复杂全球价值链活动的生产链条最长，其次是全球价值链活动，纯国内生产活动的生产链条最短。由此可以简单判断出，全球价值链生产活动的工序更多，涉及劳动分工更细，生产过程更复杂，跨境分工促进了产品的全球化。而从1995—2014年整体的变化来看，全球价值链生产链条的延伸是主要趋势，自2014年起则开始小幅度地缩短，尤其是复杂全球价值链活动的生产链条。要知道具体原因，还要对全球价值链活动的生产链条进行剖析。而整个十多年间，国内生产链条和传统贸易生产链条保持相对稳定的水平，总生产链长在平稳中略有增加。在全球价值链的全盛时期，各类别价值增值活动的生产链条变化也基本为正，尤其是复杂全球价值链活动。全球价值链分工的深入和细化导致生产阶段被进一步拆分，拉长了产品的生产长度。

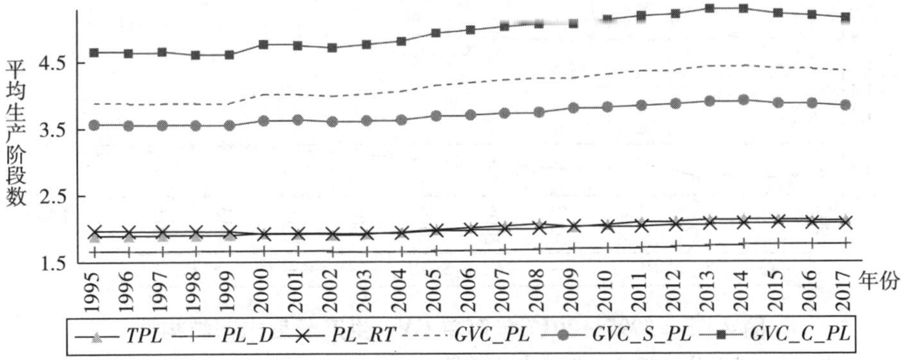

图4-4 1995—2017年各类增加值创造活动的生产长度①

资料来源：UIBE数据库，经笔者计算得来。

① *TPL* 表示总生产长度，同理 *PL_D*、*PL_RT*、*GVC_PL* 分别表示纯国内、传统贸易与全球价值链活动的生产长度，*GVC_S_PL*、*GVC_C_PL* 分别表示简单与复杂GVC活动生产长度，下同。

以上分析表明，生产过程的分解导致的生产分节化[①]现象并不是存在于所有的生产过程中，总生产链条的分解表明，全球生产链长的增长主要源于涉及跨境分工的全球价值链生产链条的增长，且在简单及复杂全球价值链生产中都有所增长，尤其是复杂全球价值链生产链长。

通过将全球价值链活动分解为三项，即跨境次数、跨境前链长、跨境后链长，可剖析全球价值链生产活动变化的内在原因。图4－5显示，简单全球价值链生产活动涉及一次跨境，从而在简单GVC生产链条增长阶段，跨境前和跨境后链长的变化共同促进了其增长，尤其是跨境后链长。在简单全球价值链内部，跨境前所涉及的平均生产阶段数大于跨境后，但是跨境后生产链长的变化幅度更大。从复杂全球价值链生产链内部构成来看（见图4－6），复杂全球价值链的生产长度的变化主要源于以生产为目的的跨境次数和跨境后链长的变化，跨境前链长在考察期保持稳定水平。2011年后，在复杂全球价值链生产链长缩短的同时，跨境次数仍在增加，同时跨境后链长也在缩减，可见近几年复杂全球价值链生产长度缩短的主要原因是跨境后的生产链长，即国外价值链分工趋势放缓，以生产为目的的跨境次数拉长了全球生产链长。

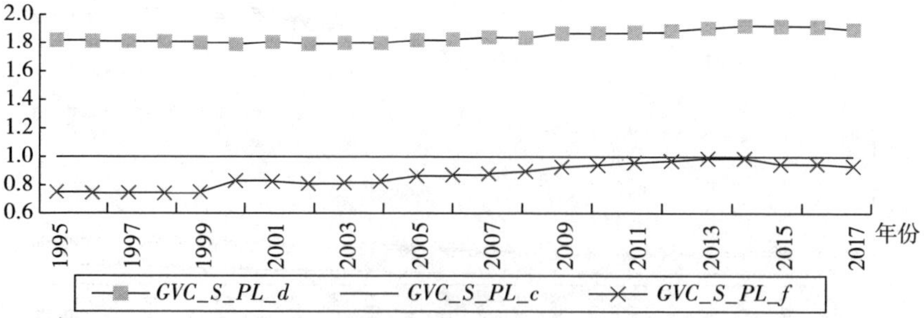

图4－5　1995—2017年简单GVC生产长度内部结构[②]

资料来源：UIBE数据库，经笔者计算得来。

---

① Deardorff(2001)将“分节化”定义为“将生产过程分为两个或更多的步骤，可以在不同的地点进行，最终生产出一样的产品”。

② *GVC_S_PL_d*、*GVC_S_PL_c*、*GVC_S_PL_f* 分别表示简单GVC的跨境前生产长度、跨境次数与跨境后生产长度，复杂GVC活动同理。

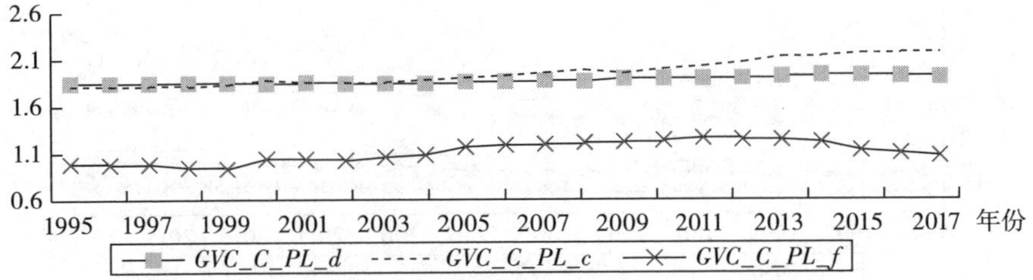

图 4-6　1995—2017 年复杂 GVC 生产长度内部结构

资料来源：UIBE 数据库，经笔者计算得来。

图 4-7 显示，1995—2017 年，整体来说各类生产活动的生产链条都有所增加，而全球价值链生产链条的增长幅度最大，其中更体现在复杂全球价值链生产活动中。更进一步地，复杂全球价值链生产链条的增长主要源于以跨境生产为目的的跨境次数的增加。

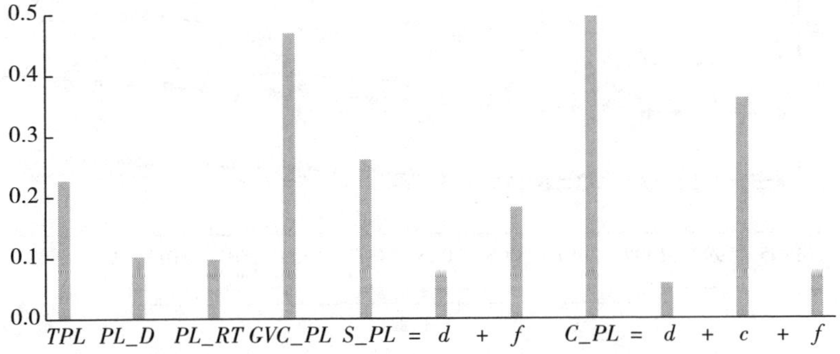

图 4-7　1995—2017 年世界各类增加值活动的生产链长变化量

资料来源：UIBE 数据库，经笔者计算得来。

（2）行业大类分析。图 4-8 显示，农业的生产链条变动幅度最大，尤其体现在全球价值链生产部分，整体增长幅度较大。从行业比较来看，制造业的全球生产链最长，服务业的最短，而服务业的复杂全球价值链生产长度最长，制造业的最短。即制造业的产品分工程度更深，产品生产阶段更加复杂，产业之间的前后关联更大，上下游产业相互之间的依赖更大；而服务业的全球价值链分工程度更深，以增加值为基础的贸易分解显示出服务业贸易在跨境贸易中的重要性。

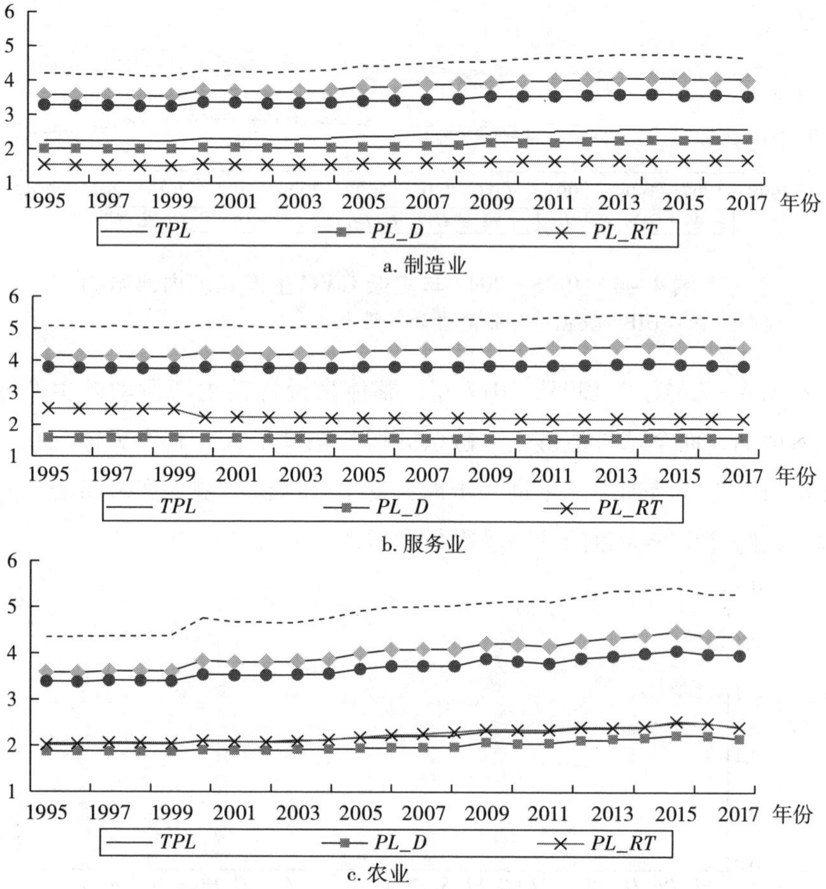

图 4-8　1995—2017 年行业大类生产链长变化

资料来源：UIBE 数据库，经笔者计算得来。

图 4-9 显示，服务业的整体生产链条的增长主要源于全球价值链生产链条的增长；在服务业复杂全球价值链活动中，以生产为目的的跨境次数的增加是复杂全球价值链生产链条增长的主要原因，跨境前后国内价值链分工趋势的放缓在一定程度上阻碍了服务业生产链条的增长。从而可知，服务业的全球分工逐渐深化，而涉及传统李嘉图贸易的生产活动分工程度降低。在制造业和农业内部，复杂全球价值链生产链条的增加幅度最大，更进一步地，在复杂全球价值链内部，跨境次数的增加促进复杂全球价值链生产链条的增长对于制造业是主要原因，对于农业却不是主要原因。跨

境前生产链条的增长是促进农业复杂全球价值链生产链条增长的主要原因。

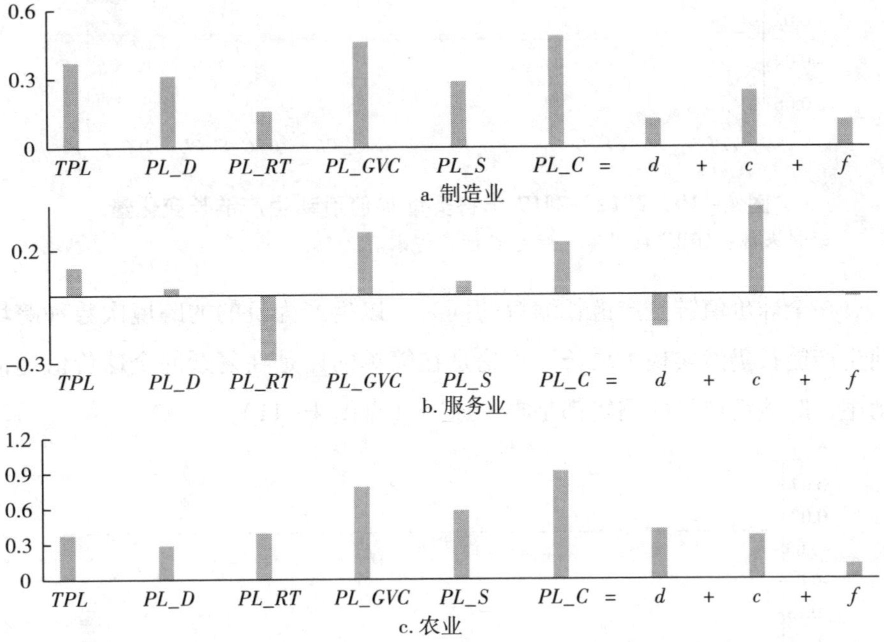

图 4-9 1995—2017 年行业大类各增加值活动的生产长度变化量

资料来源：UIBE 数据库，经笔者计算得来。

由上面的分析可知，2008 年的国际金融危机改变了生产的全球布局，给世界经济带来了结构性的影响，各种增加值活动都出现了前所未有的新变化。在整体分析中可知，全球价值链生产链条是增长的，且增长幅度大于国内和传统贸易生产链条；而从最近几年的数据看，全球价值链生产链长不仅没有延长反而缩短了，尤其是复杂全球价值链生产；同时，国内和传统贸易的生产链长仍然是延长的，这同整体的变化趋势是相反的，可知全球金融危机给生产的全球化带来了结构性的逆向改变。由图 4-10 可知，在金融危机对生产的全球化造成重创的同时，纯国内生产链条仍然实现了大幅延长，即在跨境生产共享活动减少的同时，国内生产活动成为经济复苏的主要动力之一。

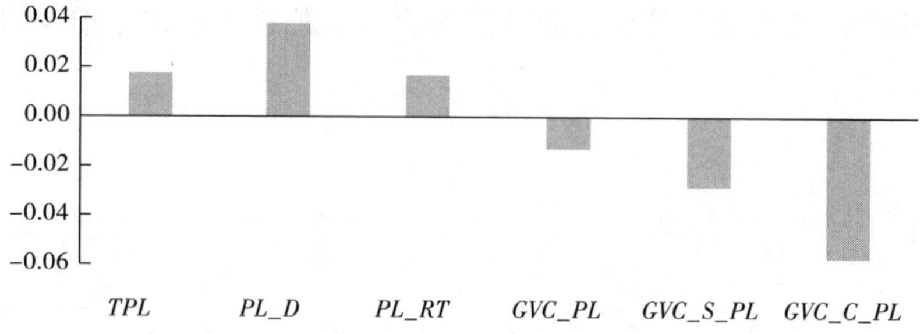

图 4－10　2012—2017 年各类增加值活动生产链长变化量

资料来源：UIBE 数据库，经笔者计算得来。

在全球价值链生产链长缩短的同时，以生产为目的的跨境次数和跨境前生产链长仍然实现了增长，无论是在简单的还是在复杂的全球价值链活动中，跨境后链长的缩短都是唯一原因（见图 4－11）。

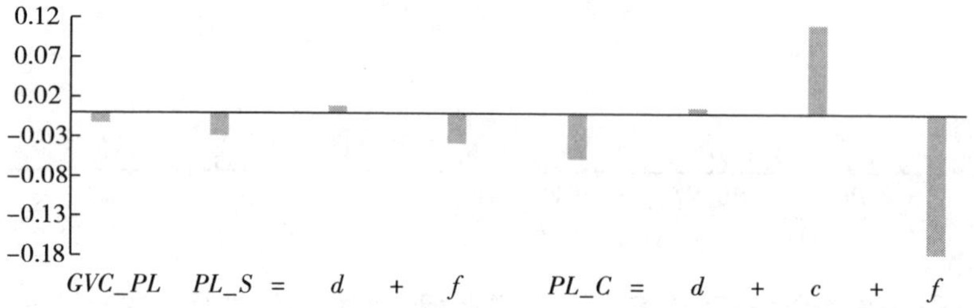

图 4－11　2012—2017 年全球价值链活动生产链长变化量

资料来源：UIBE 数据库，经笔者计算得来。

生产全球化速度放缓的趋势在行业生产活动中也能体现出来。全球价值链生产链条在制造业和服务业中都是缩短的，尤其是制造业，而农业的跨境生产则受到金融危机影响较小，这同农业的生产特性以及农产品的特性有关。而金融危机后以发达国家为代表的制造业回流趋势愈来愈明显，这在很大程度上造成了制造业生产全球化趋势的减缓。发达国家制造业生产的回流在减少生产的跨境活动的同时进一步促进了发达国家国内生产活动的分工，以及间接促进了发展中国家国内产业分工的日益深化、产业关联程度的不断增强，从而导致全球生产中国内生产链不断延长，全球价值链生产链缩短。

无论是制造业还是服务业和农业，以生产为目的的跨境次数仍然保持了增加趋势，而跨境后生产链长是造成所有行业复杂全球价值链生产链长缩短的主要甚至唯一原因（见图 4－12）。

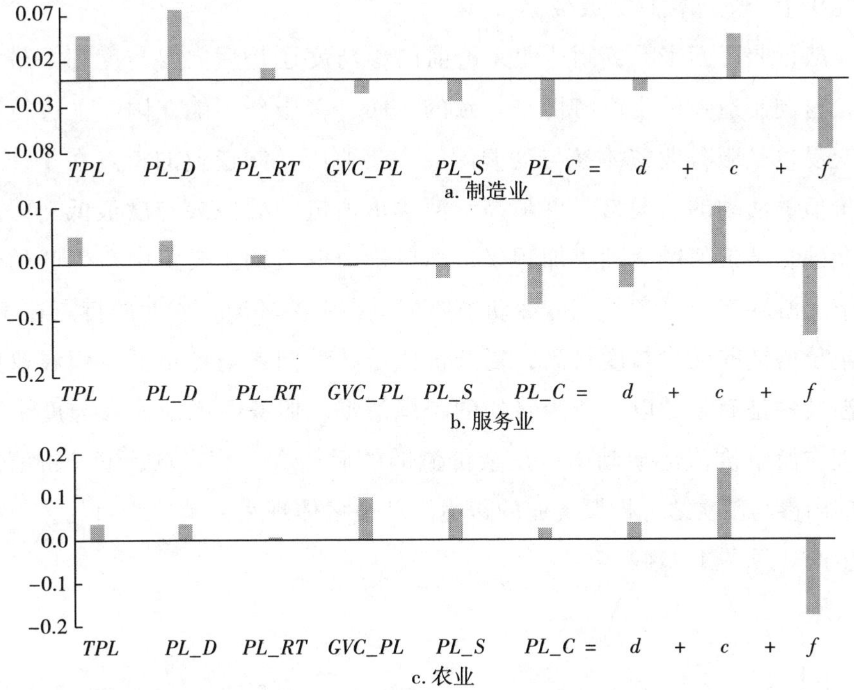

图 4－12　2012—2017 年行业大类生产链长变化量

资料来源：UIBE 数据库，经笔者计算得来。

（三）全球价值链的参与度

世界层面的全球价值链参与度给出了从总体上把握生产的全球化现状，以及不同行业生产全球化的不同。图 4－13 显示所有参与度都呈现出了增加趋势，佐证了生产的全球化——以全球价值链分工与合作为背景的全球价值链体系不断发展与完善，世界范围的全球价值链活动日益活跃。

而简单全球价值链活动的前向参与度最高，其次是复杂全球价值链活动的后向参与度，可知，简单全球价值链活动主要集中在生产的上游环节，而复杂全球价值链活动更多地集中在生产的下游环节。

图 4－13 还显示，2012—2017 年，除了简单全球价值链和复杂全球价

值链活动的后向参与度在曲折中略有增加外，其余都呈下降趋势，这同前文的分析是一致的，即世界金融危机对全球生产布局产生了结构性影响，近几年生产全球化趋势放缓。

从行业层面来看，制造业无论前向参与度还是后向参与度都是最高的，这同制造业的生产特性是一致的。而许多服务不能在国际上进行直接交易也是服务业整体参与度偏低的主要原因。制造业的特点在于，复杂价值链活动的后向参与度最高，简单价值链的后向参与度最低，即制造业的复杂价值链活动更加频繁，简单价值链活动主要集中在生产的价值链上游环节，复杂价值链活动主要集中在下游环节。农业的特点在于，简单价值链前向参与度最高，复杂价值链的前向参与度最低，即农业更多涉及的是简单的以消费为目的的跨境活动。服务业的前向参与度主要体现在简单价值链活动中，复杂价值链的后向参与度最低，复杂价值链的前向参与度次之，即服务业的跨境活动也多体现为以消费为目的，而不是生产（见图4－14）。

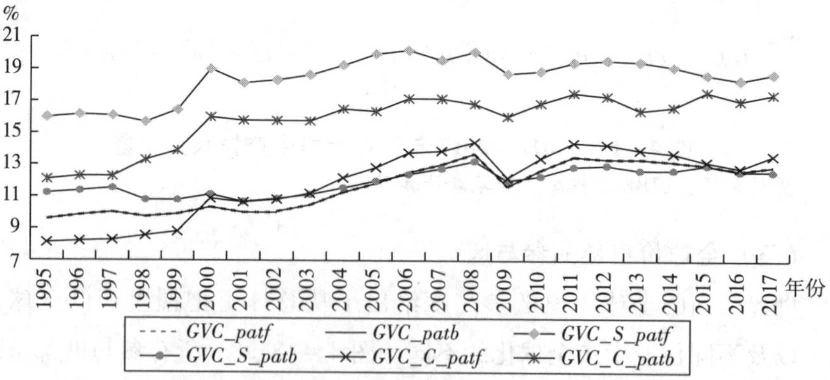

图4－13　1995—2017年全球价值链参与度变化——世界层面①

资料来源：UIBE数据库，经笔者计算得来。

① 注：*GVC_patf*、*GVC_patb*分别表示前后向参与度，*GVC_S_patf*、*GVC_C_patf*分别表示简单与复杂GVC的前向参与度，其他指标同理。

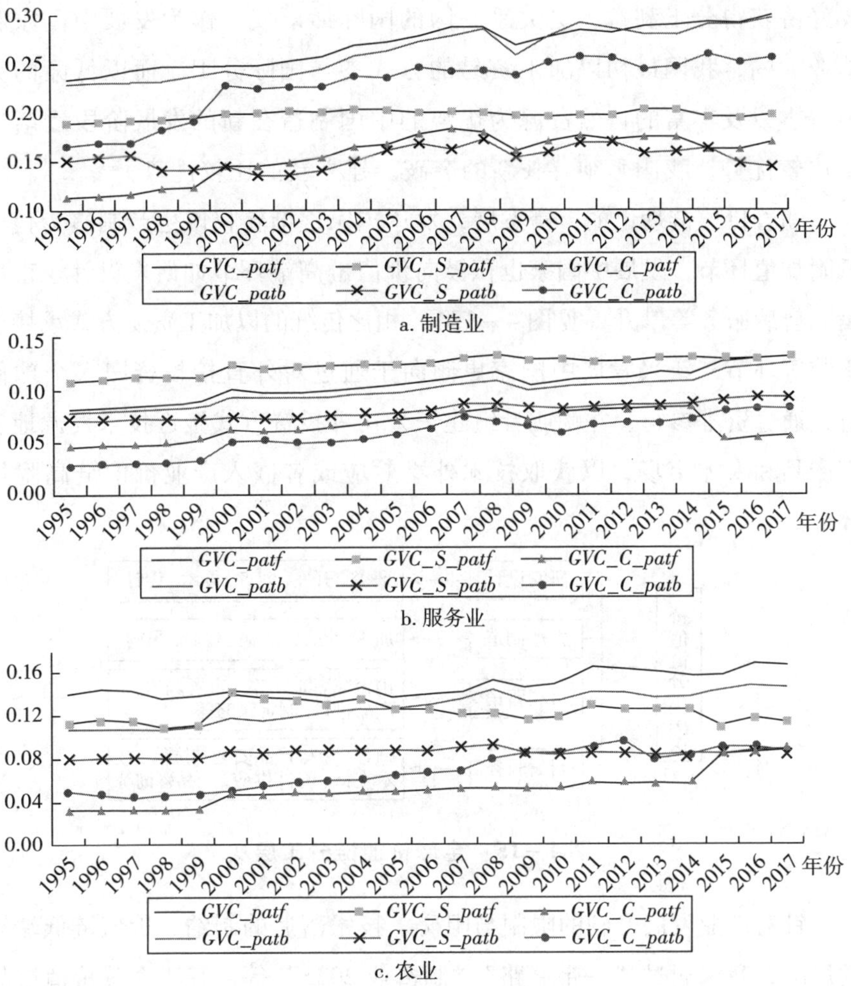

图 4－14　1995—2017 年全球价值链参与度变化——世界行业层面

资料来源：UIBE 数据库，经笔者计算得来。

二、我国参与全球价值链现状

目前，世界经济正处于第四次工业革命的开端，运输和通信成本降低，更高效的物流、更广阔的市场、更便捷的技术获取使得发展中国家能够更好地融入全球价值链。参与全球价值链分工不仅关乎一国融入世界经济获得分工利益，更关乎一国的国际话语权。作为发展中国家和制造业大国，我国最初以加工贸易的方式参与国际分工。而以低廉的劳动力成本以及丰富的自然资源为优势的中国制造在新的发展阶段逐渐丧失了比较优势，我国亟须寻找新的突破，建立新的比较优势。

随着价值链理论的丰富发展，发达国家逐渐转移以生产制造为代表的低附加值环节，发展中国家也积极向价值链高端环节如研发设计、市场营销、售后服务等攀升（见图4-15），相比传统的以加工贸易方式承接生产组装等环节，新兴发展中国家更倾向于通过对外直接投资嵌入全球价值链，通过资本参与、并购或者组建子公司等投资方式接近技术发源地、靠近产品和人才市场，以获取技术外溢效应或者嵌入产业价值链高附加值环节。

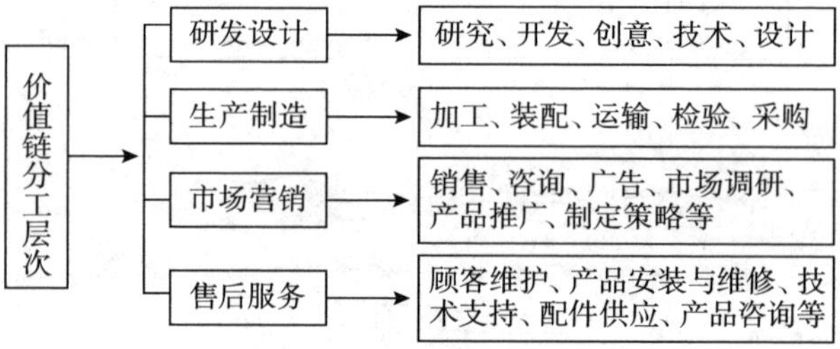

图4-15　全球价值链分工层次

针对产业发展受到的限制与阻碍、技术落后的制约、价值链低端锁定的风险，我国通过"一带一路""制造业2025"等，基于全球价值链的战略布局，突破全球劳动密集型、低附加值产品提供者的身份与定位，通过技术获取型的对外直接投资突破地域与技术封锁，快速提高产业的技术水平与产品的附加价值。随着我国更宽领域、更高层次的改革开放，越来越多的企业通过"走出去"融入全球生产网络，嵌入全球价值链，甚至参与、主导全球价值链的构建。而参与全球价值链对于我国来说是一把"双刃剑"，一方面，通过与国际接轨，能够快速提高产品的生产标准、企业的管理水平、产业的技术标准，提升产品质量与效益，促进产业升级，同时能够充分发挥比较优势，以最少的资源获得最大的收益；另一方面，我国企业最初多是通过生产制造环节嵌入国外产业价值链中，发达国家牢牢掌控着研发设计与营销环节，导致我国关键核心技术和核心零部件依赖国外企业，从而被锁定在生产制造环节而不得攀升，形成生产制造环节收益特别高，而研发设计与营销服务等环节收益特别低的困顿局面。

图 4－16 为全球价值链的国家分布。

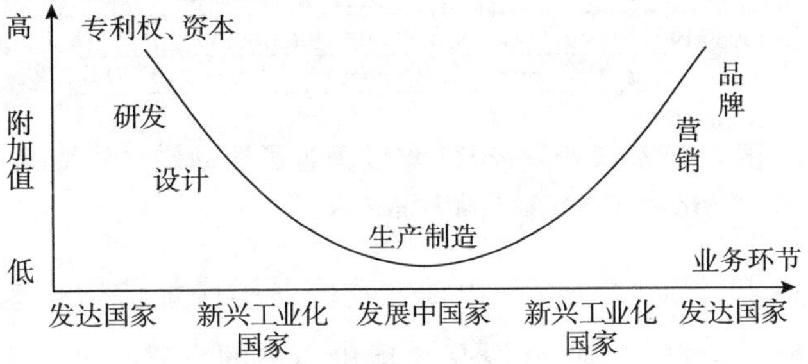

图 4－16　全球价值链的国家分布

目前，我国的对外依存度依然较高，而国内外学者的研究都表明我国在全球价值链的地位并不高。同发达国家相比，我国在全球价值链上面临更低的收益与更高的风险。基于我国参与国际分工的方式与现状，这里再次对我国在全球价值链中的地位进行各方面度量，以真实反映我国参与全球价值链的现状。

（一）我国各类增加值创造活动的现状

从增加值的角度能够得出我国各类生产创造活动每年创造增加值的情况，以及阶段性变化，还能够通过各类生产活动创造的增加值与总增加值的比例来比较各类活动的占比情况。

1. 国家层面

基于 WWZ 分解模型，将我国 GDP 按照价值来源分解为不同的部分。图 4－17 显示，从总量来看，我国 GDP 以及纯国内价值部分增长幅度最大，且两者变动趋势基本一致，均在 2002 年以后开始快速增加；相比之下，传统贸易活动、全球价值链活动创造的增加值变动幅度较小，在 2002 年以后才有较为明显的小幅度增加。可见，国内创造的增加值仍然是我国 GDP 的主要部分，加入 WTO 也对我国经济发展有重大影响。

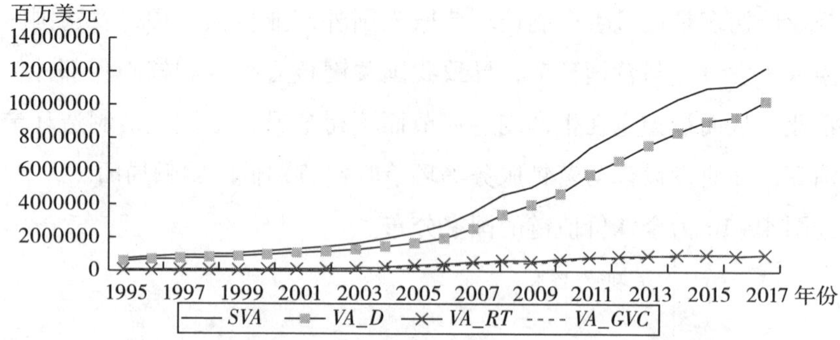

图 4-17　1995—2017 年我国各类活动增加值情况

资料来源：UIBE 数据库，经笔者计算得来。

图 4-18 显示，“入世”以前，我国各类增加值增长速度普遍低于“入世”以后，2002—2008 年既是全球价值链的全盛时期，也是我国各类生产活动的扩张时期，反映出我国经济发展同世界经济发展息息相关。全球价值链扩张时期，无论是简单的还是复杂的全球价值链活动创造的增加值都保持高速增长，尤其是多次跨境的生产共享活动在推动全球价值链深化中的重要性逐渐增加（见图 4-19）。2008 年国际金融危机带来的影响仍然存在，在危机过后的前两年经历强劲反弹后，我国经济进入结构性调整时期，各类增加值增速下降，与此同时，国内生产活动所受影响最小，增速超过全球价值链生产活动。

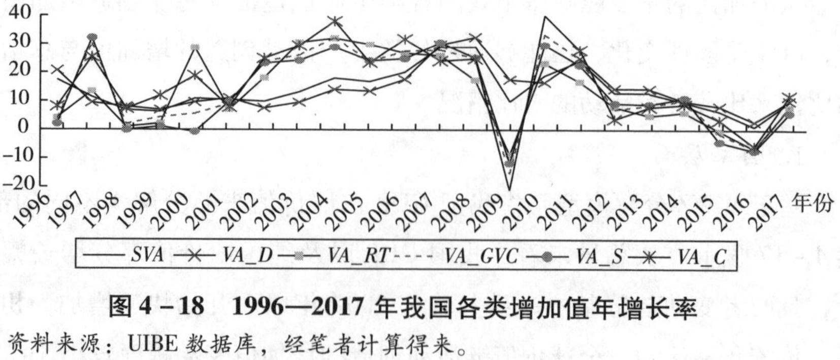

图 4-18　1996—2017 年我国各类增加值年增长率

资料来源：UIBE 数据库，经笔者计算得来。

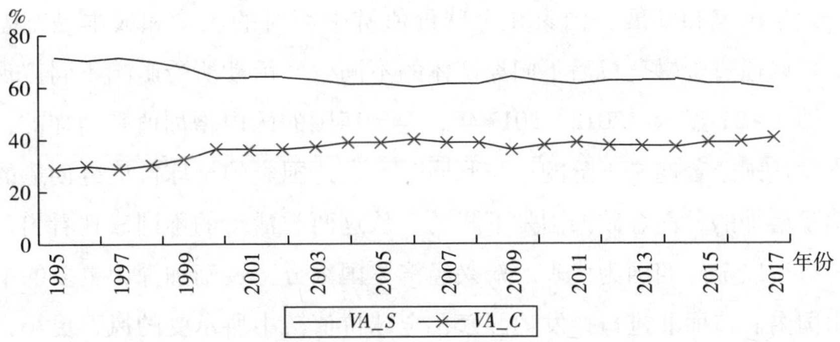

图 4-19　1995—2017 年我国简单 GVC 和复杂 GVC 增加值占总 GVC 增加值比例

2. 国际比较

发达国家跨国公司的出现导致了国际分工的深化，进一步促进生产过程的片段化与生产活动的跨境共享。以发达国家为主导的全球价值链生产活动的扩张反过来又促进了发达国家的价值链升级，就全球价值链发展的现阶段而言，发达国家主导，发展中国家跟随。以我国为代表的发展中国家融入全球价值链的深度必然不及发达国家，参与全球价值链的广度也低于发达国家，体现在增加值上表现为：一是全球价值链创造的增加值在总增加值中的比例普遍低于发达国家；二是复杂全球价值链创造的增加值比例普遍低于发达国家（见图 4-20）。

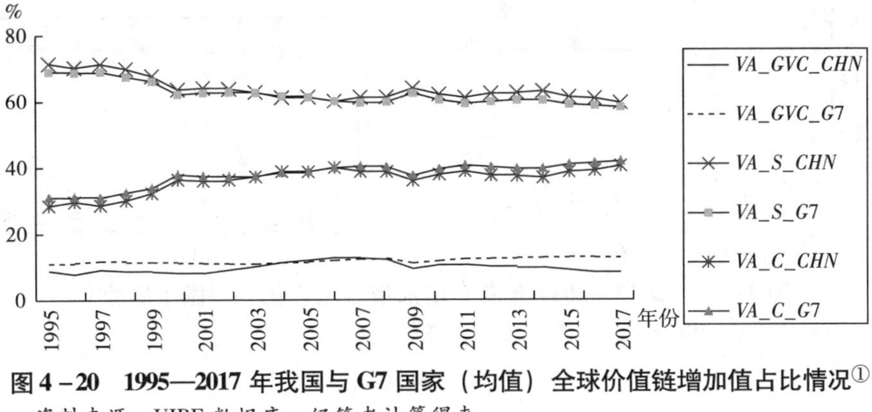

图 4-20　1995—2017 年我国与 G7 国家（均值）全球价值链增加值占比情况[①]

资料来源：UIBE 数据库，经笔者计算得来。

① 注：CHN 为中国的英文缩写，G7 表示 G7 国家：美国、日本、德国、法国、英国、加拿大和意大利。

发达国家和发展中国家在全球价值链中面对的风险和成本是有差异的，可以通过金融危机后不同经济体的不同生产活动所受影响不同体现出来。图 4 – 21 显示，2012—2017 年，金砖四国的国内增加值是增加的，而西方发达国家普遍是下降的；与此同时，发达国家的全球价值链创造的增加值是增加的，而金砖四国是下降的。从这两类活动的不同表现看出，金融危机后以金砖四国为代表的新兴经济体国内分工逐渐加深，更多的中间品由国内制造而非进口；发达国家在全球价值链中所承受的风险更小，或者更能轻易转移风险，而发展中国家在全球价值链上所承受的风险更大且无处转移，从而全球价值链创造的增加值普遍降低。

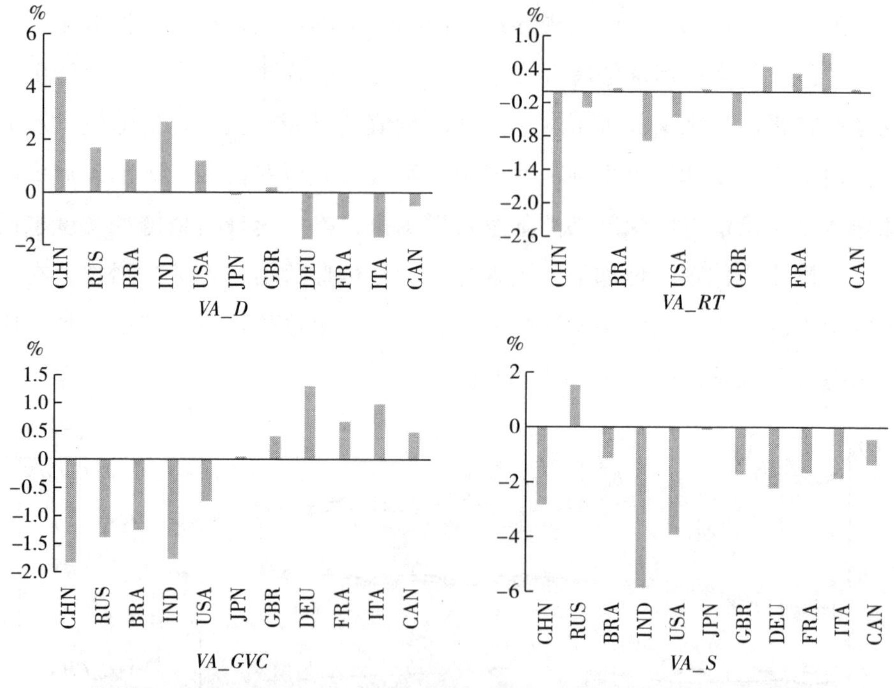

图 4 – 21　2012—2017 年各类增加值占比变化——国家层面[①]

资料来源：UIBE 数据库，经笔者计算得来。

① 金砖四国：CHN 代表中国，RUS 代表俄罗斯，IND 代表印度，BRA 代表巴西；发达国家：USA 代表美国，JPN 代表日本，GBR 代表英国，DEU 代表德国，FRA 代表法国，ITA 代表意大利，CAN 代表加拿大，下同。

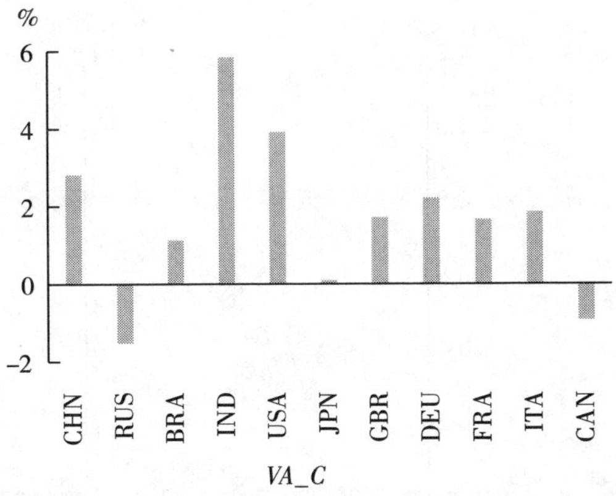

图 4 – 21　2012—2017 年各类增加值占比变化——国家层面（续）

3. 行业层面

全球经济进入经济服务化阶段的典型表现就是服务业的增加值快速增长且逐渐超过制造业，西方发达国家的服务业增加值占比普遍达到 70% 以上。

从图 4 – 22 中可以看出，我国服务业的增加值是增长最快且总额最大的，农业无论是增长速度还是总额都是最低的。1995—2017 年，国内增加值占比在三大行业中都表现出明显的阶段特性（见图 4 – 23）：金融危机前普遍呈下降趋势，金融危机后都开始增加，尤以制造业增加最为明显；与此同时，与全球经济相关的无论是传统贸易还是全球价值链活动都在金融危机中受到重创，这进一步表明金融危机后我国国内生产活动成为经济复苏的主要动力，金融危机对我国参与全球经济活动造成了重要影响。

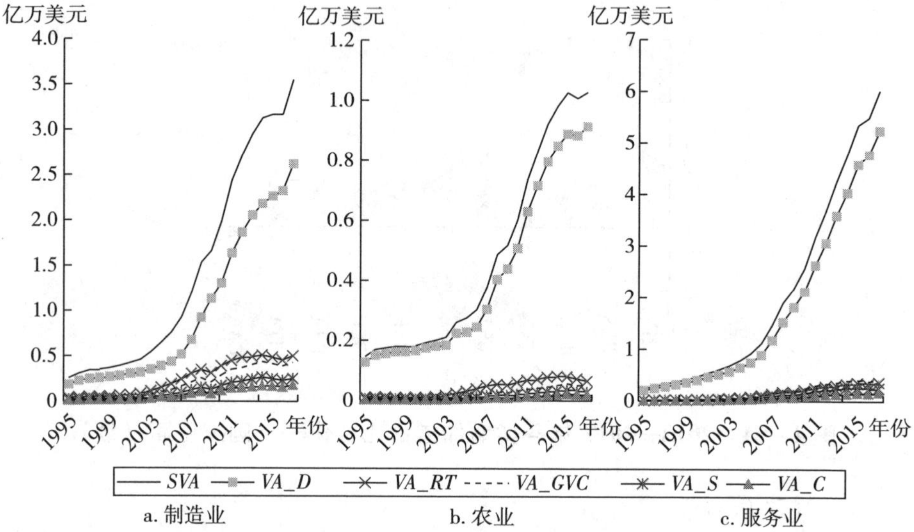

图 4－22　1995—2017 年各类活动创造的增加值——行业层面

资料来源：UIBE 数据库，经笔者计算得来。

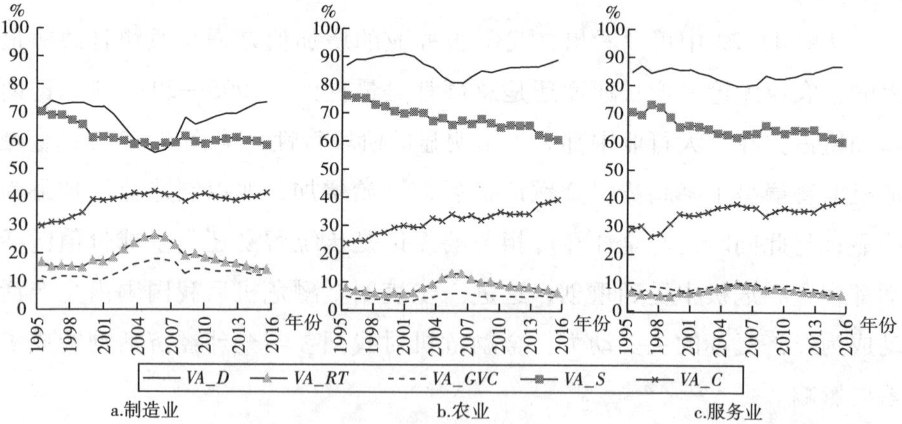

图 4－23　1995—2017 年各类增加值占总增加值比例变化——行业层面

资料来源：UIBE 数据库，经笔者计算得来。

（二）我国参与全球价值链的程度

衡量全球价值链参与国在全球价值链中的参与度，一方面可以刻画国家参与全球价值链的程度；另一方面可以找出我国参与全球价值链的相对优势与劣势，为我国在全球价值链上升级寻找路径。

1. 国家层面

我国通过加工贸易参与国际分工的方式决定了我国参与全球价值链的方式与位置——通过进口中间品进行加工再出口嵌入全球价值链的低端，这也意味着我国在全球价值链上的前向参与度肯定要小于后向参与度。

通过对我国参与全球价值链的程度进行计算，可以得出 1995—2017 年我国全球价值链参与度（前后向）的变化趋势（见图 4 - 24）。1995—2017 年，我国在全球价值链上的前向参与度均值为 9.7%，后向参与度均值为 12.2%，可见后向参与度要高于前向参与度，印证了我国主要通过后端嵌入全球价值链的方式以及我国主要依靠加工贸易参与全球价值链分工的事实。

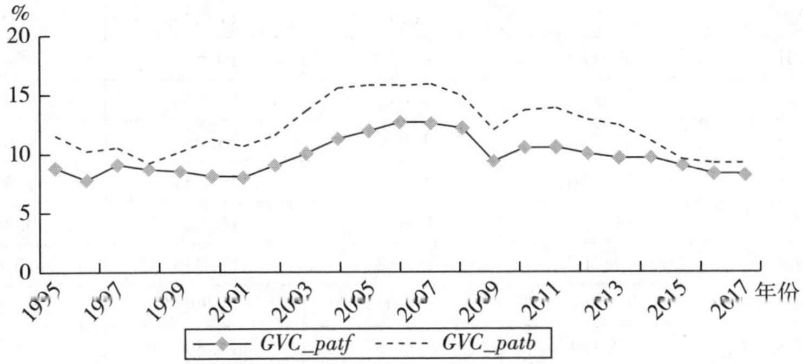

图 4 - 24 1995—2017 年我国全球价值链参与度（前后向）

资料来源：UIBE 数据库，经笔者计算得来。

从历年变化量来看，从 2002 年开始我国参与全球价值链程度有了一个正的增加阶段，即 2001—2006 年我国在全球价值链上的参与度基本上是增加的，2001 年之前和 2006 年之后则在增减中波动不停，又以减少居多。2001 年我国加入 WTO 极大地促进了我国融入全球价值链的程度。

图 4 - 25 显示了 1995—2017 年我国简单与复杂全球价值链前后向参与度。表 4 - 6 显示了 1995—2017 年我国在全球价值链上的参与度。

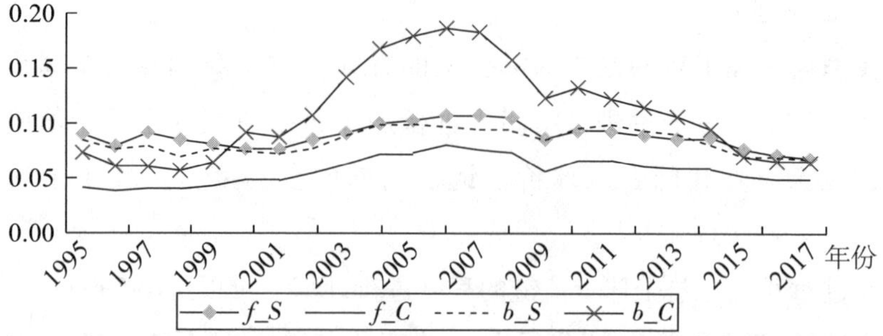

图 4-25　1995—2017 年我国简单与复杂全球价值链前后向参与度

资料来源：UIBE 数据库，经笔者计算得来。

表 4-6　1995—2017 年我国在全球价值链上的参与度

年份	*GVC_patf*	年增加值	*GVC_patb*	年增加值
1995	8.797	—	11.552	—
2000	8.103	-0.408	11.244	1.041
2001	8.002	-0.101	10.662	-0.582
2002	9.021	1.019	11.574	0.912
2003	10.048	1.026	13.651	2.076
2004	11.260	1.212	15.557	1.907
2005	11.934	0.674	15.803	0.246
2006	12.667	0.733	15.745	-0.058
2007	12.568	-0.099	15.903	0.158
2008	12.161	-0.407	14.892	-1.011
2009	9.367	-2.794	12.028	-2.864
2010	10.511	1.145	13.677	1.649
2011	10.563	0.051	13.867	0.190
2012	10.020	-0.543	12.887	-0.980
2013	9.653	-0.367	12.420	-0.467
2014	9.703	0.050	11.089	-1.331
2015	8.991	-0.712	9.537	-1.552
2016	8.301	-0.69	9.218	-0.319
2017	8.179	-0.122	9.083	-0.135

资料来源：UIBE 数据库，经笔者计算得来。

对比我国与金砖四国的另外三国的参与度，中国和印度的情况更为相像——后向参与度普遍高于前向参与度，而俄罗斯无论从相对位置还是参与度的数值大小来说，都远远高于我国，即俄罗斯不仅更为深入地融入全球价值链，且主要在高端环节嵌入，这主要是因为俄罗斯是较大的能源出口国，而能源主要处于上游环节。而金融危机之后全球价值链活动的缩减则在三个国家中都有所体现。

虽然从数值大小来看，我国的前向参与度普遍高于美国和日本，但是从相对位置来看，美国和日本在全球价值链中的位置要高于我国。造成我国前向参与度高于美国和日本的一个主要原因是我国出口总量在 GDP 中所占的份额要远远大于美国和日本，从而表现出我国在全球价值链上的参与程度要高于这两个国家。但是我国主要进口发达国家的中间产品在国内进行加工再出口，决定了我国的后向参与度高于美国和日本的程度比前向参与度更大，即剔除体量因素后，我国的相对位置要低得多。①

金融危机后的全球价值链活动的缩减趋势在发达国家中并不普遍存在，2012 年后日本、英国和德国的全球价值链活动仍然在持续扩张，金融危机对发达国家的全球业务造成的冲击相对来说比发展中国家要小得多。从全球价值链参与度的波动幅度来看，金砖四国无论是前向参与度还是后向参与度都比 G7 国家的波动幅度要大，这更加印证了发达国家主导全球价值链而发展中国家处于跟随者地位的事实（见图 4－26、图 4－27）。

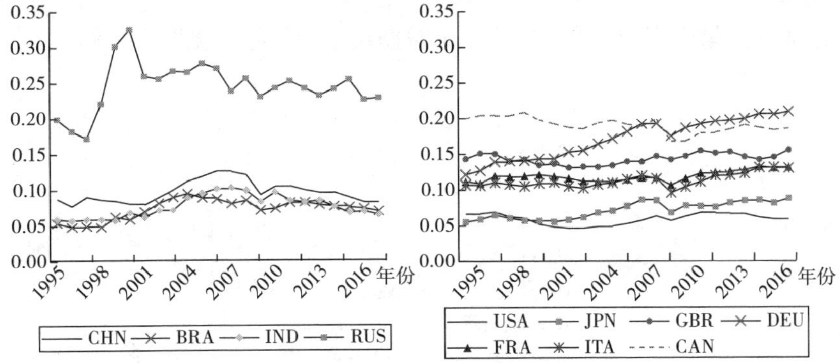

图 4－26　1995—2016 年全球价值链前向参与度——国家层面

资料来源：UIBE 数据库，经笔者计算得来。

① Zhi Wang, Shang－Jin Wei, Xinding Yu and Kunfu Zhu. Characterizing Global Value Chains: Production Length and Upstreamness[R]. NBER Working Paper 23261, 2017a.

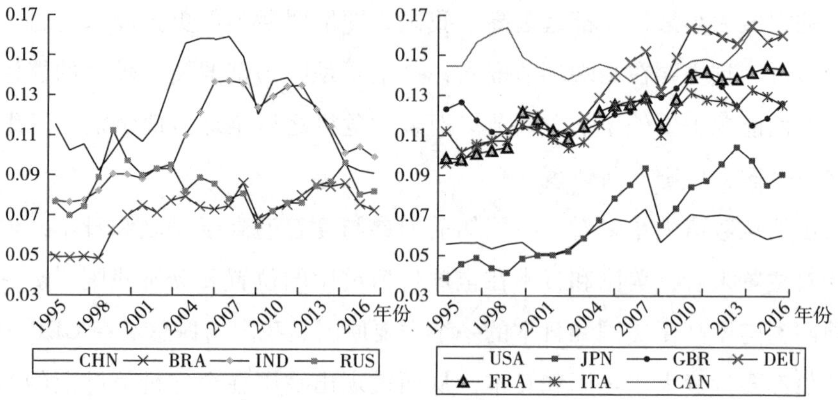

图 4-27 1995—2016 年全球价值链后向参与度——国家层面

资料来源：UIBE 数据库，经笔者计算得来。

2. 行业层面

从数值大小来看，我国制造业的全球价值链参与度要高于服务业和农业，这符合我国世界制造业大国的事实。而制造业中复杂全球价值链活动的后向参与度高于前向参与度，更符合我国参与全球价值链的现状。服务业的前向参与度稍高于后向参与度，一方面表明我国紧紧抓住了经济服务化的发展趋势，服务业得到长足发展；另一方面也反映了服务业更高的附加值特性。三个行业中，制造业既拥有最高的后向参与度，也拥有最高的前向参与度，表明制造业既大量生产中间产品，也在大量使用中间产品（见图 4-28）。

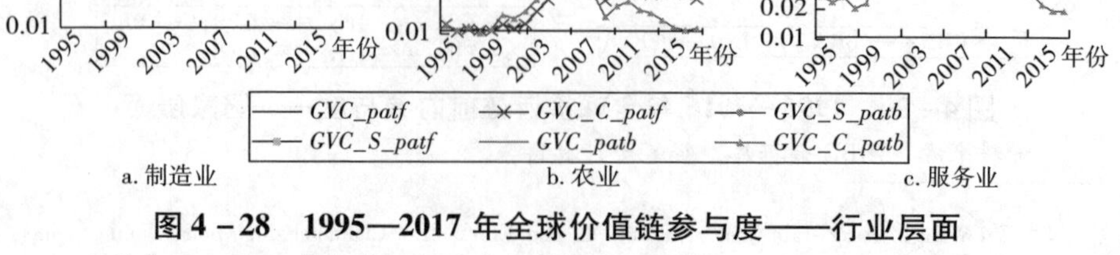

a. 制造业　　b. 农业　　c. 服务业

图 4-28 1995—2017 年全球价值链参与度——行业层面

资料来源：UIBE 数据库，经笔者计算得来。

（三）我国参与全球价值链活动的生产长度

随着全球化的加快推进、中间品贸易的蓬勃发展，产品跨越国界已不仅仅只是传统李嘉图贸易（如用法国啤酒交换英国衣服）下的物物交换，更多的中间产品从一个国家生产出后参与到另一个国家的生产中，甚至经过再加工后又参与到第三、第四等更多的国家产品生产中。一个产品不只是单纯地在国内生产并被消费，还会作为最终品出口被他国消费或作为中间产品出口用到他国的最终产品生产中，由此产生了国际贸易以及生产的跨境共享。在生产的跨境共享中，生产过程被划分为更为精细的生产阶段，由此一个国家创造的价值增值需要经过多少步才能到达最后使用者手中（前向关联），或者该国最终产品在上游生产过程中经历了多少阶段（后向关联），可以通过生产过程中的阶段数量（生产长度）来衡量。如果一个国家在某一生产阶段上参与到全球价值链中，那么可以得知，在该阶段之前发生的阶段数量越少，则该国越处于价值链上游位置；相反，在该阶段之后发生的生产阶段越少，则该国在全球价值链上所处的位置越靠近下游。

1. 国家层面生产长度及分解

根据各类生产活动的性质与生产链长的定义，复杂全球价值链活动涉及的跨境次数最多、生产阶段以及参与者最多，从而生产链长最长，可在图 4－29 中得到验证。我国复杂全球价值链生产链长在 2004 年以后开始上升，在各类生产活动中变化幅度最大（见图 4－30）。从全球价值链内部来看，简单全球价值链生产链长变化小于复杂全球价值链，但是从近几年的总变化来看，跨境后生产链长都变短了，即在全球价值链生产链长变长的同时，跨境后的生产阶段数却在减少，与此同时，跨境前的生产链长大幅度增加，即我国国内的生产阶段进一步增加，国内分工更加细化。

跨境后生产链长变短的主要原因在于发达国家的内部生产链长变短，而这又源于发达国家更多的生产外包。从表 4－7 中可以看出，发达国家的国内生产链长（PL_D）变化量大多为负，而同时金砖四国的国内生产链长变化量则都为正，即金砖国家国内分工逐渐深化，而发达国家更倾向于

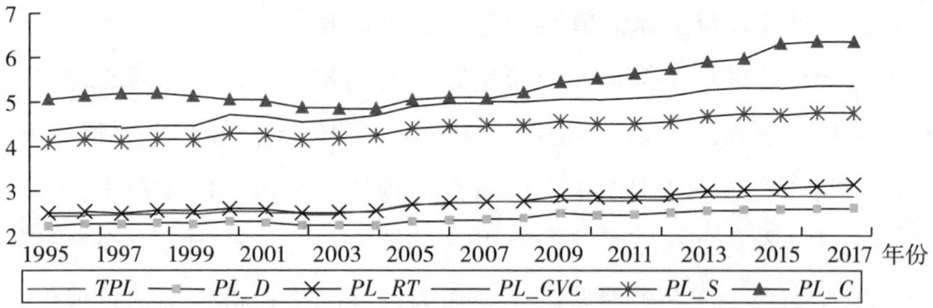

图 4-29　1995—2017 年各类增加值活动的生产链长

资料来源：UIBE 数据库，经笔者计算得来。

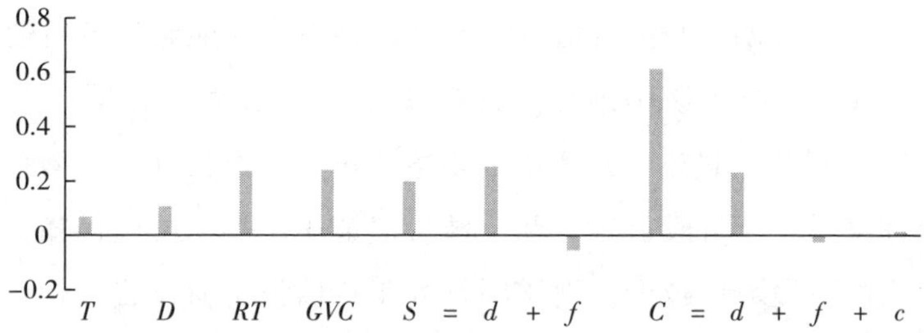

图 4-30　2012—2017 年各类增加值活动的生产链长变化

资料来源：UIBE 数据库，经笔者计算得来。

将生产活动外包至全球生产网络中。

另一个典型变化是传统贸易的生产链长在发达国家中也呈现出变短的趋势，而在金砖四国中的变化量都是正的。跨境后生产阶段的减少体现在大部分国家中，而跨境前生产阶段的减少则主要体现在发达国家中。由以上可知，发达国家利用跨境生产共享将国内更多的生产过程外包至发展中国家，造成国内生产阶段的减少，更短的国内生产链长导致了发达国家总的生产链长以及全球价值链生产链长的缩短。

以生产为目的的跨境次数变动很小，主要原因在于世界范围内的生产分工基本定型，发达国家占据研发、品牌等环节，发展中国家承担制造环节的主要阶段，且集中在主要的几个制造业发展国，中间产品多从发达国家出口到制造业国家，经过加工生产最终产品，最后返回至发达国家。全球生产格局在短期发生较大变化的可能性较小，较小的变化基本上不能影响到全局。

表 4－7　2012—2017 年部分国家的生产长度变化情况

国家	*TPL*	*PL_D*	*PL_RT*	*PL_GVC*	*PL_S*	*PL_S_d*	*PL_S_f*	*PL_C*	*PL_C_d*	*PL_C_f*	*PL_C_c*
巴西	－0. 007	0. 016	0. 176	0. 125	0. 124	0. 165	－0. 041	0. 174	0. 183	－0. 109	0. 101
印度	－0. 026	0. 012	0. 086	0. 111	0. 096	0. 131	－0. 035	0. 114	0. 136	－0. 040	0. 018
俄罗斯	0. 054	0. 052	0. 138	0. 215	0. 178	0. 130	0. 048	0. 339	0. 139	－0. 132	0. 332
美国	－0. 031	－0. 010	－0. 027	－0. 017	－0. 036	－0. 034	－0. 002	－0. 062	－0. 032	－0. 041	0. 012
日本	－0. 016	－0. 056	－0. 073	0. 034	0. 057	－0. 029	0. 086	0. 027	－0. 046	0. 003	0. 070
英国	－0. 004	－0. 028	0. 035	0. 069	0. 053	0. 034	0. 019	0. 071	0. 053	－0. 054	0. 073
德国	－0. 011	－0. 040	－0. 061	－0. 014	－0. 020	－0. 036	0. 016	－0. 040	－0. 036	－0. 028	0. 023
法国	－0. 033	－0. 046	－0. 052	－0. 058	－0. 063	－0. 060	－0. 004	－0. 070	－0. 057	－0. 059	0. 046
意大利	－0. 005	－0. 021	－0. 069	－0. 048	－0. 056	－0. 043	－0. 013	－0. 064	－0. 047	－0. 072	0. 055
加拿大	0. 063	0. 051	0. 092	0. 036	0. 039	0. 050	－0. 012	0. 105	0. 053	－0. 120	0. 172

资料来源：UIBE 数据库，经笔者计算得来。

我国作为世界工厂、制造业大国、全球最大的经济体，更多的生产阶段发生在国内，从而在金砖四国中以及与 G7 国家相比，我国拥有最长的生产链长，即最长的国内生产链长和最长的全球价值链生产链长（见表 4－8）。

表 4－8　2017 年部分国家生产长度

国家	*TPL*	*PL_D*	*PL_RT*	*PL_GVC*	*PL_S*	*PL_C*
中国	2. 893	2. 624	3. 146	5. 378	4. 760	6. 354
巴西	1. 821	1. 609	2. 115	4. 417	3. 955	5. 320
印度	1. 803	1. 621	1. 813	4. 238	3. 662	5. 155
俄罗斯	2. 462	1. 798	2. 034	4. 676	3. 994	5. 545
美国	1. 742	1. 596	1. 790	4. 073	3. 538	4. 829
日本	1. 853	1. 568	2. 083	4. 611	4. 064	5. 415
英国	1. 909	1. 518	1. 732	4. 047	3. 430	4. 853
德国	2. 054	1. 513	1. 741	4. 057	3. 525	4. 674
法国	1. 841	1. 489	1. 824	4. 067	3. 509	4. 760
意大利	2. 000	1. 631	2. 060	4. 266	3. 718	4. 892
加拿大	2. 050	1. 622	1. 892	3. 933	3. 568	5. 063

资料来源：UIBE 数据库，经笔者计算得来。

2. 行业大类层面生产链总长及分解

随着服务业的快速发展，服务业的开放度越来越高，也越来越多地参与到全球价值链中来。在我国更高水平的开放环境下，我国服务业的全球价值链参与度得到提升，与此同时，服务业的生产链长延长。跨境前国内生产阶段的增加是造成全球价值链生产链长延长的主要原因，这体现在制造业和服务业中，而农业的复杂全球价值链却有所缩减，无论是以生产为目的的跨境次数还是跨境前后的生产链长，2012—2017 年的总变化都为负（见图 4 - 31）。

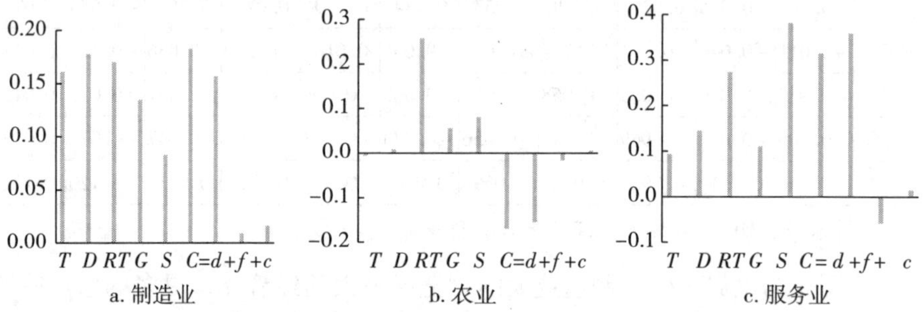

图 4 - 31　2012—2017 年各类增加值活动的生产链长总变化①

资料来源：UIBE 数据库，经笔者计算得来。

（四）我国在全球价值链中所处位置

在全球生产网络中，一个国家的前向关联越长，则该国家越处于相对上游；相反，后向关联越长，越处于相对下游。综合生产网络中的前后向关联可得出：一个国家在全球生产中的相对位置可以从一个方面反映出一个国家在全球价值链分工中所处地位。

1. 国家层面 GVC 位置

表 4 - 9、图 4 - 32 显示，我国的生产位置要高于全球价值链位置，从排名来看，生产位置处于中下游，而全球价值链位置则多数年份都是最后一名（就考察的 40 个国家和地区来说），两者存在较大区别的主要原因在于，生

① *T* 即 *TPL*（总链长），*D* 即 *PL_D*（国内链长），*RT* 即传统贸易链长，*G* 即 *GVC_PL*（全球价值链生产链长），*S* 即 *GVC_S_PL*（简单全球价值链生产链长），*C* 即 *GVC_C_PL*（复杂全球价值链生产链长），*d* 即 *GVC_C_PL_d*（复杂全球价值链活动中跨境前链长），*f* 即 *GVC_C_PL_f*（复杂全球价值链活动中跨境后链长），*c* 即 *GVC_C_PL_c*（复杂全球价值链活动中跨境次数）。

产位置综合衡量了一个国家的生产活动，包括纯粹的国内生产活动和传统贸易活动，而这两种生产活动并不涉及以生产为目的的跨境活动，而全球价值链位置指数则只关注全球价值链生产活动，即只关注跨境生产共享活动。表 4－10则为 2017 年全球 63 个国家和地区全球价值链位置指数。

较低的全球价值链位置反映了我国较低的增加值创造能力以及较低的嵌入位置，而考察期内 20 多年我国全球价值链位置的变化幅度同我国在世界经济中的参与度是不匹配的，更反映出了我国所面临的低端锁定的风险。加入全球价值链所获得的分工收益与对产业升级的促进作用，以及对国内经济的带动作用等积极方向的效应并不会在短时间内显现出来，再反馈到全球价值链地位上更是一个曲折缓慢的过程，而加入全球价值链导致的对进口高附加值中间产品的依赖、对国内廉价生产要素的过度使用、对嵌入路径的惯性依赖等消极影响则直接反映在了全球价值链位置上。

全球价值链位置在 20 多年来的低端锁定主要根源于我国嵌入全球价值链的方式。以加工组装的环节被动嵌入从一开始就决定了我国在全球价值链上的升级必然面临重重阻碍。

表 4－9　1995—2017 年我国生产位置总指数以及全球价值链位置指数值

年份	1995	1996	1997	1998	1999	2000	2001	2002
总指数	0.964	0.968	0.975	0.985	0.975	0.961	0.965	0.964
GVC	0.941	0.944	0.934	0.940	0.946	0.950	0.946	0.941
年份	2003	2004	2005	2006	2007	2008	2009	2010
总指数	0.954	0.948	0.951	0.959	0.959	0.963	0.963	0.955
GVC	0.944	0.953	0.948	0.953	0.959	0.953	0.939	0.933
年份	2011	2012	2013	2014	2015	2016	2017	
总指数	0.952	0.957	0.960	0.976	0.986	0.984	0.984	
GVC	0.928	0.925	0.935	0.945	0.951	0.957	0.954	

资料来源：UIBE 数据库，经笔者计算得来。

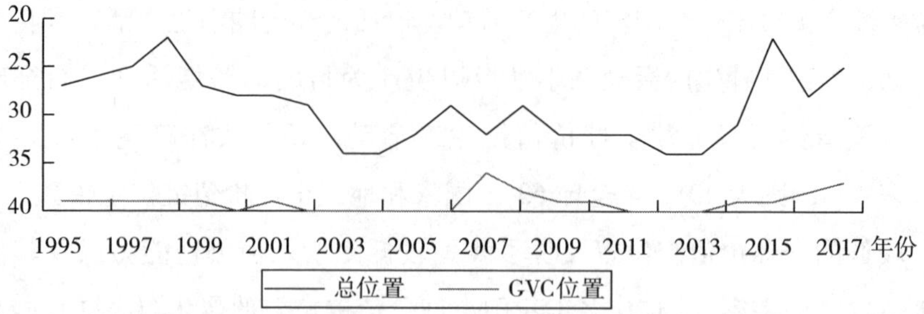

图 4-32　1995—2017 年我国生产位置以及全球价值链位置排名变化①

资料来源：UIBE 数据库，经笔者计算得来。

表 4-10　2017 年全球 63 个国家和地区全球价值链位置指数

国家/地区	*GVC_PS*	国家/地区	*GVC_PS*	国家/地区	*GVC_PS*
希腊	1.170	德国	1.008	印度	0.961
摩纳哥	1.161	巴西	1.005	匈牙利	0.959
卢森堡	1.112	丹麦	1.004	罗马尼亚	0.958
文莱	1.111	挪威	1.004	丹麦	0.958
其他	1.093	马耳他	1.001	中国	0.954
爱尔兰	1.074	荷兰	0.997	加拿大	0.953
哈萨克斯坦	1.061	塞浦路斯	0.992	美国	0.952
俄罗斯	1.056	意大利	0.989	泰国	0.950
芬兰	1.047	西班牙	0.987	波兰	0.950
澳大利亚	1.044	英国	0.987	斯洛伐克	0.947
瑞典	1.037	立陶宛	0.986	孟加拉国	0.944
马尔代夫	1.029	葡萄牙	0.985	菲律宾	0.942
中国香港	1.027	保加利亚	0.984	新加坡	0.909
日本	1.026	斯洛文尼亚	0.983	巴基斯坦	0.908
奥地利	1.026	瑞士	0.982	不丹	0.903
克罗地亚	1.020	土耳其	0.981	斐济	0.882
比利时	1.017	印度尼西亚	0.981	越南	0.882
法国	1.013	吉尔吉斯斯坦	0.980	柬埔寨	0.866

① 根据 WIOD2011 发布的 41 个国家和地区，对照 WIOD2016 包含的 44 个国家和地区，以及 ADB2018 包含的 63 个国家和地区，以 WIOD2011 为参照，将所有数据结果调整为 40 个国家和地区，进而得到中国的排名。

续表

国家/地区	GVC_PS	国家/地区	GVC_PS	国家/地区	GVC_PS
马来西亚	1.013	墨西哥	0.976	斯里兰卡	0.846
爱沙尼亚	1.011	韩国	0.976	尼泊尔	0.845
拉脱维亚	1.008	中国台湾	0.966	老挝	0.795

资料来源：UIBE 数据库，经笔者计算得来。

2. 分行业的 GVC 位置

分行业来看，我国制造业的总体位置和全球价值链位置相对来说都要低于农业和服务业，尤其是农业的总体生产位置要高出很多且变化幅度很大，反映出我国农业国内生产活动的增值能力的提升。制造业的位置偏低是造成我国在全球价值链上位置偏低的主要原因。而制造业的整体生产位置同全球价值链位置之间的差异不是很大，反映出了我国国内制造业的增值能力也不是很好，更多依赖于富有国外增加值的中间产品，或者受制于他国的原材料与技术。服务业的不可贸易性随着经济全球化得到改变，服务越来越多地渗透到其他行业中，作为其他行业中间产品的附加值而出口，从而具有较高的全球价值链地位。

从行业的全球价值链表现来看，制约我国全球价值链位置提升的瓶颈主要在制造业上，基于我国世界工厂的全球定位，未来要通过制造业的提升来实现我国在全球价值链上的升级面临巨大困难（见图 4－33）。

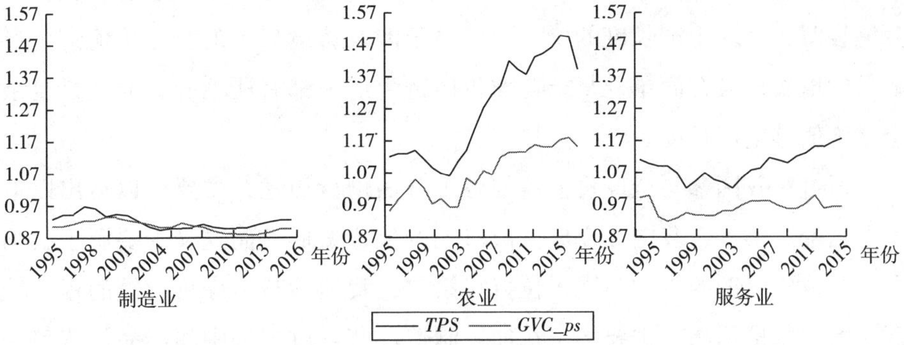

图 4－33　1995—2017 年我国三大产业的生产位置指数

资料来源：UIBE 数据库，经笔者计算得来。

第三节 本章小结

基于价值分解模型，将国家及部门层面的GDP分解为全球价值链活动和非全球价值链活动，可以得到：

世界层面各种生产活动的增加值是逐年增长的，但是不同生产活动的增加值年增长率存在较大差异，全球价值链生产活动的增加值整体来说增长最快，其中复杂全球价值链活动增长更快，更能推动全球价值链生产活动的扩张。复杂全球价值链生产活动是1995—2000年以及2000—2008年全球化与全球GDP增长的最重要推动力。受国际金融危机影响，各类生产活动增加值在2009年出现了骤降，其中全球价值链生产活动所受影响最大，尤其是复杂价值链中的跨境生产活动，而纯国内生产活动所受影响最小，显现出危机冲击下全球产业链的共生性与脆弱性。不同于其他生产活动的份额下降，国内生产活动开始逆势上升，世界生产格局发生重大变化，可见金融危机对世界经济产生了结构性影响。

2012—2017年，与复杂全球价值链相关的跨境生产活动不断减少。其原因有三：首先，随着新兴经济体（尤其是中国）的产业升级，加工贸易减少；其次，由于金融危机后经济复苏缓慢，贸易保护主义抬头；最后，技术革新使得部分类型的制造业工作重新回到源头国家。生产过程的分解导致的生产的分节化现象并不是存在于所有的生产过程中，总生产长度的分解表明，全球生产长度的增加主要源于涉及跨境分工的全球价值链生产链条的增长，且在简单及复杂全球价值链生产中都有所增长，尤其是复杂全球价值链生产长度。

通过对我国参与全球价值链的各个方面进行描述，主要可以得出以下六点结论。第一，我国在全球价值链上的位置偏低，而这又主要源于我国参与全球价值链的方式与嵌入位置。第二，我国参与全球价值链的程度较深，但是质量不高，主要集中在加工制造环节，对国外中间产品的依赖较大，但是这一现象正在改善。第三，受金融危机的影响，我国参与全球价值链的进程有所减缓，同时国内生产活动成为经济复苏的主要动力。第四，作为被动参与全球价值链的跟随者，我国参与发达国家主导的全球价值链面临更大的风险。第五，固化于我国世界工厂的定位，我国参与全球价值链面临低端锁定的风险。要寻求全球价值链地位的攀升，行业制约在制造业，突破口在服务业，而改变参与方式（加工制造）的依赖是最简单的途径。第六，全球生产结构的变化与以下因素有关：全球金融危机爆发后，全球范围内的贸易保护主义有所抬头；中国等主要新兴经济体正在逐渐用国产中间产品替代进口品，随着新兴经济体国内劳动分工的加深，更多的中间品由本国制造，导致其国内价值链增长；由于主要新兴经济体在全球价值链中的升级，跨境生产共享活动可能减少；技术创新和回流也使得美国、日本等主要发达经济体的国内分工不断深化。

但是，仍然要看到，由于官方统计数据总是落后于现实世界经济的发展，因此在解释以上分析结果时要十分谨慎。例如，新经济的许多方面在目前的国民收入核算体系下不容易被测量，如跨国 B2B 电子商务。因此，我们的分析可能会低估实际的跨境生产共享活动。然而，从数据中总结出的全球生产结构变化的典型事实与世界经济中的现实因素是一致的：金融危机的爆发、新兴经济体的兴起以及发达国家的逆全球化。①

① 杜大伟，若泽·吉勒尔梅·莱斯，王直. 全球价值链发展报告 2017[M]. 北京：中国社会科学出版社，2018：80.

第五章　OFDI影响母国GVC地位的理论分析

全球价值链从形成到深化发展，已经成为促进发达国家和新兴经济体经济发展的重要力量，价值链贸易的不断发展改变了经济体从贸易中获益的方式，拥有跨国分节化价值链的纵向一体化跨国公司不断发展，推动生产要素不断跨境流动，进而促进全球价值链的升级和跨国延伸。全球价值链分工模式下一个重要的特点是比较优势的去国别化，这使得国家有可能通过加入全球价值链而不是创造自己的价值链来进行工业化。[①] 因此，学界普遍认为发展中国家可以将加入全球价值链作为核心战略，以提高自身竞争力，提高劳动力的技能和人力资本水平，获取实现工业化和进入高附加值产业的技术。[②] 全球价值链为发展中国家提供了进入全球生产活动、融入世界经济的新的方式与途径。在经济全球化的背景下，全球价值链分工的格局为：发达国家凭借其在各领域关键技术的突破和雄厚的资本，在高端装备的技术研发与储备上远远领先于发展中国家，因此承担着高附加值的国际分工，即处于微笑曲线的上下游；与此同时，发展中国家因其较弱的发展基础和资本积累能力而受制于发达国家的技术垄断，其产品的附加值远低于发达国家，处于微笑曲线的中游价值洼地。

全球价值链地位升级表现在微笑曲线上就是微笑曲线的位置变化，包

① Baldwin R, Lopez – Gonzalez J. Supply – Chain trade: A portrait of global patterns and several testable hypotheses [J]. The World Economy, 2015, 29(1): 65 – 83.

② 杜大伟，若泽・吉勒尔梅・莱斯，王直. 全球价值链发展报告2017[M]. 北京：社会科学出版社，2018.

括曲线形态变化和曲线上的位置变化。本章首先结合微笑曲线理论，建立新的、动态的微笑曲线，在微笑曲线理论框架下分析全球价值链地位升级可能存在的方式；然后在全球价值链地位升级的视角下研究对外直接投资，分析对外直接投资如何改变全球价值链地位；在此基础上归纳对外直接投资影响全球价值链地位升级的主要路径，并梳理出不同路径的间接效应下全球价值链地位升级的方式；最后在前两节的理论基础上提出本书的理论假说，根据理论假说，借鉴西方学者已有的模型，参考国内已有研究的做法，构建国际生产共享的全球价值链模型，以支撑本书的假说。至此，建立对外直接投资影响全球价值链地位升级的完整理论分析框架。

第一节 OFDI 促进 GVC 地位升级的方式分析

作为参与全球价值链的主要方式之一，对外直接投资影响着全球价值链的形成与改变。一是对外直接投资促进了全球价值链的形成，通过资金流带动要素流、资源流与贸易流，促进国际分工深化，加深各国之间的经济联系，促进价值链由内部价值链到外部价值链，由区域价值链到区间价值链，最后到全球价值链的形成与转变，最后形成全球价值链网络。二是加快了全球价值链的发展，各国通过对外直接投资参与到全球生产网络中——发达国家利用发展中国家廉价生产要素促进了中间产品以生产为目的的跨境流通，发展中国家学习追赶发达国家促进了资本以技术、资源获取为目的跨境流通，加快了以产品生产跨境共享、中间产品跨境流转为主要特征的全球价值链的深化发展。三是影响着全球价值链的改变，越来越多的发展中国家通过对外直接投资主动融入全球价值链中，影响着全球价值链，为全球价值链的发展带来更多的可能，或者通过对区域内经济体进行投资构建区域价值链，并不断进行深化，促进发展中国家区域价值链向全球价值链转变，改变目前全球价值链被发达国家主导的局面。

一、全球价值链地位升级方式

全球价值链地位是一国国力在国际分工中的综合体现，1995—2017 年我国在全球价值链中所处位置并没有大的提升，但是我国的国际竞争力已不可同日而语，并逐渐确立了世界大国的地位，从落后的发展中国家发展成为新兴经济体中的重要成员。可见，全球价值链地位升级同全球价值链位置提升不是一个概念，全球价值链地位本质上意味着对价值链的治理与管控能力、对价值链上的价值进行创造与分配的能力，以及对风险的控制与抵抗能力。而在新的发展时代，新兴技术不断兴起，1992 年被提出的微笑曲线理论也出现了新的形态与发展可能，而同附加值理论相结合分析的全球价值链地位升级也面临新的方式。

（一）新微笑曲线

1. 传统微笑曲线的不足

一些学者认为，微笑曲线理论过于强调向研发设计和品牌服务两端转型升级，忽视了生产制造环节对企业转型升级的重要作用。对偶微笑曲线模型表明通过生产制造环节的能力提升、投入和消耗的降低同样能够促进企业升级。[①] 在微笑曲线上加入经济创造力，将其变成三维图后发现，微笑曲线低端截面很大，而上、下游高端截面很小，据此可以认为无论处于高端还是低端都能够实现升级。[②] 随着以智能制造为代表的新生产方式的产生，微笑曲线理论已经不再适用，[③] 微笑曲线既无法解释如何满足个性化需求，又无法解释智能制造时代高附加值在新价值链的何处。[④] 随着新一代信息技术的广泛应用，原有供需模式发生改变，新的商业模式逐渐兴起，在这一进程中，全球价值链呈现出“微笑曲线”与“彩虹曲线”并存的“双曲线”特征。[⑤]

（1）工业 4.0 时代，智能制造将改变微笑曲线的形态，经济转型将不

---

① 毛蕴诗，熊炼．企业低碳运作与引入成本降低的对偶微笑曲线模型：基于广州互太和台湾纺织业的研究[J]．中山大学学报（社会科学版），2011（4）：202－209.

② 裴长洪，郑文．国家特定优势：国际投资理论的补充解释[J]．经济研究，2011（11）：21－35.

③ 孙德升，刘峰，陈志．中国制造业转型升级与新微笑曲线理论[J]．科技进步与对策，2017（15）：49－54.

④ 魏志强．从微笑曲线到穹顶弧线[J]．装备制造，2014（12）：18－21.

⑤ 肖新艳．全球价值链呈现“双曲线”特征：“微笑曲线”和“彩虹曲线”[J]．国际贸易，2015（8）：38－40.

再局限于向两端攀升。传统微笑曲线理论将产品价值链根据附加值的大小划分为三大环节，即两端的附加值高地与中间的附加值洼地，从而形成一个“U”形曲线。而在工业 4.0 时代，设计、研发、生产、消费等各个环节都发生了颠覆性变化，造成了价值的创造和分配模式的改变，传统“U”形微笑曲线不再适用。

首先是生产制造环节。在新的科技革命下，即便是简单的加工组装环节也存在升值的可能性。一是随着“互联网 +”、物联网等新一代信息技术的产生与应用，智能制造促使产品的生产方式发生了颠覆性的变化，新的供需模式、商业模式、生产模式、经营模式都随之发生变化，个性化定制、柔性生产成为主流。传统的大规模标准化生产创造的新价值空间有限，企业利润有限，而个性化、差异化需求衍生的个性化定制既能比传统标准化生产更加契合消费者的需求，也能够产生更大的升值空间，价值创造存在无限可能。同时，柔性生产将降低生产环节的可替代性，传统的中央控制大规模标准化生产模式逐渐被分散式控制规模定制生产模式取代，制造环节的附加价值大大提高。二是产业边界不断融合，“制造业 + 服务业”产生的生产性服务业使生产环节的价值不再仅仅体现在生产上，而更多内含在无形的服务中。产业服务化导致产业链各个环节之间的界限消失，进而带来价值创造与分配的变革。三是制造能力提升带来的成本降低同样是提升附加值的重要途径。2004 年日本学者通过对日本的制造业进行调查研究，发现日本制造业的业务流程中，组装、制造阶段的流程有较高的利润，而零件、材料以及销售、服务的利润反而较低，这同传统微笑曲线相反，进而提出了“武藏曲线”。“武藏曲线”的存在表明通过流程创新提高产品质量和降低成本，以提高生产效率和效益，同样是一种产业链升级方式。

其次是研发与营销环节。信息时代，在“互联网 +”的介入下，由信息形成的壁垒趋于瓦解，微笑曲线正发生新的演化。基于高度互联的开放式网络平台，信息在包括顾客在内的企业内外部创新主体间得以更顺畅地流通，传统产业模式下处于高附加值区域的企业所拥有的研发信息优势将大大减少直至消失,[①] 越来越多的消费者参与到产品研发设计环节中，威客、众包等新型研发设计平台的出现，降低了由少数企业垄断的研发设计进入门槛，使产业链上研发设计环节的技术水平和相对附加值开始下降;[②] 更加便利的信息获取使得消费者与生产企业之间的信息不对称状况显著缓解，传统模式下建立在信息不对称基础上的依靠品牌本身的差异化形成的竞争优势将不复存在，信息差别形成的微笑曲线两端高、中间低的状况趋于缓解。[③]

（2）从长期来看，价值高地同样面临较高的不确定性。居于领先地位的跨国公司凭借自身优势占据价值链的重要环节，不仅通过全球价值链治理获取本产业大部分利润，还能决定利润在全球价值链各环节的分配。[④] 较高的附加价值在很大程度上意味着较高的利润水平，价值的分配基本上决定了利润的分配，而利润的多寡又决定了价值链上企业的存亡。基于传统“微笑曲线”的三大环节划分来看，首先，研发代表的环节具有高投入、高回报的特性，意味着高风险，研发的长期高投入与高风险使得该类型的企业面临较大的不确定性；同时，技术的模仿与创新、信息时代信息壁垒的降低也在一定程度上瓦解了研发的高回报特性。其次，生产环节的技术标准化意味着低回报以及低风险，处于产业链中游的大型企业已经具备规模经济优势，能够在长期保持低利润式的稳健发展。最后，在营销环节，同样因为顾客群体的不稳定性以及信息的无障碍流动，品牌优势降低，个性化定制下小品牌企业的转换更加灵活，更能适应消费市场。因此，从长期来看，传统微笑曲线两端的价值高地不确定性更大，极端情况下，曲线两端环节创新的不确定性过大或两端市场竞争过度导致两端环节

---

① 卞亚斌，房茂涛，杨鹤松．“互联网 +”背景下中国制造业转型升级的微观路径：基于微笑曲线的分析[J]．东岳论丛，2019(8)：62 – 73.

② 孙德升，刘峰，陈志．中国制造业转型升级与新微笑曲线理论[J]．科技进步与对策，2017(15)：49 – 54.

③ 卞亚斌，房茂涛，杨鹤松．“互联网 +”背景下中国制造业转型升级的微观路径：基于微笑曲线的分析[J]．东岳论丛，2019(8)：62 – 73.

④ R. Kaplinsky，M. Morris. A handbook for value chain research[Z]. Prepared for the IDRC，2001：9 – 22.

的盈利无法对冲创新成本，微笑曲线有可能演变为愤怒曲线。①

2. 新动态微笑曲线

（1）从长短期角度来看，微笑曲线是动态变化的，长期微笑曲线比短期微笑曲线更加平缓。从短期静态来看，在新产品的初期，产品利润较高，技术作为专利被研发企业垄断所有权，研发投入回报较高，产业链上游企业占有较高价值。产品生产初期技术仍然不够成熟，产品生产面临的损耗率、次品率等较高会造成制造企业利润较低甚至亏损，此时产业链中游企业得到的产品价值较低。同时，产业链下游企业利润率较高，整个产业链是一条典型的“U”形曲线，且曲率较高。长期来看，随着产品逐渐成熟，专利技术被模仿甚至超越，此时研发投入回报逐渐降低，而生产阶段的技术逐渐成熟并标准化，产品逐渐成熟的过程中营销不再占据优势，消费者更加了解产品特性，此时消费更趋向理性。在这个过程中，微笑曲线逐渐变得平缓，最终体现在图 5-1 中就是由 $Y1$（短期）变为 $Y2$（长期）。

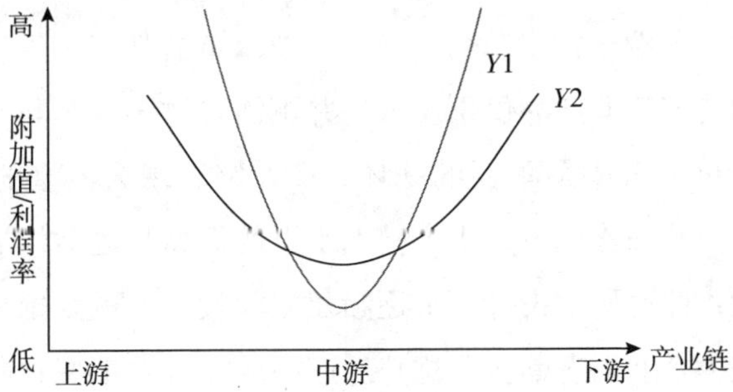

图 5-1 长短期微笑曲线

（2）从生产方式变革角度来看，微笑曲线形态随着生产方式的变革一直在发生变化。第一种情况是随着生产方式的变革，微笑曲线有逐渐扁平化的趋势，极端情况下会变为一条直线，即由图 5-2 中的 $Y1$ 趋向 $Y2$，最后趋向 $Y3$。第二种情况是微笑曲线在少数情况下会变为“武藏曲线”，即

① 陈鹏，郑翼村．“微笑曲线”理论对我国产业结构高度化的启示[J]．市场论坛，2006(11)：94-96.

随着产业链上生产制造环节的创新，价值分配出现逆转，产业链中游成为价值高地，两端沦为价值洼地，即图 5 - 2 中 Y1→Y2→Y3→Y4→Y5 的过程。第三种情况是微笑曲线同样存在陡峭化趋势，即由 Y2 变为 Y1，或者由“武藏曲线”转化为微笑曲线，即 Y5 变为 Y1。

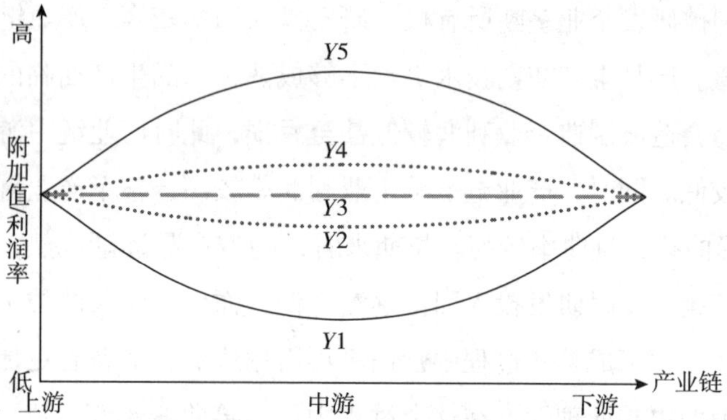

图 5 - 2　微笑曲线形态变化

生产方式变革源于技术革命，每一次技术革命都带来生产方式的颠覆性变化。初期的传统工业产品供不应求，并不需要过多营销与售后服务，此时生产成为整个价值链中最重要的一环，产业链表现为典型的“武藏曲线”。而在一次次科技革命作用下，生产技术水平的提高与逐渐标准化使得大规模生产成为可能，此时研发设计环节逐渐建立起较高的进入壁垒，专利技术逐渐被重视，成为企业的垄断竞争优势。产品的需求发生变化同样导致下游的附加价值得到提高，最后“武藏曲线”逐渐演变为典型的微笑曲线。

以人工智能为代表的第四次科技革命和即将到来的第五次科技革命，促使微笑曲线上的价值创造与分配进一步发生改变。一是智能制造促使价值分配向生产制造环节倾斜。“互联网 +”等新技术的应用使得产业链上的企业、消费者及各个利益相关方均能平等地参与价值创造、传递与分配，如研发共享、个性定制与需求能够降低上游与下游的价值，提高生产制造环节的价值水平。反映在微笑曲线上就是曲线的曲率降低，各个环节之间的价值差距逐渐缩小，表现在图 5 - 2 中就是 Y1 变 Y2。更有甚者，如 Meng 等（2017）研究发现，德国汽车工业大规模定制加工与个性设计阶段的增加值收益占据了产品总值中的较大比例，而传统的高端设计和销售功能仅占总收益的一小部分，且大多位于国外，此时生产从传统的大众化生产到基于数字技术和人工智能的规模定制与个性设计，促使微笑曲线表现为“武藏曲线”。同时，他指出这一矛盾可能正反映出当前全球价值链组织结构的演进，例如，在一些行业中出现了从消费者到制造商（C2M 定制化生产）的全新商业模式。二是价值创造模式改变，微笑曲线位置提升。新的技术革命带来的变革在促使微笑曲线趋缓的过程中也能够带来微笑曲线的进一步改变，如产业技术密集度提高改变了整个产业链的价值创造，表现在图 5－3 中就是 $b1$ 变为 $b2$，使整个微笑曲线的位置提升。三是产业融合促使各个价值链环节界限模糊甚至消失，此时严格的环节区分不复存在，各个环节相互融合，微笑曲线逐渐向一条直线演化。四是产业融合促使下游和中游相互融合，或者下游的模式变化促使微笑曲线如图 5－4 中左边图形所示由实线变为虚线，这种变化主要表现在微笑曲线的后半部分。如制造业与服务业融合，严格的制造阶段缩短，即完全意义上的加工组装环节减少，更多转变为产业链下游环节；或者产业链下游环节的差异化物流，促使物流环节的价值大幅增加，同样的阶段在新的微笑曲线上能够分配到产业链上更多的价值。同样这种情况也会发生在上游阶段，最终造成微笑曲线的中游阶段转化为上游阶段，或者上游阶段的附加价值提高，表现在图 5－4 中右边图形的前半部分。

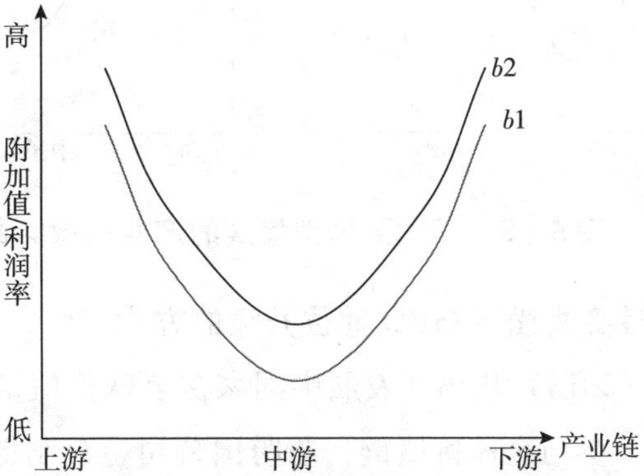

图 5－3 微笑曲线升级

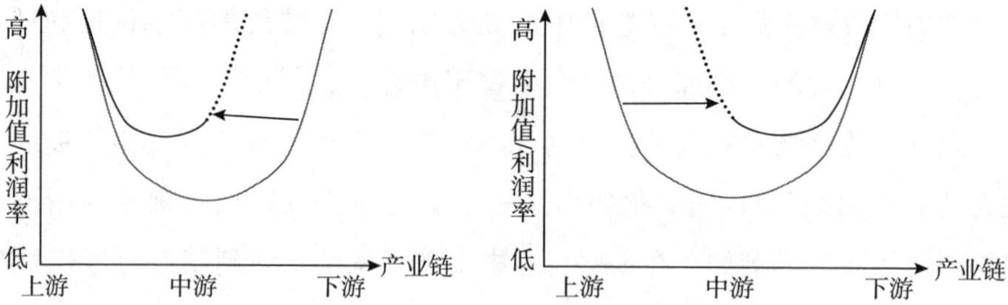

图 5－4　微笑曲线前后端升级

（3）从不同产业角度看，不同的产业要素资源密集度不同，从而应该拥有不一样的微笑曲线。一般来说，对于没有标准化的产品，如个性化定制产品、手工艺品，加工制造环节付出有效劳动较多，环节复杂，从而创造的价值也较多，即微笑曲线较为平缓，甚至个别产品表现为“武藏曲线”形式。而已经标准化的产品，生产制造环节进入门槛较低，能够创造的价值相对来说有限，微笑曲线更加陡峭。表现在图 5－5 中就是标准化程度越低，微笑曲线越平缓。*d*1、*d*2、*d*3 分别表示产品标准化程度较高、一般、较低的三类产业微笑曲线，而各个产业的微笑曲线相对位置是图 5－5 的左边形式还是右边形式需要根据具体产业具体分析。

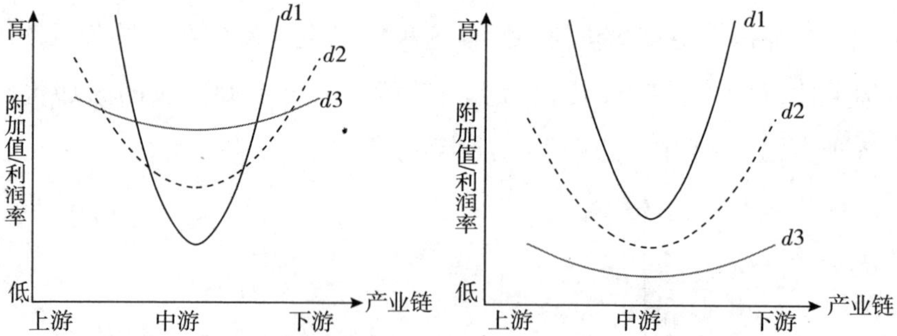

图 5－5　不同要素密集度的产业链微笑曲线

（二）新微笑曲线下 GVC 地位升级的方式

UNCTAD（2013）指出，发展中国家在全球价值链中的发展路径主要有六种：第一，参与全球价值链，与跨国公司签订制造合同，进料加工出口；第二，为全球价值链做好准备，暂时放缓全球价值链的融入速度，优先致力于提高产品在国内的附加价值，替代进口；第三，在价值链上升级，全球价值链融入度已经很高的国家增加出口产品中的国内附加值或者参与价值链上更多的业务功能；第四，在价值链上竞争，一些发展中国家通过出口附加值高的产品参与全球价值链的竞争，国外公司通过并购将其纳入全球生产网络中；第五，转换全球价值链，放弃出口产品生产，而转向进口成分更多的加工行业，提高全球价值链的融入度；第六，在价值链中飞跃，少部分发展中国家通过吸引外国直接投资，快速实现了本国高附加值产品的出口。

针对发展中国家在全球价值链上的发展路径，全球价值链地位升级表现在微笑曲线上有三种形式：第一种是产业链的微笑曲线形态发生改变，但是一国在产业链上所处环节不变；第二种是在产业链的微笑曲线形态改变的同时，一国在产业链上所处环节也发生了改变；第三种是产业的微笑曲线形态不变，但是一国所处环节发生改变。

1. 形态升级，所处环节不变

微笑曲线的形态升级主要有三种形式：一是曲线整体升级，微笑曲线位置由图 5－6 中 *Y*1 上升到 *Y*2；二是曲线的形状发生改变（更陡峭或者更平缓），微笑曲线从图 5－6 中的 *Y*2 变为 *Y*3，或从图 5 7 中的 *E*1 变为 *E*2；三是曲线位置改变和形态改变同时发生，微笑曲线由 5－6 中的 *Y*1 变为 *Y*3。此时，一国在产业链上所处环节不变。

第一种方式即全球价值链的升级，促使整条产业链的价值提升，微笑曲线形态不变，位置上升，即便各国所处环节没有发生改变，也能够提高参与全球价值链的收益。一国所处位置由图 5－6 中的 *a*1 变为 *a*2，此时一国在新旧微笑曲线上所处相对环节没有发生改变，价值分配没有改变，但是随着全球价值链的升级，价值创造模式发生了改变，同一环节能够产生的价值更大，处于价值洼地的发展中国家仍然能够享受到价值链升级带来的好处，参与全球价值链创造的价值由 *a*1 增加为 *a*2。

第二种方式也是全球价值链的链条升级，微笑曲线的形状发生了变化。典型的就是通过对生产制造环节的技术创新或者生产方式变革，提升该环节的价值占比，各个环节之间的价值差距缩小，价值分配模式改变导致微笑曲线扁平化。此时，占据价值高地的发达国家与被锁定于价值洼地的发展中国家之间的价值差距缩小，发达国家的支配权与影响力下降，同时发展中国家的影响力增强。图 5 - 6 中，一国所处环节不变，位置由 $a2$ 变为 $a3$，同发达国家的价值差距由（$b2 - a2$）变为（$b3 - a3$），且（$b2 - a2$）>（$b3 - a3$）；表现在图 5 - 7 中就是 $E1$ 变为 $E2$，一国所处相对环节没有改变，位置由 $d1$ 变为 $d2$。这种方式还有一种可能是处于价值链中游的新兴发展中国家通过将曲线陡峭化，拉大与落后发展中国家之间的差距，即经济发展水平较好的发展中国家将处于最低端的落后国家边缘化，造成微笑曲线底端下沉，攫取其他发展中国家的价值收益。发展中国家 C 将微笑曲线陡峭化，由图 5 - 6 中的 $Y2$ 变为 $Y6$，此时 C 国所处位置由 $c1$ 上升为 $c2$，而较落后的发展中国家 A 所处位置由 $a2$ 下降为 $a6$，A 国同 C 国之间的差距拉大，C 国同样实现了在全球价值链上的地位升级。

第三种方式即全球价值链的整体得到升级（曲线整体向上移动），同时微笑曲线形态也发生改变（变得更加平缓）。生产制造环节的技术革新带来价值提升，一是整体的价值链升级，二是制造环节的升级，带来双倍的地位提升效果，一国所处位置由 $a1$ 上升为 $a3$。

极端情况下微笑曲线为一条直线或者“武藏曲线”：当其为直线时，价值链地位升级主要源于微笑曲线的位置上升；当其为“武藏曲线”时，向中间攀升或者曲线形态升级都可以提升地位。

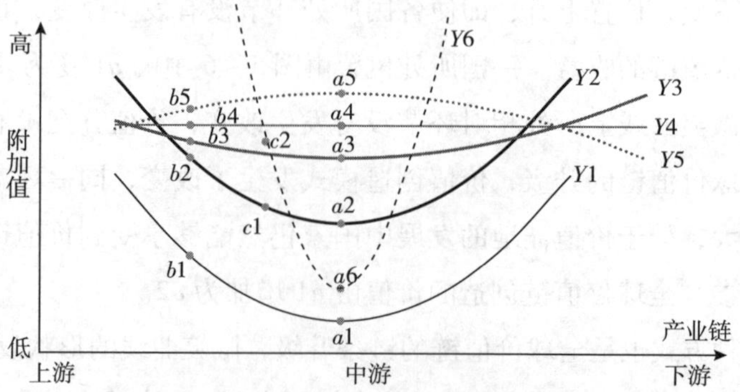

图 5 - 6　全球价值链地位升级 1

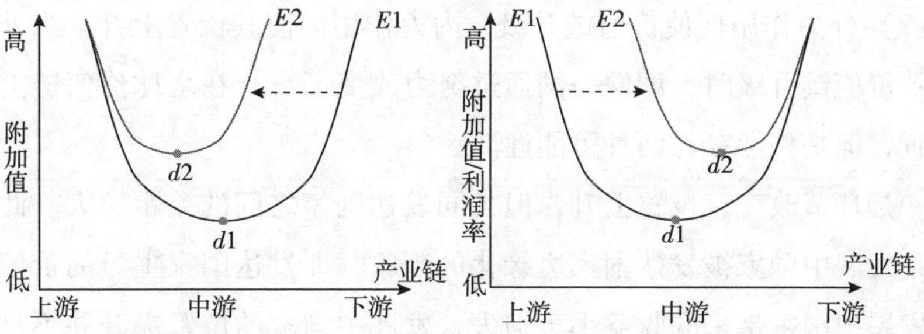

图 5－7 全球价值链地位升级 2

2. 形态升级，所处环节改变

若全球价值链的链条升级更多是由发达国家主导，或者由发达国家技术更替导致时，对于发展中国家来说这种改变就是外力作用，而当微笑曲线形态改变由发展中国家主导时，这种改变对于发展中国家来说就是内力作用。

（1）内力作用促进链条升级，同时伴随环节的改变。当发展中国家尤其是新兴经济体的发展对全球价值链的影响能够促使链条升级时，这种改变一定会为发展中国家带来地位升级。发展中国家主导全球价值链的升级，能够对新的价值链上价值的创造和分配起到主导作用，不仅能够占据价值链上的价值高地——由图 5－8 中位置 *a*1 攀升至 *a*2，还能够通过价值链的整体升级——由 *Y*1 升级为 *Y*2，为自己带来收益。在新的价值链上，发展中国家为主导。

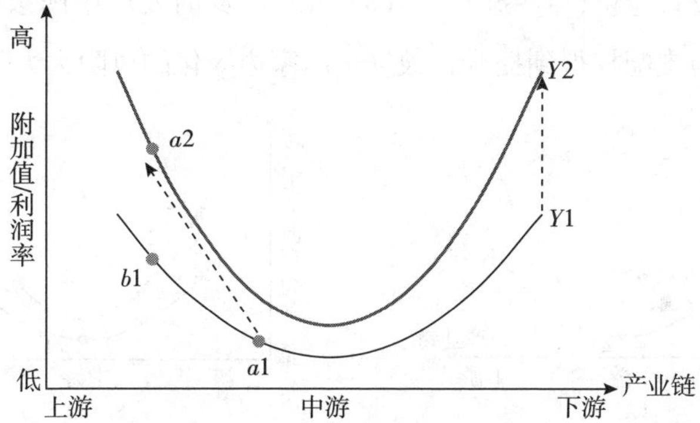

图 5－8 全球价值链地位升级 3

（2）外力作用促使价值链升级，内力作用促使其位置上升。当外力作用导致价值链升级时，即便一国通过努力改变了自身在全球价值链上的相对位置，但是仍然存在两种可能性。

一是环节改变，位置上升，但是同发达国家之间的差距拉大。此种情况就是发展中国家被发达国家边缘化的现象，即发达国家主导的价值链升级给发展中国家带来的收益小于损失，发展中国家的位置提升并不足以消除被边缘化带来的弊端。表现在图5-9（a）中就是微笑曲线由 $Y1$ 升级为 $Y2$，发展中国家A的位置由原来的 $a1$ 升级为新曲线上的 $a2$。从价值链相对位置来看，发展中国家A的地位得到了升级，但是从整体的价值分配来看，价值链的升级使得发达国家B由位置 $b1$ 升级为 $b2$，发展中国家同发达国家之间的价值差距由（$b1-a1$）变为（$b2-a2$），且（$b1-a1$）$<$（$b2-a2$），即价值链上的价值被更多地分配给发达国家，发展中国家同发达国家之间的差距拉大。这种升级对于发展中国家来说并不是一种积极意义上的升级，导致发展中国家被边缘化的风险加大。

二是发展中国家与发达国家之间的差距缩小，价值分配更加公平。即全球价值链的升级（微笑曲线由 $Y1$ 变为 $Y2$）使得价值链上的所有环节创造的价值都得到了增加，而发展中国家C利用这种升级，通过技术创新攀升至价值链的上游环节，表现在图5-9（b）中由 $c1$ 至 $c2$，得到了双重提升。发展中国家C同发达国家B之间的差距由图5-9（b）中的（$b1-c1$）变为（$b2-c2$），且（$b1-c1$）$>$（$b2-c2$），此时发展中国家在全球价值链上的话语权与支配权得到提升，被发达国家边缘化的风险大大降低。

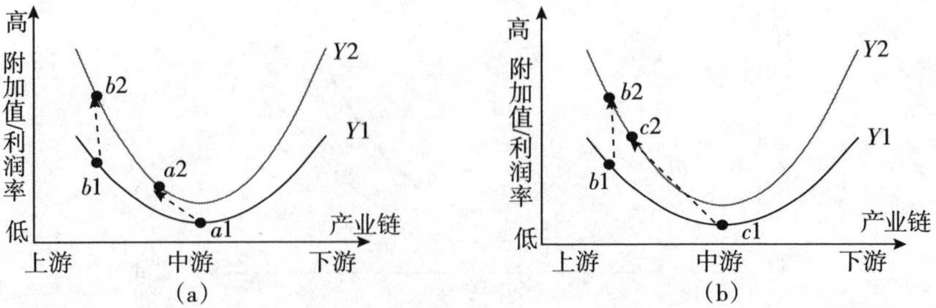

图5-9　全球价值链地位升级4

（3）极端情况。产业链曲线变为一条水平的直线或者“武藏曲线”这种极端情况出现的可能性虽然比较小，但是仍然有理论上的可能。当微笑曲线变为水平直线时，产业链上各个环节将不再存在价值差异，价值被均匀分布在整条产业链上，这种情况也可能是由于产业革命带来的各个产业之间的融合，使得产业之间的界限不明。这种情况下除了整条产业链的提升带来价值提升，环节位置改变并不会影响价值链地位。而当微笑曲线表现为“武藏曲线”形态时，价值链地位升级表现为曲线升级和位置向中间价值高地升级。

3. 形态不变，所处环节改变

这种升级方式就是最传统的升级方式，发展中国家向全球价值链高端环节攀升，表现在微笑曲线上就是向两端价值高地攀升，由图 5－10 中的 $c1$ 向前攀至 $c3$，或向后攀至 $c2$。此时发展中国家所处相对环节改变，占据价值链中较高端的环节，而低端环节转移至更加具有竞争优势的其他国家。

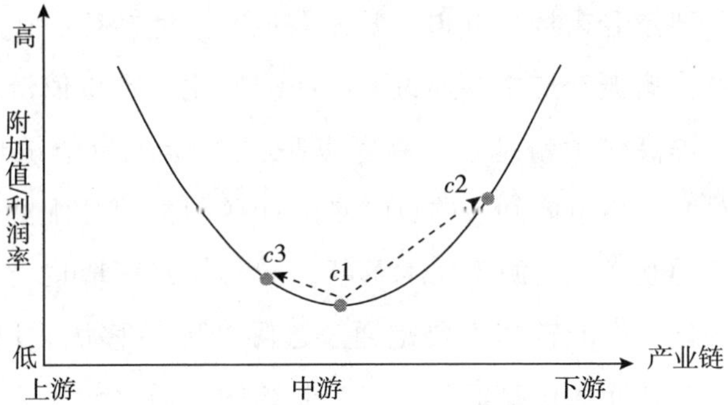

图 5－10　全球价值链地位升级 5

二、OFDI 促进 GVC 地位升级的形式

对外直接投资是一国企业通过跨国经营的方式所形成的国际资本转移，涉及资本、要素、设备、技术、管理等有形资产与无形资产的输出。在跨国公司的主导下，对外直接投资打破了一国资源被约束的现状，为生产的国际化奠定了要素自由流动的基础，同时加速了国际分工进程，产品生产过程更加复杂与分散，资源在跨国生产的背景下根据全球价值链上的

价值环节需要而流动，实现了全球范围的优化配置。根据投资目的，对外直接投资又可以分为不同类型，不同类型的对外直接投资对全球价值链地位升级的影响方式显然也是不一样的。而根据上面的研究，全球价值链地位升级包括两种形式：一是价值链的链条升级，包括链条形态的改变和位置的改变；二是价值链上的位置变化，两种形式既可能单独发生也可能相互交叉。因此，这里论述不同类型的对外直接投资作用于全球价值链地位升级的不同形式。

发达国家的对外直接投资是构建全球价值链的重要引擎，而发展中国家的对外直接投资是参与全球价值链的重要方式。OFDI 通过资金跨国流动促进资源要素的跨区域流动，促进了生产分工与生产活动的重构，最终影响到全球价值链的形成与改变。对于发展中国家来说，外商直接投资促使其被动参与全球价值链，而对外直接投资则是其主动参与全球价值链甚至布局全球价值链的重要举措。发展中国家对外直接投资的目的一般来说主要有资源（要素和市场）获取、技术获取、产能转移、成本降低（规模经济）四大类。资源获取主要通过下游曲线变化实现价值链升级以及相对位置的跃升，提高价值链地位；技术获取改变全球价值链形态的可能性最大，企业对产业链整体创新的贡献是产业链附加值分配的基础，从而全球价值链形态的改变主要源于技术革新，同时技术获取也能够最快地实现相对位置的变化；产能转移主要是通过边际产业转移优化国内的产业结构，或者转移过剩产能优化要素配置与产业结构，通过作用于对外直接投资结构影响全球价值链结构，主要目的是改变自身在价值链上的相对位置；而成本降低主要是指为了获得规模经济而进行海外投资，能够通过降低成本来提升产业环节的附加值。

（一）OFDI 促进 GVC 链条升级

1. 技术获取型 OFDI 促进链条质的改变

发展中国家对外直接投资表现为技术获取型时，主要是为了获得技术溢出效应。技术进步与创新是全球价值链形态变化的本质原因。通用技术的突破性创新，催生出新的科技革命与产业革命，进而不断重塑全球生产、流通与消费体系，带来全球要素市场配置方式与生产体系变化，改变产业链各环节的价值流通、创造与分配，打破原有国际分工，重塑全球价值链形态。拥有全球价值链主导地位与控制权的发达国家跨国企业占据价值链高端环节，具有不可替代性与不可超越性，这些环节为全球价值链的战略性环节，它们拥有难以被替代的关键技术与核心零部件，对上保持创新，对下形成技术封锁，成为全球价值链形成与改变的主导者。而技术寻求型 OFDI 可以在一定程度上打破发达国家的技术壁垒，[①] 促进发展中国家的技术进步。

一是通过技术溢出效应解决企业研发进程停滞问题，促进关键核心技术进步，提高企业技术水平，实现所处环节的附加值提高，改变价值链上价值的分配，缩小价值差距，促进价值曲线形态扁平化。在国外市场建立研发机构或者合资参股国外研发机构等，能够临近先进技术发源地，接触更多的技术扩散渠道，促进技术的模仿、改进与吸收积累，形成逆向技术溢出效应，反馈回国内母公司，促进企业研发设计功能转型，带动国内技术升级。

二是通过技术提升加快技术革命的步伐，扩大技术创新边界，促进生产方式变革，改变价值曲线形态或者提高价值曲线位置。一方面，技术进步具有累积与发散的特性，部分国家的技术进步积累逐渐扩散至贸易伙伴国或者经济发展延伸带，最后带动全球的技术进步，在技术水平达到一定边界后，催生出新的科技革命与产业革命。新的科技革命与产业革命能够直接改变微笑曲线形态，如提高生产环节的附加值，促使价值曲线扁平化，或者提升整个价值曲线的价值水平，提高价值曲线位置，促进全球价值链整体升级。另一方面，新技术、新材料、新工艺等又能够扩大技术创新边界，改善生产环节的低附加值率，提高产品的技术含量。如加快制造环节的技术更新速度、提升差异创新产品的附加值、促进内部研发延伸至

① 袁然．技术寻求型 OFDI 促进中国全球价值链升级的理论与实证研究［D］．北京：北方工业大学，2016.

网络大众、变专业化的外包模式为差异化的“众包”模式等，使得全球价值链的生产制造环节更具开放性与创新性。

三是通过技术引领，构建区域价值链，重构全球价值链。全球价值链的形成过程在很大程度上是少数发达国家所控制的跨国公司在全球范围配置生产的过程（UNCTAD，2013），其演化进程是沿着同发达国家的利益相一致的方向推进。伴随着新兴经济体的经济实力快速提升，新兴经济体之间、新兴经济体与落后的发展中国家之间以及新兴经济体与发达国家之间的区域价值链不断深化。随着发展中国家的技术进步，一方面，跨国公司开始把研发与技术创新配置到具有创新优势的新兴经济体，形成“逆向创新”，在一定程度上改变了发达国家主导全球价值链的局面，促进了以新兴经济体为代表的新的区域价值链的形成，这是一种被动的价值链重构。另一方面，新兴经济体逐渐兴起，同周边国家的区域价值链不断深化，新兴经济体的地位和角色逐渐发生改变，在主动扩大对外开放的过程中，逐渐占据区域价值链的价值分配权。随着区域价值链的横向与纵向一体化，区域市场重新分工，带动区域价值链所在的全球价值链体系发生改变，这是一种主动的全球价值链重构。就目前全球价值链网络来看，推动全球价值链重构的主体是新兴经济体。

2. 产能转移型 OFDI 改变价值曲线形态

产能转移有两种：一是转移国内不再具有比较优势的边际产业，促进国内产业结构调整升级；二是转移国内具有过剩产能的产业，优化资源配置与产业结构。产能转移型对外直接投资的最终目的是促进国内产业结构的优化调整，实现产业结构升级。一方面，通过产业结构升级，促进高技术产业的发展，有促进生产环节整体技术含量和产品附加价值提高的可能，进而促进微笑曲线扁平化。另一方面，促进服务业的快速发展，适应全球价值链向服务化转型的趋势：“制造业 + 服务业”的新业态不断演化，以生产性服务业为代表的传统制造业与服务业之间的界限不断模糊，产业链环节不断交叠重合，改变了传统产业链曲线的阶段划分；在全球价值链框架下，服务要素渗透价值链各个环节，进一步嵌入全球价值链的各环节中，使得传统的全球供应链、营销网络、生产与销售体系得到进一步升级，服务业成为全球价值链升级的重要引擎，改变了价值曲线的形态。

（二）OFDI 促进 GVC 位置改变

1. 通过资源寻求型 OFDI 向价值链高端环节攀升

资源获取型对外直接投资主要有两类：一类是为了获取产业链上游的能源等稀缺资源，或者高级人力资本等高级生产要素；另一类是为了获取产业链下游的市场资源。

当对外直接投资是为了获取东道国丰富的自然资源如矿产、石油等时，能够通过缓解能源资源供给不足的发展限制，保障经济发展的稳定性。同时，临近能源产地能够保障能源供给的价格水平，保障生产的稳定性。Noorbakhsh（2001）认为，人力资本充裕的国家更加受到要素寻求型的 OFDI 的青睐，更容易产生跨越贸易壁垒的投资行为。当对外直接投资是为了获取高级生产要素时，通过高级人力资本、先进的管理经验等高级生产要素的获取能够改变所处价值链环节，实现企业功能的转变，向价值曲线的上下两端移动，实现同一价值曲线上位置的变动。全球价值链视角下，发展中国家对外直接投资遵循全球价值链模式，进入产品生产的不同环节，根据不同的要素投入比，进入具有要素禀赋优势的国家或者地区，实现对本国以及国外要素的有效利用。在对外直接投资的主导下，发展中国家成为发达国家重要的经济发展延伸带，同时周边国家与地区也成为投资母国经济发展的重要延伸带。在双向经济发展延伸中，一方面，发展中国家企业能够获得发达国家的高级稀缺要素，同时借助发达国家成熟的生产与流通网络，形成生产、营销、流通等协同效应。根据邓宁的投资发展阶段理论，多数发展中国家正处于投资的第一和第二阶段，企业优势主要集中于原材料与廉价的劳动力，同发达国家的所有权优势相比明显处于劣势。此阶段发展中国家国内产业结构中第一、第二产业占较大比例，以劳动密集型产业为主，从而对外直接投资参与的行业也多偏重于劳动密集型产业或者低附加值传统行业。而对外直接投资可以弥补发展中国家在高端要素上的绝对劣势，吸收的国外先进知识与管理理念、高级科研人才等有助于提升企业知识要素投入量，削弱发达国家跨国公司自上而下的绝对优势地位，缩小两者之间的差距。另一方面，资源型对外直接投资还具有成本降低效应，无论是投资于产业链上游的自然资源型国家，还是投资于产业链下游的消费者资源型国家，发展中国家企业都能够获得他国具有比较优势的生产要素，直接降低产品生产成本与市场交易成本，提高本国在全球价值链中的相对位置。

Gereffi G.（1999）指出，鞋业、服装、自行车和玩具等劳动密集型的传统行业构成的价值链条以购买者驱动的全球价值链为主，如发展中国家在初期通过组装加工嵌入低端环节参与价值链，主要通过借助发达国家构建的全球采购和营销网络拓展市场，分享投资目的国的巨大商品销售市场。当企业对外直接投资的目的是获取市场资源时：一方面，利用东道国的区位优势来弥补本国的区位劣势，在其他国家建立生产基地与销售网络，利用当地便捷的运输系统与产品流通、消费体系，能够建立起属于投资母国的营销网络，促进企业的功能升级。此时无论是改变流通体系，还是占据售后服务市场，都有改变产业链下游曲线形态的可能。另一方面，兼并收购当地企业，能够快速打破市场壁垒，带来品牌效应，消除信息壁垒，跨越行业限制。当地品牌具有标准的生产体系，能够迫使企业进行工艺流程的改造与提升，促进企业工艺升级；成熟的消费市场、健全的销售网络与便捷的流通渠道、固定的目标群体以及品牌沉淀的附加价值，同样能够促使企业功能向服务型功能转型，促进企业的产品升级与功能升级。投资东道国还能够瓦解信息形成的壁垒，充分获取东道国市场与顾客的消费信息，降低东道国的信息优势，使得东道国建立在信息不对称基础上依靠品牌本身的差异化形成的竞争优势不复存在。同时能够降低企业的交易成本，在同一产业链改变该环节的曲线形态。而并购还能够快速突破行业限制，带来新的业态、新的商业形式甚至新的组织方式，实现不同产业的快速融合。

2. 通过技术获取型 OFDI 向两端价值高地攀升

技术获取型对外直接投资能够通过提高发展中国家技术水平，实现向微笑曲线的上游位置跃升。技术获取主要存在于逆梯度的对外直接投资中，表现为产业链中游国家向产业链上游国家投资。上游环节主要集中了资本、技术与知识密集型企业，通过直接获取上游企业的技术外溢，一是能够节约新技术的研发费用。无论是通过吸收技术外部性还是收购企业自有专利，研发成本节约与进程缩短都能够直接增加企业利润；新技术的使用还能够降低生产成本，提高原有生产环节的价值创造能力；抑或缩短产品的生产进程，促进产品生产的再分工。二是加快新产品的研发进程。通过提高技术水平促进新产品的研发，发展中国家企业能够主动占据产业链上游较高位置，并通过新产品提高发展中国家对价值链的控制权。三是获得高附加值中间产品的生产技术。一方面，通过吸收、模仿与再创新关键零部件或者中间产品的技术，瓦解发达国家的绝对技术优势，缩小差距；另一方面，参股或者并购中间产品生产制造商，实现企业内专利技术共享，瓦解价值链高附加值环节的技术壁垒，向微笑曲线的较高位置跃升。

3. 通过产能转移型OFDI改变嵌入价值链的位置

小岛清（1978）认为，直接投资对一国经济功能的发挥起到了不可或缺的作用，直接投资的经济影响应该是促进受资国的经济逐步发展和平衡，对外直接投资应该有利于投资国和受资国的经济发展，可以促进产品多样化，优化产业结构，达到共同繁荣。

边际产业转移提高全球价值链位置主要是通过将低技术产业转移至具有比较优势的国家，集中发展中高技术产业，通过产业结构的升级改变嵌入全球价值链的位置。边际产业转移主要发生在顺梯度的对外直接投资中，以低技术水平的环节在价值链上梯度转移进而提高全球价值链位置为主要特征。“边际产业”具有双重含义，它对于投资国和东道国都是“边际”的，只是对于投资国来说，它位于比较优势顺序的底部，而对于东道国来说，则位于比较优势顺序的顶端。如果一国具有比较劣势的产业通过对外直接投资将这一产业的一系列资本、技术和管理输往其他国家，将引起本国的产业结构调整和进出口组成的变化，而且这一产业也将在东道国演变为一种新的比较优势。通过“边际产业”生产的转移，投资国摆脱了自己比较优势较弱的产业，国内资源流向比较优势较强的高新技术产业；东道国获得了能够发挥自己比较优势的技术和管理手段，使其较充裕的自然资源禀赋得以更有效地开发利用。由于双方各自的比较优势都得到了加强，不仅比较成本差扩大了，而且双方都得以提升了自己的产业结构。

产能过剩型产业转移仍然是以产业发展极差为基础，将存在过剩产能的行业部分或者整体转移至产能不足或者发展水平较低的国家。严重的产能过剩造成了资源的浪费和配置效率降低，也阻碍了产业结构升级。通过对外直接投资，将产能布局在具有较高需求或者需求潜力的市场周边，可以在化解国内产能过剩问题的同时缓解东道国供给不足的问题，达到优化国内产业结构、缓解东道国供需矛盾状况的目的。

国际分工视角下，产能转移型对外直接投资符合全球价值链框架下发达国家的价值链构建过程。发达国家跨国公司的出现促成了产品的跨国生产，发达国家牢牢控制着全球生产网络，根据产品生命周期理论，将已经标准化生产的产品生产环节转移至拥有廉价劳动力与广阔消费市场的发展中国家，在此过程中根据他国要素禀赋将生产环节进行分解，并据此进行全球布局。当新产品的生产技术仍然是发达国家的垄断优势时，发达国家占据微笑曲线的左右两端，研发设计等环节根植于母国；当新产品市场已经饱和成熟后，生产技术标准化从而进入门槛降低，此时除了关键核心技术，发达国家主要占据微笑曲线的营销环节。以生产环节转移为代表的产业转移，是发达国家构建全球价值链的过程。发展中国家经济发展方式转变下的产业结构调整既是推动对外直接投资迅速增长的重要原因，也是发展中国家自发地由全球价值链低端环节向高端环节动态攀升的过程。

4. 通过规模经济型 OFDI 降低生产成本

追求集群或者规模经济的对外直接投资能够通过降低成本提高参与全球价值链活动的增加值。彭罗斯发表于 1956 年的题为《对外直接投资与厂商增长》的论文中指出“对外直接投资是厂商追求增长最大化的自然结果”。根据增长最大化理论，具有追求增长最大化目标的厂商，其生产扩张阶段依次为出口、许可生产、跨国企业。即企业对外直接投资是其生产扩张到一定阶段而发生的自然行为，这在一定程度上能够解释我国对非洲国家的对外直接投资行为，可能并不全是为了寻求资源，部分企业是为了追求规模经济。随着劳动力成本、融资成本、贸易壁垒、汇率等因素的变动，企业在衡量整个生产过程后只能保留关键环节的最佳规模进行生产，通过外包或直接投资将非关键环节的规模经济转移至该非关键环节的要素禀赋地区，以充分发挥不同环节的规模经济效应，获得价值链上的核心竞争力。① 特别是在产品内分工中，多数非核心生产环节的技术都是成熟且标准的，为其转移至其他地区提供了较低的进入壁垒，同时导致利润微薄，只有通过更低成本的规模经济，才可能在总体上实现外部因素变动前企业满意的利润水平。②

全球价值链分工下，企业具有专业化生产的特性，一条价值链上的不同环节往往需要不同的生产技术或者专业特性，单个企业很难掌握价值链上全部生产环节所需的全部生产技术及管理才能，从而企业的专业化程度越高，则企业越依赖于其他互补配套企业。当全球价值链分工深化，产业价值链深入国内外，形成较长的生产链条，价值链上涉及的企业也会越来越多，相关配套企业就更需要通过相互协调来完成最终产品的生产。企业之间的协调配合以及控制生产成本、快速反应市场需求等因素会在一定程度上促成同一价值链上的相关企业在地理上相互接近并最终形成集群现象。结合全球价值链，这种集群体现在对外直接投资上就是对特定生产环节的投资区位选择——GVC 框架下的对外直接投资就是将生产的分散化与产业的集群化有机地结合在一起。

第二节 OFDI 促进 GVC 地位升级的间接效应分析

上一节重新阐述了全球价值链地位升级的各种可能形式，并指出了不同类型的对外直接投资如何促进全球价值链地位升级。而本节的重点就是

① 张宏．中国对外直接投资与全球价值链升级[M]．北京：中国人民大学出版社，2013：100.

② 贾干荣．基于全球价值链的制造业升级模式研究[J]．管理科学文摘，2006(2)：63－64.

在上一节的基础上进行归纳，归纳不同类型对外直接投资影响全球价值链两种表现形式的地位升级的主要路径，即在全球价值链升级视角下归纳对外直接投资整体上通过哪些主要的间接效应影响了全球价值链地位。全球价值链地位升级视角下的对外直接投资：一是能够通过直接改变嵌入全球价值链的位置，价值再分配效应，或者价值增值能力的提升，促进产品增加值的提高，从而对外直接投资提升全球价值链地位的第一条路径是提高母国的价值增值能力，即价值增值间接效应；二是发展中国家的对外直接投资多数伴有技术寻求的目的，以逆向技术溢出效应为代表的技术进步效应是影响全球价值链地位的第二条路径，此时的技术进步效应偏重于链条升级和位置攀升，而不再去论述技术进步导致的价值增加，同第一个间接效应的区别在于第一个间接效应从嵌入位置或者方式入手，更加强调直接的价值增加，而技术进步是一个缓慢的过程，对价值增值的影响可能存在滞后效应；三是迅速兴起的部分新兴经济体的大量对外直接投资体现了新兴经济体内部产业结构转型、经济发展方式转变的迫切性，通过不断对外转移边际产业或者过剩产能或者形成经济规模以优化国内产业结构，最后影响其在全球价值链上所处分工地位，这是第三条路径，对应产业结构升级效应。因此，对外直接投资影响全球价值链地位的路径主要有三种，本节主要分析三种路径对应的间接效应的作用机制以及三种路径对应的 GVC 地位升级形式。

一、价值增值效应及升级方式

（一）理论基础

经济全球化使得传统的基于比较优势的全球生产垂直分工体系日益被以商品为核心的全球产业链体系所取代。全球价值链的构建不以单个企业的竞争优势为核心，而是以商品的价值创造为中心，各个企业依托自身资源禀赋产生的异质性进行嵌入，[①] 嵌入位置对中国制造业在全球价值链中

① 聂名华，徐英杰．对外直接投资逆向技术溢出与全球价值链升级研究进展[J]．科技管理研究，2016(1)：153－158，165.

的地位具有重要影响。[①] 当前中国制造业在全球价值链中的地位仍然较低，增值能力弱制约了中国制造业在全球价值链中的地位提升，[②] 而全球价值链的构建以商品的价值创造为中心，[③] 产品附加值提升效应可以促进我国实现从全球价值链低端升级。[④]

嵌入位置是决定一国国际分工地位的关键因素。根据经典的微笑曲线理论，越靠近微笑曲线两端的环节附加值越高，而越处于曲线中间的环节技术水平越低，进入门槛越低，越不能产生高附加值。在发达国家主导的全球价值生产链中，发展中国家只能通过进入门槛较低的环节参与生产分工。无论是高技术产业还是不具备技术特性的简单加工产业，在嵌入低增值环节后都只能产生较低的附加值，尤其是对于中高技术产业来说，嵌入全球价值链低端环节是制约它们提升产品附加值和行业利润的关键因素。随着产业更替、科技变迁，发展中国家中低技术产业面临增值能力和嵌入位置同时下降带来的被边缘化风险，以及被发达国家锁定在低端环节而不断被弱化优势的困局。

（二）升级方式

嵌入方式决定了嵌入位置，进而决定了一国参与全球价值链能够达到的深度与广度，最后集中体现为价值增值能力、风险控制能力、抗风险能力以及对全球生产网络的协调和控制能力。因此，融入方式成为决定全球价值链地位的关键因素。发展中国家通过对外直接投资的方式融入全球价值链，能够利用自身优势有选择地嵌入全球价值链的更高位置，或者有选择地嵌入自己具有优势的区域价值链，提高对价值分配的影响力，或者占据主导权，产生价值增值效应，促进全球价值链地位升级。

---

① 王岚，李宏艳．中国制造业融入全球价值链路径研究：嵌入位置和增值能力的视角[J]．中国工业经济，2015(2)：76－88.

② 杨连星，罗玉辉．中国对外直接投资与全球价值链升级[J]．数量经济技术经济研究，2017(6)：54－70.

③ 聂名华，徐英杰．对外直接投资逆向技术溢出与全球价值链升级研究进展[J]．科技管理研究，2016(1)：153－158，165.

④ 袁然．技术寻求型OFDI促进中国全球价值链升级的理论与实证研究[D]．北京：北方工业大学，2016.

如通过并购具有较高附加值的中间生产商或者控制营销网络，通过图5-11（a）中位置 b 或者 c 嵌入全球价值链，融入全球生产网络体系。这种嵌入位置的改变不仅促使一国被分配价值增加，也提高了一国抵抗外界环境变化的能力与承接发达国家转移风险的能力，即当发达国家技术更迭带来生产组织方式重大改变时，微笑曲线将变得更加陡峭，由图5-11（a）中的①变为②，然而对于处在 b 或者 c 等较高位置的发展中国家来说，这种改变带来的是图5-11（a）中从位置 b 到位置 b' 的上升，而不再是从位置 a 到位置 a' 的下移，即发达国家主导的全球价值链的链条升级虽然能够扩大价值差距，更多地剥削发展中国家获得的价值及利润，但是并不能将发展中国家锁定在价值曲线低端。

通过融入新的具有优势的价值链或者更高级的价值链，达到链条升级的效果，企业即便处于同一价值环节，但是从图5-11（b）中的位置1上移到位置2，也能够实现价值增值效应，提高企业在全球价值链中的价值增值能力与协调能力。

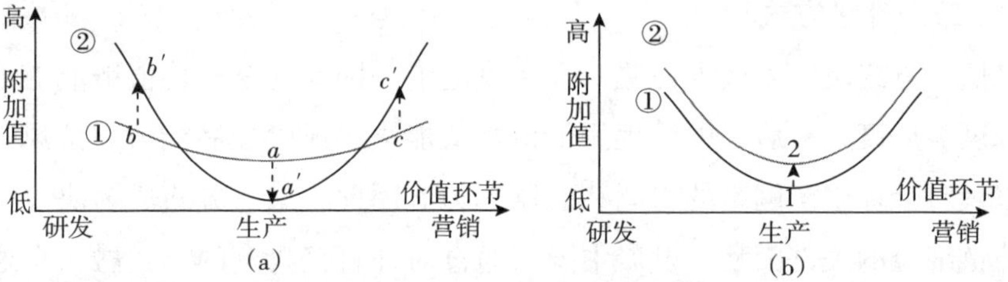

图5-11　价值曲线及位置变化1

二、技术进步效应及升级方式

（一）理论基础

技术的变动是导致比较优势和贸易结构变动的至关重要的因素。[①] Lal（1983）、Cantwel 和 Tolentino（1990）佐证了发展中国家对外直接投资的逆向技术溢出效应，即发展中国家通过对发达国家直接投资学习先进技术，促

① 陈静．跨国公司和全球价值链关系研究[D]．北京：对外经济贸易大学，2015.

进企业向价值链高端攀升。企业通过吸收链条中先进技术的外溢、承接发达国家转移的低附加值环节，从而获得技术进步。[①] 技术溢出通过人才、知识流动或再出口传递到母国企业，促进母国企业技术进步，带动母国行业整体技术水平的提升，进而提高母国企业在全球价值链中的地位。[②]

发展中国家的对外直接投资都伴有技术寻求的目的，主要原因在于跨国公司在进行全球布局时为了维持核心竞争优势，通常会将研发机构、关键的中间产品的生产、关键核心技术保留在母国，而不会转让或者将专利授权给他国，这就要求后发国家主动接近先进技术发源地，通过以技术学习为目的的对外直接投资获取逆向技术溢出效应，促进后发国家的技术水平提升。技术寻求的对外直接投资能够通过知识共享、技术模仿和改进、人员流动等技术扩散途径对母国技术水平产生反馈效应，即逆向技术溢出效应。逆向技术溢出效应主要发生在发展中国家对发达国家的逆向投资中，这种溢出效应主要通过三种技术扩散途径影响国内技术水平：一是通过并购直接获取当地技术。直接并购拥有先进技术或者专利技术的国外企业能够带来最直接的技术提升效应。这种直接获取式技术转移能够直接提升发展中国家国内技术水平，对于处于研发关键环节的国家来说，能够迅速吸收国外子公司现有的专利技术、研发能力与成果，乃至研发人员，从而改变国内研发进程与技术改进面临的困难局面，为产业转型提供技术支撑。二是通过建立研发机构或者子公司，吸收技术外部效应。三是通过雇用高级人才与利用先进设备提升技术水平，对发达国家的逆向投资能够吸纳发达国家的高级研发要素，如研发设备、人员、理念、基础设施等。

（二）升级方式

一是对外直接投资产生的逆向技术溢出效应能够不断提高国内技术水平，逐渐缩短与发达国家之间的差距，造成微笑曲线的形态发生变化，即

① 谢光亚，崔君．基于全球价值链视角的企业对外投资模式分析：以北京为例[J]．财经理论与实践，2013(4)：50－53.

② 刘斌，王杰，魏倩．对外直接投资与价值链参与：分工地位与升级模式[J]．数量经济技术经济研究，2015(12)：39－56.

便企业所处价值环节没有改变，但是发展中国家与发达国家之间的增值能力差距缩小，体现在微笑曲线上就是微笑曲线的扁平化，在图 5 – 12（a）中就是微笑曲线由①变为②，发展中国家同发达国家之间的差距由（$R2-R1$）变为（$R4-R3$）。二是国内技术水平的提升对于传统产业来说能够改善其生产流程，提高产品技术含量，进而提高产品附加值；且在东道国形成的为了适应东道国要素禀赋与消费偏好的新技术也能够更好地打开国外市场，增强企业的产品竞争力与品牌竞争力，体现在微笑曲线上就是向微笑曲线的两端攀升，对应图 5 – 12（b）中就是由位置 a 向位置 b 和位置 c 攀升。三是逆向技术溢出效应也能够促使国内技术发生重大更迭，促进国内技术的重大突破，甚至生产组织方式的改变，对整个全球价值链产生重大影响，改变价值曲线的位置，即价值曲线由图 5 – 12（b）中的①变为②，此时发展中国家所处环节不变，同发达国家之间的差距不变，但是相对原有位置 a 提升至位置 a'。

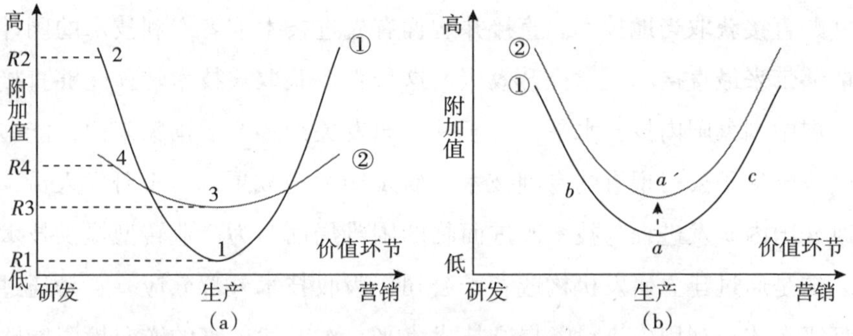

图 5 – 12　价值曲线及位置变化 2

三、产业结构升级效应及升级方式

（一）理论基础

对外直接投资将有助于实现各类生产要素的跨国流动和资源优化配置，成为推动国家产业结构升级的重要和有效途径之一，[①] 能够促进发展

① 于世海．中国对外直接投资与产业升级互动机制研究[D]．武汉：武汉理工大学，2014.

中国家的产业结构实现跨越式升级。① 首先，可以充分发挥对外直接投资的“边际产业转移效应”，将一国处于比较劣势的产业通过对外直接投资依次转移到国外，减轻国内留存传统产业的负担，释放国内稀缺的生产要素，投入附加值更高的高新技术产业和服务型行业，最终实现产业的功能升级和链条升级。② 其次，能够通过提升产业内部技术水平，间接促进产业结构升级。③ 最后，通过直接投资将非关键环节的规模经济转移至该非关键环节的要素禀赋地区，以充分发挥不同环节的规模经济，获得价值链中的核心竞争力，④ 利用规模报酬递增效应降低企业的生产成本，通过产业集聚，形成完整的产业链和供应链体系，促进产业结构调整。

对外直接投资的区位及行业选择是对国内产业发展水平的一种体现，当一国制造业比较发达，那么很容易通过制造行业对外进行投资，也很容易作为世界工厂参与到全球经济中。而对外直接投资既体现了国内当前产业的发展状态，也能够对国内产业结构的调整起到促进作用。一是通过产能转移，促进国内产业结构合理化，进而提高产业国际竞争力。这种产能转移主要体现在对发展中国家的顺梯度投资中，尤其是发展中国家对东南亚、非洲等经济发展水平较落后经济体的投资，通过将国内处于发展劣势的边际产业或者存在过剩产能的行业转移到其他发展中国家，为国内高技术产业、新兴产业的发展腾出空间，促使国内资源要素转移到优势产业，调整国内产业结构。这种产能转移体现在全球价值链上是一种将低端环节下放给更低端的价值链企业的动态调整过程。二是通过对外直接投资在东道国形成经济规模，利用规模报酬递增效应降低企业的生产成本，通过产业集聚，形成完整的产业链和供应链体系，促进产业结构调整。三是通过

① 张宗斌，郝静．基于 FDI 视角的中国制造业结构升级研究[J]．山东社会科学，2011(5)：151－155.

② 刘斌，王杰，魏倩．对外直接投资与价值链参与：分工地位与升级模式[J]．数量经济技术经济研究，2015(12)：39－56.

③ 刘海云，聂飞．中国 OFDI 动机及其对外产业转移效应：基于贸易结构视角的实证研究[J]．国际贸易问题，2015(10)：73－86.

④ 张宏．中国对外直接投资与全球价值链升级[M]．北京：中国人民大学出版社，2013：100.

对外直接投资促进服务业的开放与发展，吸引高端服务要素，加快产业结构的服务化趋势。

（二）升级方式

产业结构调整对全球价值链地位的提升过程也是缓慢的、动态的。产业革命也能够改变全球价值链体系，表现为微笑曲线的上移或者扁平化；产业结构的高级化或者合理化能够改变一国在全球价值链中所处的相对位置，表现为在价值曲线上的位置移动。这同逆向技术溢出效应的提升方式是一样的，这里不再用图表示。

第三节　OFDI 促进 GVC 地位升级的模型分析

本章第一节主要论述全球价值链链条升级与位置提升视角下的对外直接投资影响全球价值链地位的直接效应，第二节主要在第一节的基础上归纳了对外直接投资影响全球价值链地位升级的主要路径及对应的间接效应。继而，本节在前两节的理论叙述以及第二章文献梳理的基础上提出理论假设，通过构建理论模型，并根据理论假设加入变量，来支撑对外直接投资影响全球价值链地位升级的理论叙述。

一、理论假设

假设 1：对外直接投资能够促进母国全球价值链地位提升。

对外直接投资是参与全球经济的一种重要方式，体现了发展中国家由被动到主动参与全球价值链分工方式的转变，能够对国内技术水平、产业结构与产品增值带来深刻影响。从作用机制来看，对外直接投资能够通过技术提升效应、产业结构升级效应与产品价值增值效应等路径影响母国在全球价值链中的地位。

（1）技术提升效应。通过临近技术发源地，以技术学习与获取为目的的对外直接投资可以产生逆向技术溢出效应，而且对外直接投资可通过人才、研发等高级生产要素的流动升级要素禀赋结构，产生比较优势效应，最终促进母国技术进步，提高母国在全球价值链中的地位。

（2）产业结构升级效应。通过“边际产业转移效应”将一国处于比较劣势的产业通过对外直接投资依次转移到国外，释放国内稀缺的生产要素，发展高技术产业与服务业；通过过剩产能转移，提高资源的使用和配置效率，优化产业结构；通过在东道国形成规模经济效应，利用规模报酬递增降低企业生产成本；通过全球布局，利用产业集聚效应形成完整的产业链和供应链体系。最终促进国内产业结构的合理化与高级化，并通过对外直接投资结构的调整提高母国在全球价值链中的地位。

（3）产品价值增值效应。通过嵌入位置的改变或者所处环节曲线形态的改变产生产品附加值再分配效应，缩短同发达国家之间的价值创造差距；通过产业链曲线的位置改变实现在全球生产网络中绝对位置的改变，扩大产品价值创造边界。最终提高一国抵抗外界环境变化的能力与承接发达国家转移风险的能力，降低其被边缘化的风险，提高母国在全球价值链中的价值增值能力与协调能力。

假设 2：对外直接投资能够通过技术提升效应、产业结构升级效应与产品价值增值效应促进母国全球价值链地位的提升。

二、模型构建

随着国际分工体系的逐渐建立与深化，价值链体系逐渐被纳入国际分工体系中进行研究。但是目前关于全球价值链的研究鲜少涉及模型，主要集中在理论与实证研究中。因此，关于模型构建的研究仍然存在很多不足之处，这里尽量以已有模型为基础，借鉴国内其他学者的做法，结合本书的研究需要进行适当扩展。

Sim 等（2004）通过将价值链引入标准的产品生产共享框架，制定一个理论模型来检验小型开放经济体向价值链上游攀升所需的因素，在此基础上，利用价值链的各个阶段来表征开放型小经济体的发展阶段，研究哪些因素能够促进小型开放经济体的价值链升级，为后续研究价值链攀升的影响因素奠定了基础。

本节首先根据 Long 等（2001）构建的外包模型，将服务业纳入价值链环节升级中，考察服务业同价值链环节攀升的关系，以此考察以服务业占比上升为代表的产业结构升级同全球价值链位置提升之间的关系。再借鉴 Sim 等（2004）的研究，将价值链升级纳入生产共享框架内，参照李强等（2003）的做法，根据本书理论假设的需要，引入国际投资、产业规模（增加值规模）和技术变量，构建全球生产共享的价值链升级模型。

（一）考虑产业结构服务化的生产模型

1. 服务部门

首先来看服务部门：借鉴 Jones 和 Kierzkowski（1990）的研究，需要物流和运输等若干专业服务组成的服务包来协调地理上分散的制造活动，服务包 S 是使用 n 种类型的专用服务作为输入生成的。服务业中的熟练劳动力含量很高，这意味着上游组成产品将更加技能密集。

单位成本最小化：

$$P_S = \min_{m_i} \sum_{i=1}^{n} p_i m_i \tag{5-1}$$

$$1 = [\sum_{i=1}^{n} m_i^{a}]^{1/a} \tag{5-2}$$

逆需求函数：

$$p_i = \left(\frac{m_i}{AS}\right)^{a-1} \tag{5-3}$$

$$A = [\sum_{j=1}^{n} p_j^{a/(a-1)}]^{-1/a}$$

边际收益：

$$MR_i = ap_i \tag{5-4}$$

边际收益等于边际成本：

$$p_i = \frac{cw^L}{a} \tag{5-5}$$

零利润条件：

$$p_i = \frac{fw^H}{m_i} + cw^L \tag{5-6}$$

专业服务公司同质性：

$$m = n^{-1/a} S \tag{5-7}$$

$$P_S = n^{a-1/a} p \tag{5-8}$$

服务业公司的数量：

$$n = \left(\frac{1-a}{a}\right)^{a} \left(\frac{fw^{H}}{cw^{L}}\right)^{-a} S^{a} \tag{5-9}$$

其中，$a \in (0, 1)$，$1/(1-a)$ 表示 m_i 和 m_j 之间的替换弹性（$i \neq j$），$1/a$ 是价格加成；要生产 m_i 单位服务，i 企业必须产生固定成本 fw^H 和可变成本 $cw^L m_i$，H 和 L 分别是熟练工人和非熟练工人的才能；w^H、w^L 是相对应的工资；f、c 分别是熟练工人和非熟练工人的单位投入要求。

由市场中服务业公司的数量公式（5-9）可以看出，当熟练工人的相对成本降低时，专业化程度增加。

2. 商品部门

再来看商品部门：生产一个单位的商品 Y，只需要 aY 单位的非熟练工人；商品 X 是通过 k 个阶段的组装来生产的。在属于生产过程 $(0, k)$ 的每个阶段 j，单位投入要求是一个非熟练工人和 b_j 单位服务包，其中 $b>0$。

商品 Y 零利润条件：

$$P_Y = a_Y w^L \tag{5-10}$$

完全竞争条件下，j 阶段的商品 X 生产者零利润条件：

$$\pi_j = w^L + b_j P_S \tag{5-11}$$

组装过程无成本、有竞争，商品 X 的价格：

$$P_X = \int_0^k (w^L + b_j P_S) d_j \tag{5-12}$$

服务包需求量等于平衡时供给量：

$$X\int_0^k b_j d_j = (bk^2/2)X = S \tag{5-13}$$

结合服务部门和商品部门，服务包 S 的价格：

$$P_S = \frac{(1-a)^{a-1}}{a^a} \left(\frac{fw^H}{X}\right)^{1-a} \left(\frac{2}{bk^2}\right)^{1-a} (c\, w^L)^a \tag{5-14}$$

服务包的价格公式指出，P_s 随着单位 X 的固定成本 fw^H/X 的下降而下降，这是 X 部门企业在生产扩张时所享有的规模经济。

同样得到：

$$m = \left(\frac{a}{1-a}\right)\left(\frac{fw^H}{cw^L}\right) \tag{5-15}$$

$$n = \left(\frac{1-a}{a}\right)^a \left(\frac{w^L cbk^2}{2fw^H}X\right)^a \tag{5-16}$$

$$P_X = kw^L + \left(\frac{(1-a)^{a-1}}{a^a}\right)\left(\frac{fw^H}{X}\right)^{1-a}\left(\frac{cbk^2 w^L}{2}\right)^a \tag{5-17}$$

3. 效用最大化

从整个社会角度看：

$$p_X X + p_Y Y = w^L L + w^H H \tag{5-18}$$

社会效用函数：

$$U(X,Y) = X^\theta Y^{1-\theta} \tag{5-19}$$

社会效用最大化一阶条件：

$$\frac{\partial U}{\partial X} = 0\ ,\ \frac{\partial U}{\partial Y} = 0 \tag{5-20}$$

由式（5-20）得到商品 X 和 Y 的需求函数：

$$X = \frac{\theta}{P_X}(w^L L + w^H H) \tag{5-21}$$

$$Y = \frac{1-\theta}{P_Y}(w^L L + w^H H) \tag{5-22}$$

4. 均衡分析

技术工人市场出清：

$$nf = H \tag{5-23}$$

非技术工人市场出清：

$$kX + ncm + aYY = L \tag{5-24}$$

得到专业服务公司数量：

$$n = H/f \tag{5-25}$$

结合式（5-16）和式（5-25）的两个 n 表达式得到：

$$H = \left(\frac{1-a}{a}\right)^{a}\left(\frac{w^{L}cbk^{2}}{2w^{H}}X\right)^{a} f^{1-a} \tag{5-26}$$

$$L = kX + \left(\frac{1-a}{a}\right)^{a-1}\left(\frac{w^{L}}{fw^{H}}\right)^{a-1}\left(\frac{cbk^{2}}{2}X\right)^{a} + a_{Y}Y \tag{5-27}$$

由式（5－5）和式（5－8），再结合式（5－25），得到：

$$P_{S} = \frac{1}{a}\left(\frac{f}{H}\right)^{\frac{1}{a}-1} cw^{L} \tag{5-28}$$

结合式（5－10）、式（5－17）、式（5－21）、式（5－22）、式（5－26）、式（5－27）得到：

$$X = \frac{\theta L}{k + (1/a)\ (f/H)^{(1-a)/a}(cbk^{2}/2)[1-\theta(1-a)]} \equiv X(L^{+},H^{+},c^{-},b^{-},k^{-},f^{-}) \tag{5-29}$$

$$Y = \frac{(1-\theta)L}{a_{Y}} + \frac{\theta L(1-\theta)[(1-a)/a]}{a_{Y}[(H/f)^{(1-a)/a}(2/cbk) + (1/a)[1-\theta(1-a)]]} \equiv Y(L^{+},H^{-},c^{+},b^{+},k^{+},f^{+}) \tag{5-30}$$

$$\frac{w^{H}}{w^{L}} = \frac{\theta L[(1-a)/a]}{H[(H/f)^{(1-a)/a}(2/cbk) + (1/a)[1-\theta(1-a)]]} \equiv \omega(L^{+},H^{-},c^{+},b^{+},k^{+},f^{+}) \tag{5-31}$$

$$\frac{P_{X}}{P_{Y}} = \frac{1}{a_{Y}}[k + (\frac{1}{a})(\frac{f}{H})^{(1-a)/a}(\frac{cb\,k^{2}}{2})] \tag{5-32}$$

将式（5－29）中的 X 代入式（5－13）得到：

$$S = \frac{\theta L}{2/bk + (1/a)(f/H)^{(1-a)/a}c[1-\theta(1-a)]} \equiv S(L^{+},H^{+},c^{-},b^{+},k^{+},f^{-}) \tag{5-33}$$

（二）跨国生产共享下的价值链分工位置提升

最后，在生产模型中加入价值链：根据 Dixit 和 Grossman（1982）的研究，假设商品 X 是由跨国公司（MNC）生产的，处于生产阶段 j = ［0，1］。则在产品分工背景下，存在从设计、研发到售后服务的一系列跨国公司主导的生产工序，不同生产工序根据所需要素密集度的不同分散在具有不同要素禀赋的国家，纳入全球价值链后，生产阶段 j 越大，表明该生产阶段越是技术密集型，同样表明参与该阶段的国家越处于价值链高端。借鉴 Sim 等（2004）假设生产阶段 k 为发展中国家和发达国家的临界分布点，属于区间［0，k］的部分在发展中国家生产，属于［k，1］的部分在发达国家生产。

1. 生产函数

假设所有生产工序具有相同的生产函数，生产函数形式为希克斯中性的 Cobb – Douglas 生产函数。

发展中国家生产函数：

$$X_j = zh\left[\min\left(\frac{L_j}{a_j^L},\frac{H_j}{a_j^H}\right)\right]^{\beta} K^{1-\beta} \tag{5-34}$$

发达国家生产函数：

$$X_j^* = z^* h^* \left[\min\left(\frac{L_j^*}{a_j^L},\frac{H_j^*}{a_j^H}\right)\right]^{\beta} (K^*)^{1-\beta} \tag{5-35}$$

其中，a_j^L 和 a_j^H 表示在 j 生产阶段生产单位 X_j 所需要的非技术与技术密集型劳动数量；z 为产品所在国的产业规模，h 表示国家的技术水平，L 和 H 表示投入的非技术与技术密集型劳动数量。

从发展中国家与发达国家的性质来看，发达国家的技术密集型劳动占比较大，而发展中国家的非技术密集型劳动占比较大，从而：

$$\min\left(\frac{L_j}{a_j^L},\frac{H_j}{a_j^H}\right) = \frac{H_j}{a_j^H} = H\ ,\ \min\left(\frac{L_j^*}{a_j^L},\frac{H_j^*}{a_j^H}\right) = \frac{L_j^*}{a_j^L} = L^* \tag{5-36}$$

发展中国家生产函数：

$$X_j = zhH^{\beta}K^{1-\beta} \tag{5-37}$$

发达国家生产函数：

$$X_j^* = z^* h^* (L^*)^{\beta} (K^*)^{1-\beta} \tag{5-38}$$

2. 成本函数

发展中国家成本函数：

$$C = w_j H + qH + rK \tag{5-39}$$

发达国家成本函数：

$$C^{*} = w_{j}^{*} L^{*} + q^{*} L^{*} + r^{*} K^{*} \tag{5-40}$$

根据要素禀赋：

$$w > w^{*},\ q < q^{*} \tag{5-41}$$

利润方程：

$$R = P X_{j} - C \tag{5-42}$$

利润最大化：

$$\frac{\partial R}{\partial K} = 0, \frac{\partial R}{\partial L} = 0 \tag{5-43}$$

得到

$$\frac{H}{K} = \frac{r\beta}{(w_{j} + q)(1 - \beta)}, \frac{L^{*}}{K^{*}} = \frac{r^{*}\beta}{(w^{*}j + q^{*})(1 - \beta)} \tag{5-44}$$

得到资本和劳动投入：

$$K = X_{j} (zh)^{-1} [(w_{j} + q)(1 - \beta)]^{\beta} (r\beta)^{-\beta} \tag{5-45}$$

$$K^{*} = X_{j}^{*} (z^{*} h^{*})^{-1} [(w_{j}^{*} + q^{*})(1 - \beta)]^{\beta} (r^{*}\beta)^{-\beta} \tag{5-46}$$

$$H = X_{j} (zh)^{-1} [(w_{j} + q)(1 - \beta)]^{\beta-1} (r\beta)^{1-\beta} \tag{5-47}$$

$$L^{*} = X_{j}^{*} (z^{*} h^{*})^{-1} [(w_{j}^{*} + q^{*})(1 - \beta)]^{\beta-1} (r^{*}\beta)^{1-\beta} \tag{5-48}$$

最后得到 j 生产工序的成本函数：

$$c = C/X_{j} \tag{5-49}$$

发展中国家：

$$c = (zh)^{-1} r^{1-\beta} (w_{j} + q)^{\beta} (1 - \beta)^{\beta-1} \beta^{-\beta} \tag{5-50}$$

发达国家：

$$c^{*} = (z^{*} h^{*})^{-1} (r^{*})^{1-\beta} (w_{j}^{**} + q^{*})^{\beta} (1 - \beta)^{\beta-1} \beta^{-\beta} \tag{5-51}$$

3. 均衡分析

全球价值链体系中，各个国家凭借自身比较优势参与生产的全球价值链分工，当简单地考虑成本时，各国凭借自身的成本优势参与某一阶段的生产，两国不同工序的分割点就是成本函数的相同点，即在该点发展中国家的成本和发达国家的成本相同，$c = c^{*}$，该点在全球价值链上记为 k^{e} 点，$j \in (0, k^{e})$ 的生产阶段为发展中国家具有比较优势的生产区间，$i \in (k^{e}, 1)$ 的价值链工序为发达国家具有比较优势的生产区间。当 k^e 增大时，表明发展中国家在向价值链高端环节攀升。由 $c=c^*$，得到：

$$c = (zh)^{-1} r^{1-\beta} (w k^e + q)^{\beta} (1-\beta)^{\beta-1} \beta^{-\beta} = (z^* h^*)^{-1} (r^*)^{1-\beta} (w^* k^e + q^*)^{\beta} (1-\beta)^{\beta-1} \beta^{-\beta} = c^* \quad (5-52)$$

得到隐函数 F：

$$F(z,h,k^e,r) = (zh)^{-1} r^{1-\beta} (w k^e + q)^{\beta} (1-\beta)^{\beta-1} \beta^{-\beta} - (z^* h^*)^{-1} (r^*)^{1-\beta} (w^* k^e + q^*)^{\beta} (1-\beta)^{\beta-1} \beta^{-\beta} = 0 \quad (5-53)$$

4. 再次回到生产服务化

商品 X 的工序 $j \in (0,\ k^e)$ 由发展中国家生产，工序 $i \in (k^e,\ 1)$ 在发达国家生产，从而由式（5-28）可知 $(P_S/wL) > (P_S{}^*/wL^*)$，则跨国公司零利润条件：

$$P_X = \int_0^k (w^L + b_j P_S) \mathrm{d}j + \int_k^1 (w^{L*} + b_j P_S{}^*) \mathrm{d}j \quad (5-54)$$

在商品 X 的 k^e 阶段，两国成本相同：

$$w^L + bkP_S = w^{L*} + bk P_S{}^*$$

结合式（5-17）、式（5-28）、式（5-29）、式（5-31）得到：

$$b(a P_S^* n^{(1-a)/a} - c w^{L*}) k^2 + 2bc\left(w^{L*} + \frac{1}{2} bP_S^* - P_X\right)k + 2a n^{(1-a)/a}\left(w^{L*} + \frac{1}{2} bP_S^* - P_X\right) = \rho_1 k^2 + \rho_2 k + \rho_3 = 0 \quad (5-55)$$

最后得到商品 X 和服务业有关的 k^e 表达式：

$$k^e = \frac{-\rho_2 - \sqrt{\rho_2 - 4\rho_1{}^* \rho_3}}{2\rho_1} \equiv k(H^+, f^-, c^-, b^+, w^{L*+}, P_S^{*+}) \quad (5-56)$$

将式（5-56）代入式（5-53）得到：

$$F(z,h,k^e(b),r) = (zh)^{-1} r^{1-\beta} (w k^e + q)^{\beta} (1-\beta)^{\beta-1} \beta^{-\beta} - (z^* h^*)^{-1} (r^*)^{1-\beta} (w^* k^e + q^*)^{\beta} (1-\beta)^{\beta-1} \beta^{-\beta} = 0 \quad (5-57)$$

三、模型分析

根据本书研究的需要，首先通过模型探讨对外直接投资对全球价值链的影响，以及模型中的其他变量对全球价值链的影响，然后通过模型进一步探索对外直接投资如何通过其他变量影响全球价值链。

对于式（5 - 57），可以得到价值链环节 k^e 关于其他影响变量的函数，通过隐函数定理可知：

（1）$\frac{\partial k^e}{\partial r} = -\frac{\partial F}{\partial r} / \frac{\partial F}{\partial k^e} = \frac{(\beta - 1)(gt)^{-1} r^{-\beta}(w k^e + q)^{\beta}}{> 0} = \frac{< 0}{> 0}$，即对外直接投资通过利率的传导对全球价值链地位产生影响，且是正向影响。从而验证假设 1：对外直接投资能够促进母国全球价值链地位提升。

（2）$\frac{\partial r}{\partial g} = \frac{\partial F}{\partial g} / \frac{\partial F}{\partial r} = \frac{> 0}{< 0}$，即利率同规模之间存在反向关系，从而可知对外直接投资同产业价值规模之间存在正向关系。验证假设 2：对外直接投资增加能够促进产品价值增值能力的提升，产生的产品价值增值效应促进全球价值链地位提升。

价值规模对全球价值链环节攀升具有正向的直接影响。产品增加值规模扩大时，能够带来成本降低效应、规模经济效应，产业基础规模越大，越能够带来成本优势，进而促使该国所处的全球价值链环节升级。

（3）$\frac{\partial r}{\partial t} = -\frac{\partial F}{\partial t} / \frac{\partial F}{\partial r} = \frac{> 0}{< 0}$，即同规模一样，国内利率水平和技术水平之间存在反向关系，进而对外直接投资同技术水平之间存在正向的关系。验证假设 2：对外直接投资的增加能够促进技术水平的提升，进而促进全球价值链地位的提升。

技术水平对全球价值链环节攀升具有直接的正向影响。技术水平的提高能够提升产品的附加价值，增加产品的技术密集度，改变一国要素禀赋结构，降低发展中国家与发达国家技术要素比例之间的差异，最终改变一国的全球价值链地位。

（4）$\frac{\partial r}{\partial b} = -\frac{\partial F}{\partial b} / \frac{\partial F}{\partial r} = \frac{> 0}{< 0}$，即利率水平同服务业的关系也能够反映出对外直接投资同服务的正向关系，对外直接投资增加了对专业服务的需求，促进了服务业的发展，最后能够促进全球价值链地位升级。验证假设 2：

对外直接投资量的增加能够提升以服务业占比上升为代表的产业结构的升级，促进产业结构的服务化趋势。

服务业的发展能够对全球价值链环节攀升产生正向影响。价值链中高端的生产阶段在技术上要求更高，需要更多的服务包投入进行协调，同样，服务业中的熟练劳动力需求与含量更高。服务业的发展将改变一国的产业结构，促进生产服务化、产业结构服务化、经济服务化，发展中国家将以更高的技术密集度进入生产阶段，为其创造价值链高端的比较优势。

第四节　本章小结

本章通过构建全球价值链地位升级的各种可能方式，在全球价值链地位升级的视角下对对外直接投资进行了重新阐述，论述了发展中国家各种类型的对外直接投资如何作用于全球价值链地位的改变。然后在此基础上论述了对外直接投资影响全球价值链地位升级的主要路径：增值能力提升、技术进步与产业结构升级，并详细论述了三条路径对应的三种间接效应（价值增值效应、技术进步效应与产业结构升级效应）如何使全球价值链地位得到升级。最后，根据理论叙述，借鉴已有研究构建了生产共享的全球价值链模型，即在 Sim 等（2004）的模型基础上，将全球价值链升级纳入生产共享框架内，并在国内学者研究的基础上对 Sim 等的模型进行了进一步的扩展，验证了本书的基本假设：对外直接投资能够促进母国向全球价值链高端环节攀升，同时价值增值效应、技术进步效应、产业结构服务化也能够对全球价值链地位提升产生促进作用。

第六章 OFDI 影响母国 GVC 地位的直接效应检验

对外直接投资是一国参与全球价值链的方式之一，第五章通过分析全球价值链视角下的对外直接投资模式，阐述了对外直接投资如何影响全球价值链地位升级，在理论上分析了对外直接投资影响全球价值链地位提升的三种主要间接效应。为了使该理论框架更加具有说服力，这里选取适当的模型与数据，通过实证模型验证对外直接投资能够影响母国全球价值链地位提升的假设1，从实证上支撑本书的核心命题。

本章主要从五个方面展开：一是以部分国家为样本，建立面板模型，验证对外直接投资能够影响母国全球价值链地位；二是对全球样本进行分组，分别检验发达国家的对外直接投资和发展中国家的对外直接投资对本国全球价值链地位影响的存在性，以及发达国家和发展中国家是否存在不同；三是以我国数据为样本建立时间序列模型，检验我国对外直接投资能否影响我国在全球价值链中的地位及影响方向如何；四是以我国行业大类为样本，检验对外直接投资能否影响不同行业的价值链地位，以及对不同行业的影响有何不同；五是对我国 OFDI 进行分类，按照投资方式、投资主体、投资主体属性、投资对象属性以及投资对象国发达程度五个方面进行分类，分别检验不同对外直接投资对我国全球价值链地位影响的存在性。

第一节 OFDI 影响 GVC 地位的总样本检验

全球经济发展的不平衡性导致了不同国家的对外直接投资与全球价值链地位的不同，考察对外直接投资能否影响母国全球价值链地位也要考虑不同国家的经济发展水平，从而先从总体上检验对外直接投资对母国全球价值链地位的影响，再分国家样本组检验对外直接投资对母国全球价值链地位的影响在不同经济发展水平的国家是否不一样。

对于样本的选取，既要考虑样本的代表性，又要考虑样本的随机性。但是在实证研究中，数据的可得性至关重要。以增加值为统计口径的数据库建立时间较短，根据本书的研究需要，可选数据库非常有限，导致样本的选择具有非随机特性。不过，考虑到本书使用的数据库虽然存在主观选择成分，但是该数据库是在客观的基础上建立的，从而存在主观与客观相结合的情形。这种结合产生的判断以现象发展过程的历史连续性和事物相互作用的关联性为基础，符合历史唯物论和辩证唯物论的要求。① 同时，本书使用的数据库既包含了发达国家又包含了发展中国家，涉及了不同发展水平的国家和地区，具有一定的代表性。而且所选样本2017年对外直接投资流量总和占据世界投资流出总量的80.4881%。而大多数未包含在数据库中的国家都是最不发达国家，这些国家的经济发展水平比较落后，与此相对应的对外直接投资数量也比较少甚至为0，因此不具有研究的意义。即虽然本书使用的数据库存在非随机样本的问题，但是仍然能够对研究主题做出解释。

鉴于世界银行公布的国际投入产出表涉及国家数量有限，2016年发布的数据包含44个国家和地区，2011年发布的数据包含40个国家和地区，从而只能得到40个经济体1995—2017年的连续的全球价值链地位相关指标值。因为中国台湾的其他数据缺失，这里从40个经济体中剔除中国台湾，故本节选取2011年世界银行数据库中包含的39个经济体作为样本。②

---

① 陈元江．对非随机抽样的思考[J]．中国统计，2004(12)：18－19.

② 39个经济体包括：澳大利亚、奥地利、比利时、保加利亚、巴西、加拿大、中国、塞浦路斯、捷克、德国、丹麦、西班牙、爱沙尼亚、芬兰、法国、大不列颠、希腊、匈牙利、印度尼西亚、印度、爱尔兰、意大利、日本、韩国、立陶宛、卢森堡、拉脱维亚、墨西哥、马耳他、荷兰、波兰、葡萄牙、罗马尼亚、俄罗斯、斯洛伐克、斯洛文尼亚、瑞典、土耳其、美国。

一、变量选取与数据处理

全球价值链位置与全球价值链地位是两个不同的概念，全球价值链位置即指一国参与全球价值链活动，在全球价值链生产网络上所处的相对位置，而全球价值链地位是一个综合性的概念，指的是一国参与全球价值链活动的综合竞争力，不仅包括在全球价值链上的位置，还包括参与全球价值链的程度、产品生产的专业化与复杂度（生产长度）等多方面，能够表明一国在全球价值链上的控制力、协调力与抗风险能力，以及在国际分工中的价值增值能力。本书选取全球价值链参与度（前向和后向）、全球价值链生产长度、全球价值链位置和全球价值链增加值四类指标作为全球价值链地位的衡量指标，鉴于存量数据更能反映对外直接投资的长期行为，为避免偶然因素的影响，对外直接投资指标选用存量数据。

（一）核心变量

1. 被解释变量

全球价值链增加值：一国参与全球价值链活动产生的价值增加值，代表了该国在全球经济中的价值创造能力，是一国通过参与全球价值链活动新创造出来的价值。较高的产品增加值意味着价值微笑曲线上的较高位置，或者较高的价值微笑曲线，从而较高的全球价值链增加值能够在一定程度上代表较高的全球价值链地位。通过世界银行数据库和 ADB（Asia Development Bank）数据库公布的投入产出表，可以得到 1995—2017 年连续的各国增加值数据，单位为百万美元。利用对外经贸大学全球价值链研究院的数据库数据，经过计算最终得到各个国家或地区层面的 GVC 增加值数据 GVC_sva，并利用消费者物价指数以 1995 年为基期对数据进行价格平减。

全球价值链参与度：一国嵌入全球价值链的方法和位置决定了该国在全球价值链上所处的位置和向上攀升的方式，以及参与全球价值链的方式。全球价值链参与方式分为两种：前向参与和后向参与，参与方式与程度的不同也会导致获得全球价值链发展的收益与面临的风险不同。以我国为代表的发展中国家多以加工贸易的方式嵌入全球价值链低端环节，这决定了发展中国家在全球价值链分工中的从属地位，以及多以后向参与方式参与全球价值链分工。从而前后向参与程度能够体现一国在全球价值链中的地位，这里用第四章计算出来的前向参与度 *GVC_patf* 和后向参与度 *GVC_patb* 表示。

全球价值链生产链长：基于比较优势的生产环节的跨境分工促进了全球价值链的深化发展，分工越细化则生产阶段越多，生产过程越复杂，全球价值链分工越深化。斯密指出，财富与劳动分工密切相关，专业化活动有利于提高经济效率。随着经济主体的经济活动进一步细化和专业化，主体相互之间的联系也会越来越复杂，产品生产阶段数变大，产品生产链条拉长，进而促进生产效率和福利的提高。① 生产链长代表的产品生产链条在一定程度上代表了分工程度，代表了生产效率和福利，从而生产链长能够表示一国在全球价值链中的地位。王直等（2017a）认为，从要素角度对产品在国家或部门层面进行完全的分解需要同时考虑产业关联，由此可以得到基于前向产业关联和后向产业关联的分解模型，进而得到基于前向关联与后向关联的生产链长。基于前向产业关联的价值分解是从生产者角度出发衡量一个国家或部门在全球价值链活动中的参与度，基于后向产业关联的分解则是站在使用者的角度，衡量一个国家或部门在全球价值链活动中的参与度。鉴于全球价值链位置是前向关联的生产链长与后向关联的生产链长的比值，这里选取前向关联的生产链长指标，仍然用第四章计算出来的全球价值链生产链长 *GVC_PLv* 数据表示。

全球价值链位置：全球价值链位置 *GVC_ps* 表示一国在全球价值链生产网络中的相对位置，该指数越大，则表明一国在全球价值链中的位置越高，该国越多地为其他国家提供中间产品而不是更多地利用其他国家生产的中间产品，是全球价值链地位的一种表现。基于不同环节嵌入的国家，即便拥有相同的参与程度，在全球价值链中所处位置也可能是不同的，即便拥有较高

① 倪洪福，龚六堂，夏杰长．生产分割的演进路径及其影响因素：基于生产阶段数的考察［J］．管理世界，2016（4）：10－23.

的价值增值能力，也不一定处于全球价值链生产网络的较高位置。

2. 解释变量

对外直接投资：存量数据比流量数据更能够有效地衡量对外直接投资的长期行为以及对一国参与全球经济的长期影响，也能够有效规避短期因素、突发因素的影响。这里选取对外直接投资存量数据作为解释变量，数据来源于联合国贸发会议数据库（UNCTAD），并用消费者价格指数进行平减。

（二）控制变量

研发投入：科技水平仍然是第一生产力，是一国参与全球价值链的目的与驱动力。无论是价值增加值还是参与全球价值链的方式，无不体现着一国技术水平的高低。具有较高技术水平的国家一般拥有较高的价值增值能力、较高的前向参与度、较高的价值链控制力。而一国技术水平能够通过研发投入得到提高，研发投入水平表明了一国对技术投入的重视程度与技术升级的储备能力。这里用研发投入占 GDP 的比值表示，数据来源于世界银行数据库，部分缺失数据通过估算进行填补。

资本水平：资本存量是经济社会现存资源的表现。资本积累是经济增长的重要源泉，技术被体现在新资本品之中，这种资本体现式技术进步是全部技术进步的重要来源。[①] 按照林毅夫（2007），易纲、樊纲等（2003）的观点，技术进步分为两种：一是体现在机器设备等资本品中的技术；二是研发投入和人力资本等这种不体现在资本存量中的技术进步。从而可知，研发投入、人力资本与资本存量是技术进步的三种主要来源。资本存量的数据来源于 PWT（Penn World Table）数据库，该数据已经过处理，不需要再进行价格平减。

人力资本：技术的发展离不开人，而科技创新与技术进步更多是具有较高劳动力质量与增值潜力的人力资本作用的结果。人力资本的作用，体现在产品生产上可以用劳动效率表示，即单位劳动力的产出水平，这里用一国 GDP 同该国劳动者就业人数的比值表示。GDP 数据来源于世界银行数

---

① 孙克．中国资本体现式技术进步估计[J]．经济科学，2011(3)：33－45.

据库，并用消费者物价指数进行平减；劳动者就业人数来源于世界银行数据库，所有缺失数据都通过年增长率进行估算填补。

国家经济发展水平：一定期间的经济发展水平反映了经济体在该时期内整个国民经济活动的成果。国民经济水平的提升能够提高一国的国际地位与话语权，提高该国的国际分工地位，从而影响一国在全球价值链中的地位。人均 GDP 能够在一定程度上客观衡量一国经济发展水平和发展程度，以及人民生活质量，这里用人均实际 GDP 表示一国经济发展水平，数据来源于世界银行数据库，并用价格指数进行平减。

市场开放度：一国市场的开放程度是指该国经济的对外开放程度，一般用对外贸易依存度作为开放度的评估和衡量指标。贸易依存度不仅表明了一国经济依赖于对外贸易的程度，还可以在一定程度上反映一国的经济发展水平以及参与国际经济的程度。而对外贸易依存度的计算根据关注重点不同而有不同方法：一种是用贸易总额即进出口总额比国内生产总值表示，可同时考察国际市场与国内市场的双向影响；另一种是只用出口总额或者进口总额比国内生产总值表示，表示出口依存度或者进口依存度，仅观察国际市场需求对国内经济发展的影响，并不考虑进口对国内经济的影响或者反之；还可以用净出口额比国内生产总值表示对外贸易对整体国民经济的影响。无论用哪种方法，得到的指标数值越大，表明该地区的开放程度越高。本书借鉴马述忠等（2017）的做法，用“贸易总额/GDP”表示经济对外开放度。1995—2017 年各国进出口数据来源于 WTO 数据库，各国 GDP 数据来源于世界银行数据库，所有数据都用消费者价格指数进行平减。

政府管控：用政府支出规模表示。19 世纪 80 年代德国著名经济学家瓦格纳在对许多国家公共支出资料进行实证分析的基础上，得出了著名的瓦格纳法则：当国民收入增长时，财政支出会以更大比例增长。随着人均收入水平的提高，政府支出占 GDP 的比重将会提高，这就是财政支出的相对增长，被后人归纳为瓦格纳法则，又称为政府活动扩张法则。财政支出反映的是财政在 GDP 使用过程中的活动，能够全面而准确地反映财政对宏观经济的调控能力和影响社会资源配置的程度。政府财政支出同时也是对经济制度的一种间接反映，财政支出的增长既可能表明政府对市场调控能力的增强、对公共产品提供能力的增强，也可能表明政府对市场干预的增加。因此，政府财政支出对母国全球价值链活动的影响有待考察。这里用政府支出占 GDP 的比值表示，数据来源于 IMF 数据库。

城镇化水平：城市化是社会经济发展的必然结果。城镇化水平是衡量一国经济发展水平的重要标志。一般来说，一国经济发展水平越高，则城镇化水平越高。同时城镇人口的集聚也能促进产品生产效率的提升，为产品生产节约成本，促进生产阶段的细分。从而城镇化水平是一国经济社会发展与进步的主要反映，能够间接影响一国参与全球经济。这里用城镇人口占总人口的比例表示，数据来源于世界银行数据库。

高技术产品出口：贸易与投资是参与全球经济的两种方式，从而贸易也是影响一国全球价值链地位的一种途径。随着贸易规模的扩大，发展中国家和发达国家间的联系会进一步增强，进而技术升级进程会进一步加快。[①] 鉴于本书已经用贸易总额与 GDP 之比表示对外开放度指标，这里选取更能体现一国技术水平的高技术产品出口值作为控制变量，数据来源于世界银行数据库，并用消费者价格指数进行平减。

各变量具体含义及数据来源如表 6－1 所示。

表 6－1　各变量具体含义及数据来源

分类	变量	指标	数据来源
被解释变量	全球价值链增加值 *GVC_sva*	通过参与全球价值链活动新创造的产品价值	原始数据来源于 UIBE 数据库，最终数据经过笔者计算得出
	全球价值链参与度 *GVC_patb*，*GVC_patf*	参与全球价值链网络的程度	
	全球价值链生产链长 *GVC_PLv*	全球价值链生产活动的阶段数	
	全球价值链位置 *GVC_ps*	在全球价值链生产网络中的相对位置	

① 张杰，张少军，刘志彪．多维技术溢出效应、本土企业创新动力与产业升级的路径选择：基于中国地方产业集群形态的研究[J]．南开经济研究，2007(3)：47－67，143.

续表

分类	变量	指标	数据来源
解释变量	对外直接投资 *OFDI_C*	用截至某一年的对外直接投资累计额即存量表示	UNCTAD 数据库
控制变量	研发投入 *RD*	用研发投入占 GDP 的比值表示	世界银行数据库
	资本存量 *CN*	用截至某一年的资本累计额表示	PWT 数据库
	人力资本 *LA*	用劳动效率表示，即单位劳动的产出水平	世界银行数据库
	国家经济发展水平 *PGDP*	用人均 GDP 表示，衡量一国经济社会发展水平	世界银行数据库
	市场开放度 *OPEN*	用“贸易总额/GDP”表示经济对外开放度	WTO 数据库，世界银行数据库
	政府支出规模 *GOV*	用财政支出占 GDP 的比值表示	IMF 数据库
	城镇化水平 *CITY*	城镇人口占总人口的比例	世界银行数据库
	高技术产品出口 *HT*	高技术产品的出口值	世界银行数据库

二、模型的设定

本书选取了 39 个国家的 24 年数据，属于面板数据。鉴于时间跨度较长，个体较多，同时考虑个体效应和时间效应的影响，从而将模型设定为：

$$\ln GVC_{it} = \alpha + \beta_1 \ln OFDI\_C_{it} + \beta_2 RD_{it} + \beta_3 \ln CN_{it} + \beta_4 LA_{it} + \beta_5 \ln PGDP_{it} + \beta_6 OPEN_{it} + \beta_7 \ln HT_{it} + \beta_8 GOV_{it} + \beta_9 CITY_{it} + \mu_i + T_t + \varepsilon_{it} \quad (6-1)$$

其中，$\ln GVC_{it}$ 为全球价值链地位指标的对数，*GVC* 地位指标用 *GVC_sva*、*GVC_patf*、*GVC_patb*、*GVC_PLv*、*GVC_ps* 共 5 个指标表示。μ_i 为个体效应，T_t 为时间效应。出于模型估计的需要，这里对解释变量与被解释变量以及部分控制变量进行取对数处理。

三、相关检验

模型使用较长年份的数据，要考虑面板数据的不平稳性，在进行回归前要进行变量的平稳性检验，以防出现伪回归或者虚假回归。在模型的选择上，面板数据模型主要有三大类，即个体固定效应模型、随机效应模型与混合效应模型，只有选择正确的模型才能对经济现象进行更准确的解释。在模型的选择完成后还要充分考虑面板数据模型经常出现的异方差与自相关问题，并就出现的问题选择合适的方法对模型进行改进。最后为了保证估计结果的可靠性，需要对模型进行稳健性检验。

（一）变量平稳性检验

模型回归前，要先确定面板数据是否平稳，即多个主体的变量数据是否含有单位根，以避免出现虚假回归或伪回归的问题，保证模型估计结果的有效性。面板数据的单位根检验有多种方法，这里选取常用的两种：LLC 检验与 IPS 检验，两种检验方法的原假设都为“面板序列具有单位根”，结果如表 6 – 2 所示。

表 6 – 2　面板序列单位根检验

变量	LLC	IPS	结论	变量	LLC	IPS	结论
ln*GVC_ sva*	–6.1777 *** (0.0000)	–1.888 ** (0.0295)	平稳	ln*CN*	–4.1636 *** (0.0000)	–3.7343 *** (0.0001)	平稳
ln*GVC_ patb*	–1.6265 * (0.0519)	–4.0856 *** (0.0000)	平稳	*LA*	–1.6489 ** (0.0496)	–4.981 *** (0.0000)	平稳
ln*GVC_ patf*	–5.5016 *** (0.0000)	–4.0238 *** (0.0000)	平稳	*OPEN*	–1.8953 ** (0.029)	–1.3707 * (0.0852)	平稳
ln*GVC_ PLv*	–1.4542 * (0.0729)	–3.1724 *** (0.008)	平稳	*GOV*	–6.4611 *** (0.0000)	–7.7281 *** (0.0000)	平稳
ln*GVC_ ps*	–3.825 *** (0.0001)	–3.3156 *** (0.0005)	平稳	*CITY*	–6.2238 *** (0.0000)	–5.269 *** (0.0000)	平稳
ln*OFDI_ C*	–4.0263 *** (0.000)	–2.2805 ** (0.0113)	平稳	ln*HT*	–6.8695 *** (0.0000)	–2.3881 *** (0.0085)	平稳
ln*PGDP*	–6.3364 *** (0.0000)	–4.9441 *** (0.000)	平稳	*RD*	–5.0433 *** (0.0000)	–3.502 *** (0.002)	平稳

注：* 表示在 10% 的水平上显著，* * 表示在 5% 的水平上显著，* * * 表示在 1% 的水平上显著；括号内为 p 值。

通过对所有变量进行单位根检验，发现无论是 LLC 检验还是 IPS 检验，所有变量都拒绝了原假设，即都不存在单位根，故模型使用的是平稳的面板数据，可直接进行回归。

（二）模型的选择检验

面板数据模型主要有三种，即固定效应模型、随机效应模型与混合效应模型。根据F检验在混合效应模型和固定效应模型中认为固定效应模型优于混合效应模型，且使用聚类稳健标准误后大多数个体虚拟变量都很显著，即可以拒绝"所有个体虚拟变量都为0"的原假设，也就是存在个体效应，不应该使用混合回归；根据LM检验认为随机效应模型比混合效应模型更合适；最后通过Hausman检验，认为本书的面板数据模型应该使用固定效应模型而不是随机效应模型（见表6－3）。

表6－3　模型选择的检验

模型	F检验	LM检验	Hausman
模型1	93.38（0.0000） Corr（u_i，Xb）＝－0.1184	p＝0.000	p＝0.000
模型2	82.4（0.0000） Corr（u_i，Xb）＝－0.8233	p＝0.000	p＝0.000
模型3	71.82（0.0000） Corr（u_i，Xb）＝－0.788	p＝0.000	p＝0.000
模型4	63.93（0.0000） Corr（u_i，Xb）＝－0.7939	p＝0.000	p＝0.000
模型5	21.55（0.0000） Corr（u_i，Xb）＝－0.0733	p＝0.000	p＝0.000
结果	固定效应模型	随机效应模型	固定效应模型

注：括号内为p值。

（三）异方差与自相关检验

本书使用的是面板数据，时间跨度为24年，个体数量为39，涉及个体信息较多，需考虑扰动项存在异方差与自相关的情况。对模型进行Wald检验，看是否存在组间异方差与组内自相关，进行截面相关的Pesaran（2004）检验，看是否存在组间自相关，结果如表6－4所示。

表 6-4 异方差与自相关检验

模型	Wald 检验 （异方差）	Wald 检验 （组间自相关）	csd 检验 （组内自相关）
模型 1	7158.02 （0.0000）	300.156 （0.0000）	15.282 （0.0000）
模型 2	3971.4 （0.0000）	426.163 （0.0000）	17.602 （0.0000）
模型 3	2059.19 （0.0000）	72.804 （0.0000）	14.073 （0.0000）
模型 4	1105.22 （0.0000）	139.24 （0.0000）	35.863 （0.0000）
模型 5	6838.83 （0.0000）	64.161 （0.0000）	10.045 （0.0000）
结果	存在异方差	存在自相关	

由以上结果可知，模型存在异方差与自相关的问题，从而选择估计方法时要对异方差与自相关问题进行校正。

四、模型回归及结果

对于扰动项存在异方差与自相关的面板数据，可通过两种方法进行估计：一是用 LSDV 来估计系数，只对标准误差进行校正，即面板校正标准误方法；二是对异方差或者自相关的具体形式进行假设，然后使用可行广义最小二乘法（FGLS）进行估计。这两种方法各有优劣，FGLS 方法是最有效的，但是需要对异方差或自相关的具体形式进行假设，如果该形式设定错误，则根据 FGLS 计算的标准误差可能失效，导致不正确的统计推断，而面板校正标准误差是最为稳健的，更适用于一般的情形。[①] 这里使用更为一般的、更稳健的 LSDV 估计方法，得到的估计结果仍然是一致的。

为了考虑时间效应，生成时间趋势效应，然后用 LSDV 法估计双向固定效应模型，结果如表 6-5 至表 6-9 所示。

① 陈强．高级计量经济学及 Stata 应用[M]．北京：高等教育出版社，2010：279.

（一）以增加值作为被解释变量

1. 回归结果

以全球价值链活动创造的增加值作为被解释变量进行回归，并逐次添加控制变量，部分逐步回归结果如表6－5所示。

表6－5　回归结果1

lnGVC_ sva						
变量	模型1	模型2	模型3	模型4	模型5	模型6
lnOFDI_ C	0.1909*** (14.82)	0.19*** (14.92)	0.1514*** (10.83)	0.0588*** (8.08)	0.0527*** (7.69)	0.0552*** (8.73)
RD		0.0536* (1.81)	0.0533** (2.05)	0.0644*** (3.45)	0.0406** (2.24)	0.0307** (2.1)
lnCN			0.4263*** (9.01)	0.033 (1.56)	0.0379* (1.66)	0.0451* (1.9)
LA				2.12e－06*** (2.76)	4.85e－06*** (5.34)	4.94e－06*** (5.46)
lnPGDP				0.7797*** (23.99)	0.6097*** (14.03)	0.6226*** (13.35)
lnHT					0.1231*** (8.84)	0.1028*** (4.79)
GOV					0.0022* (1.34)	0.003** (1.99)
CITY					0.0053*** (3.29)	0.0054*** (3.58)
OPEN						0.1279 (1.37)
T&个体	控制	控制	控制	控制	控制	控制
cons	－31.692*** (－3.83)	－29.3232*** (－3.44)	0.048 (0.01)	－13.3328*** (－4.12)	－10.633*** (－3.51)	－8.1797*** (－2.58)
N	897	897	897	897	897	897
R^2	0.9785	0.9786	0.9812	0.992	0.9929	0.993

注：*表示在10%的水平上显著，**表示在5%的水平上显著，***表示在1%的水平上显著。变量结果括号中为检验z值，个体虚拟变量基本上都是显著的，这里不再列出，下同。为了省略篇幅，部分逐步回归结果未列出，下同。

2. 回归结果分析

（1）以全球价值链活动创造的增加值作为全球价值链地位的一种衡量指标，根据模型结果可以得到：对外直接投资变量对全球价值链增加值的影响为正，且在1%的水平上显著。无论是没有添加控制变量的模型1还是逐次添加控制变量的其他模型，对外直接投资对全球价值链增加值的影响始终显著为正，表明对外直接投资增加能够促进全球价值链增加值的增加。

由模型估计结果可知，对外直接投资存量的对数系数显著为正，同本书的假设相一致，即对外直接投资能够促进全球价值链地位的改善。

（2）模型中所有控制变量的系数都为正，即在控制其他变量不变的情况下，每个控制变量对全球价值链增加值的影响都是正向的，只有对外开放度的影响并不显著，可能是对外开放度指标的选取存在问题或者对外开放度对全球价值链地位的影响还未显现。

（二）以前向参与度作为被解释变量

以全球价值链的前向参与度作为被解释变量进行回归，逐次添加控制变量，部分回归结果如表6－6所示。

表6－6 回归结果2

lnGVC_ patf						
变量	模型1	模型2	模型3	模型4	模型5	模型6
lnOFDI_ C	0.029*** (4.37)	0.0276*** (4.11)	0.0359*** (5.41)	0.0427*** (5.42)	0.0357*** (4.78)	0.0375*** (5.39)
RD		0.0829* (4.42)	0.0812** (4.35)	0.0811*** (4.3)	0.0614*** (3.52)	0.0545*** (3.8)
lnCN			－0.0516** (－2.25)	－0.0161 (－0.59)	0.0053 (0.22)	0.0104 (0.42)
LA			－2.42e－06*** (－3.04)	－1.23e－06 (－1.38)	1.55e－06* (1.84)	1.61e－06* (1.88)
lnPGDP				－0.0731** (－2.0)	－0.253*** (－6.58)	－0.2439*** (－6.02)
lnHT					0.1275*** (9.86)	0.1132*** (5.8)

续表

lnGVC_ patf						
变量	模型1	模型2	模型3	模型4	模型5	模型6
GOV					0.0004 (0.2)	0.0009 (0.52)
CITY					0.0039 ** (2.09)	0.004 ** (2.21)
OPEN						0.0899 (0.99)
T& 个体	控制	控制	控制	控制	控制	控制
cons	-25.531 *** (-8.61)	-21.8691 *** (-7.31)	-27.1916 *** (-7.25)	-13.3328 *** (-4.12)	-21.6894 *** (-5.52)	-19.9654 *** (-5.23)
N	897	897	897	897	897	897
R^2	0.9028	0.9042	0.9058	0.9065	0.9178	0.918

在逐次添加控制变量的过程中，可以看到对外直接投资变量的系数始终为正，且都在1%的水平上显著。可以得出结论，对外直接投资能够显著促进全球价值链前向参与度的增加。

国内研发投入指标系数显著为正，能够表明研发投入对全球价值链前向参与度存在促进作用；而资本存量、政府财政支出以及对外开放度对全球价值链前向参与度的作用并不显著；人力资本水平、高技术产品出口以及城镇化率能够显著促进全球价值链前向参与度增加；人均国内生产总值对全球价值链前向参与度的影响为负，且结果显著，这与OECD的研究结果"一国全球价值链参与度与其人均GDP增长率存在明显的正相关性"相反，具体原因还需要进一步研究。

（三）以全球价值链后向参与度作为被解释变量

以全球价值链后向参与度作为被解释变量，逐次添加控制变量，结果如表6-7所示。

表 6-7 回归结果 3

lnGVC_ patb						
变量	模型 1	模型 2	模型 3	模型 4	模型 5	模型 6
ln*OFDI_ C*	-0.0164*** (-3.7)	-0.0174*** (-3.92)	-0.0132*** (-3.03)	-0.0113** (-2.38)	-0.0071 (-1.45)	0.0031 (0.67)
RD		0.0647*** (5.28)	0.0526*** (5.16)	0.0524*** (5.24)	0.0508*** (5.16)	0.0497*** (5.2)
ln*CN*			-0.0113 (-0.44)	-0.0348 (-1.51)	-0.0187 (-0.85)	0.0576** (2.36)
OPEN			0.2405*** (6.1)	0.2563*** (6.96)	0.3122*** (7.37)	0.2584*** (5.82)
LA			-9.63e-07 (-1.29)	-6.69e-07 (-0.91)	-5.46e-07 (-0.78)	2.6e-06*** (3.52)
GOV			-0.0035** (-2.43)	-0.0042*** (-2.68)	-0.004*** (-2.65)	-0.045*** (-3.26)
CITY				0.0064*** (2.8)	0.0056** (2.33)	0.0064*** (3.00)
ln*HT*					-0.0234*** (-2.91)	0.0231** (2.16)
ln*PGDP*						-0.2046*** (-7.66)
T& 个体	控制	控制	控制	控制	控制	控制
cons	-29.3605*** (-12.76)	-26.5008*** (-11.5)	-24.2903*** (-7.65)	-23.029*** (-6.66)	-21.5548*** (-6.52)	-17.222*** (-5.38)
N	897	897	897	897	897	897
R^2	0.9378	0.9387	0.9442	0.9448	0.9452	0.9494

从模型 1 至模型 5 来看，逐次添加控制变量的过程中，对外直接投资变量的系数始终为负，其中模型 5 中的系数为负，但是结果并不显著，模型 6 中对外直接投资变量的系数为正，同样结果不显著。由此可以认为，整体来看，对外直接投资对全球价值链的后向参与度存在阻碍作用。由于从全球价值链参与度整体来说，前向参与度越高越能表明该国主要生产中间产品，后向参与度越高表明该国越依赖于他国的中间产品，而生产中间

产品的国家能够获得生产过程中的大部分增加值，获得国际分工的大部分利益，同时面临较小的风险。从这个意义上来说，前向参与度较高同时后向参与度较低的国家处于全球价值链高端环节，从而对外直接投资对后向参与度的阻碍作用对于全球价值链地位提升来说是一种促进作用。

选取的控制变量对后向参与度的影响不尽相同。资本存量对后向参与度的影响不显著，这一结果同前向参与度的结果相一致，可以认为资本存量对全球价值链参与度的影响并未显现。人力资本水平对后向参与度的影响也不显著，结合前向参与度回归结果，可以认为劳动生产率的提升能够提高全球价值链的前向参与度，对后向参与度的影响并不确定。而国内研发投入水平、城镇化水平对后向参与度存在显著的促进作用，这同它们对前向参与度的影响相同，即国内研发投入水平和城镇化率能够促进全球价值链参与度提高。对外开放度对后向参与度存在显著的促进作用，同时对前向参与度的影响不显著。高技术产品出口对后向参与度的影响仍然待考证。政府财政支出对后向参与度的影响为负，对前向参与度的影响不显著。人均 GDP 对前后向参与度的影响都为负，即人均 GDP 对全球价值链的参与度有阻碍作用。

（四）以 GVC 生产链长作为被解释变量

以前向分解的全球价值链生产链长度作为被解释变量，逐次添加控制变量，得到的回归结果如表 6-8 所示。

表 6-8 回归结果 4

ln*GVC_ PLv*						
变量	模型 1	模型 2	模型 3	模型 4	模型 5	模型 6
ln*OFDI_ C*	0.0032** (2.25)	0.003** (2.07)	0.0038*** (3.06)	0.0048*** (3.68)	0.0033*** (2.76)	0.0026** (2.1)
RD		0.015*** (3.87)	0.0124*** (3.68)	0.0117*** (3.52)	0.0124*** (3.83)	0.0153*** (4.96)
ln*HT*			-0.0037** (-2.08)	-0.0023 (-1.18)	-0.006*** (-3.06)	1.72e-05 (0.01)
GOV			0.0011*** (2.66)	0.0013*** (3.12)	0.0013*** (3.28)	0.0011*** (2.62)

续表

lnGVC_ PLv						
变量	模型 1	模型 2	模型 3	模型 4	模型 5	模型 6
CITY			0.0025 *** (6.99)	0.0031 *** (7.53)	0.0032 *** (6.96)	0.0032 *** (6.77)
ln*CN*				-0.0157 *** (-2.76)	-0.0246 *** (-3.72)	-0.0267 *** (-3.9)
ln*PGDP*					0.0193 *** (4.12)	0.0155 *** (3.23)
LA					4.55*e*-08 (0.24)	1.95*e*-08 (0.1)
OPEN						-0.0376 *** (-2.99)
T& 个体	控制	控制	控制	控制	控制	控制
cons	-6.6741 *** (-9.71)	-6.0117 *** (8.76)	-5.1689 *** (-7.00)	-6.0244 *** (-7.75)	-6.299 *** (-7.86)	-7.0206 *** (-7.9)
N	897	897	897	897	897	897
R^2	0.8803	0.8822	0.892	0.8933	0.8957	0.8978

以全球价值链生产链长作为被解释变量，逐次添加控制变量的过程中，对外直接投资的系数都显著为正，即对外直接投资能够显著促进全球价值链生产链长的延长，促进全球价值链分工。从控制变量来看，国内研发投入水平、政府财政支出水平、城镇化率和人均 GDP 水平能够显著促进全球价值链分工，而高技术产品出口、资本存量水平和对外开放度则对全球价值链生产链长有消极影响，人力资本水平的影响并不显著。

（五）以全球价值链位置作为被解释变量

将被解释变量换为全球价值链位置，得到的回归结果如表 6-9 所示。

表 6-9　回归结果 5

lnGVC_ ps						
变量	模型 1	模型 2	模型 3	模型 4	模型 5	模型 6
lnOFDI_ C	-0.00005 (-0.04)	0.0021 * (1.9)	0.0025 ** (2.1)	0.003 ** (2.4)	0.0032 ** (2.51)	0.0028 ** (2.27)
lnHT		-0.0092 *** (-7.61)	-0.0076 *** (-5.59)	-0.0061 *** (-3.81)	-0.0053 *** (-3.09)	-0.0029 (-1.3)
GOV			0.0007 *** (2.69)	0.0009 *** (3.09)	0.0008 *** (2.75)	0.0007 ** (2.48)
RD			-0.0054 ** (-2.01)	-0.0059 ** (-2.14)	-0.0059 ** (-2.13)	-0.0047 (-1.64)
lnPGDP			-0.0049 (-1.37)	-0.01 *** (-2.57)	-0.0106 *** (-2.69)	-0.0121 *** (-2.97)
LA				4.5e-07 *** (3.33)	4.9e-07 *** (3.51)	4.8e-07 *** (3.47)
lnCN				-0.0077 * (-1.83)	-0.011 ** (-2.55)	-0.0119 *** (-2.72)
CITY					0.0008 *** (2.7)	0.0008 *** (2.63)
OPEN						-0.0155 * (-1.94)
T& 个体	控制	控制	控制	控制	控制	控制
cons	-0.7798 *** (-3.18)	-0.9238 *** (-3.46)	-1.1689 *** (-3.31)	-1.3366 *** (-3.00)	-1.3308 ** (-2.49)	-1.6276 *** (-3.04)
N	897	897	897	897	897	897
R^2	0.6695	0.6873	0.6922	0.7005	0.7024	0.7041

从表 6-9 中可以看出，除了模型 1 的对外直接投资系数为负外，其他模型的系数都为正，因为负的系数结果并不显著，正的系数结果都是显著的，可以认为对外直接投资能够影响全球价值链的位置，并且影响为正。

国内研发投入水平、高技术产品出口、资本存量以及对外开放度和人均 GDP 对全球价值链位置的影响都为负，而政府财政支出、人力资本水平和城镇化率对其的影响都为正。

从全球价值链地位的五个指标分别作为被解释变量得到的结果来看，对外直接投资对全球价值链的增加值、前向参与度、生产链长与位置都存在显著的正向促进作用，对全球价值链的后向参与度存在负的影响。从全球价值链升级的演进过程来看，前向参与度较高、后向参与度较低是全球价值链地位提升的一种表现。因此，从这个意义上说，对外直接投资对全球价值链地位提升存在显著的正向影响，即对外直接投资能够通过多方面影响来提高全球价值链地位。

国内研发投入水平对全球价值链增加值、前后向参与度与生产链长都存在促进作用，对全球价值链位置存在负的影响，但是这种负的影响相对正的影响较小，从而也可以认为，国内研发投入能够促进全球价值链地位提升，这同多数学者的研究结果相一致。

五、内生性及稳健性检验

（1）为了检验模型选择是否正确，检验结果是否可靠，这里采用新的估计方法对原模型进行估计，以排除不同估计方法对估计结果造成的影响和偏误。在新的方法选择上采用最有效率的可行广义最小二乘法（FGLS），同时考虑模型中存在的异方差与自相关问题，回归结果如表 6 - 10 所示。

表 6 - 10 稳健性检验结果 1

变量	ln*GVC_ sva*	ln*GVC_ patf*	ln*GVC_ patb*	ln*GVC_ PLv*	ln*GVC_ ps*
	模型 1	模型 2	模型 3	模型 4	模型 5
ln*OFDI_ C*	0. 0438 *** (24. 82)	0. 033 *** (16. 73)	-0. 0117 *** (-5. 78)	0. 00001 (0. 03)	0. 0017 *** (3. 59)
RD	0. 0228 *** (4. 25)	0. 024 *** (4. 14)	0. 0528 *** (8. 53)	0. 0161 *** (10. 52)	-0. 0068 *** (-4. 1)
ln*CN*	0. 0976 *** (11. 25)	0. 1016 *** (8. 73)	0. 0726 *** (8. 88)	-0. 0098 *** (-4. 82)	-0. 0139 *** (-5. 99)
LA	4. 1e -06 *** (23. 83)	2. 6e -06 *** (6. 99)	2e -06 *** (8. 75)	-7. 68e -08 ** (2. 29)	2. 58e -07 *** (5. 8)
ln*PGDP*	0. 7278 *** (85. 05)	-0. 1963 *** (-14. 23)	-0. 157 *** (-15. 95)	0. 0127 *** (7. 94)	-0. 0141 *** (-7. 36)

续表

变量	lnGVC_ sva	lnGVC_ patf	lnGVC_ patb	lnGVC_ PLv	lnGVC_ ps
	模型 1	模型 2	模型 3	模型 4	模型 5
ln*HT*	0.0325 *** (10.49)	0.0366 *** (8.9)	0.0126 *** (3.1)	-0.0025 *** (-3.41)	-0.0051 *** (-5.93)
GOV	-0.0012 *** (-4.99)	-0.0023 *** (-8.48)	-0.0041 *** (-10.91)	0.0003 *** (4.38)	0.0002 *** (2.76)
CITY	0.0076 *** (7.58)	0.0067 *** (4.145)	0.0052 ** (2.14)	0.0029 *** (11.9)	0.0018 *** (7.22)
OPEN	0.3449 *** (25.87)	0.253 *** (22.73)	0.3526 *** (30.74)	-0.0023 (-0.87)	-0.0063 ** (-2.32)
T& 个体	控制	控制	控制	控制	控制
cons	-3.3089 *** (-2.71)	-11.17 *** (-8.52)	_	-5.7794 *** (-16.42)	-2.9182 *** (-11.01)
N	897	897	897	897	897

检验结果显示，使用更有效率的可行广义最小二乘法后，模型 1、模型 2、模型 3、模型 5 中对外直接投资系数是显著的。地位的五个指标中有四个结果是显著的，且所有符号同前面的检测是一致的，基本上可以认为所选模型是稳定的。

再次将主要解释变量更换为对外直接投资流量，进行稳健性检验，结果如表 6-11 所示。

表 6-11 稳健性检验结果 2

变量	lnGVC_ sva	lnGVC_ patf	lnGVC_ patb	lnGVC_ PLv	lnGVC_ ps
	模型 1	模型 2	模型 3	模型 4	模型 5
ln*OFDI_ L*	0.0339 *** (9.01)	0.0286 *** (8.97)	0.0213 *** (4.69)	0.0021 *** (2.91)	0.0024 *** (4.76)
RD	0.0185 ** (2.47)	0.0442 *** (6.00)	0.0527 *** (6.45)	0.0167 *** (4.66)	-0.004 (-1.56)
ln*CN*	0.146 *** (6.7)	0.778 *** (4.43)	0.0801 *** (5.78)	-0.0256 *** (-5.65)	-0.0073 *** (-2.64)

续表

变量	lnGVC_ sva	lnGVC_ patf	lnGVC_ patb	lnGVC_ PLv	lnGVC_ ps
	模型 1	模型 2	模型 3	模型 4	模型 5
LA	4. 9e - 06 *** (5. 27)	1. 82e - 06 ** (2. 13)	3. 08e - 06 *** (4. 91)	5. 47e - 08 (0. 24)	5. 21e - 07 *** (6. 12)
ln*PGDP*	0. 6365 *** (18. 28)	- 0. 2457 *** (- 8. 56)	- 0. 2485 *** (- 11. 3)	0. 0155 *** (2. 8)	- 0. 014 *** (- 3. 7)
ln*HT*	0. 0957 *** (7. 00)	0. 1063 *** (9. 45)	0. 0119 (1. 00)	- 0. 0007 (- 0. 31)	- 0. 0035 *** (- 2. 57)
GOV	0. 0027 ** (2. 44)	0. 0007 (0. 57)	- 0. 0031 *** (- 3. 49)	0. 0011 *** (2. 87)	0. 0007 *** (5. 17)
CITY	0. 0015 (0. 68)	0. 001 (0. 41)	0. 007 ** (3. 55)	0. 0033 *** (6. 58)	0. 0008 * (1. 66)
OPEN	0. 1518 *** (3. 72)	0. 1155 *** (3. 32)	0. 3 *** (8. 1)	- 0. 0323 *** (- 3. 7)	- 0. 0146 * (- 2. 09)
T& 个体	控制	控制	控制	控制	控制
cons	- 10. 398 *** (- 4. 24)	- 20. 8743 *** (- 10. 01)	- 15. 3613 *** (- 6. 84)	- 7. 07 *** (- 11. 57)	- 1. 6144 *** (- 3. 39)
N	814	814	814	814	814
R^2	0. 9934	9229	0. 9517	0. 9012	0. 7216

检验结果（见表6-11）表明，对外直接投资流量对全球价值链地位的所有指标都存在显著的正向影响，即仍然可以认为对外直接投资能够促进母国全球价值链地位提升。

从更换检验方法和将解释变量替换为流量数据来看，核心解释变量系数是稳健的。

（2）对外直接投资同母国在全球价值链上的地位可能存在双向因果关系，考虑这种内生性问题存在的可能性，本书采用面板工具变量法，用对外直接投资滞后一期、进出口贸易量①作为工具变量进行广义矩估计

① 陈虹，陈韬．金砖国家与发达国家对外直接投资经济增长效应比较研究——基于动态面板工具变量法的分析[J]．国际贸易问题，2018(4)：72-89.

(GMM)，结果如表 6 - 12 所示。

根据表 6 - 12 的检验结果，核心解释变量（ln*OFDI_ C*）系数依然显著。结果表明，在克服了解释变量与被解释变量可能存在的双向因果关系这一问题后，实证结果与前面基本一致，即对外直接投资能够对母国全球价值链地位产生影响。

表 6 - 12　GMM 检验结果

变量	ln*GVC_ sva*	ln*GVC_ patf*	ln*GVC_ patb*	ln*GVC_ PLv*	ln*GVC_ ps*
	模型 1	模型 2	模型 3	模型 4	模型 5
ln*OFDI_ C*	0.0605 *** (7.57)	0.0424 *** (5.21)	0.0048 (0.79)	0.0032 ** (2.24)	0.0024 ** (2.13)
RD	0.0312 (1.39)	0.0559 ** (2.45)	0.0512 *** (2.98)	0.0138 *** (3.43)	-0.0043 (-1.4)
ln*CN*	0.0395 (1.27)	-0.0074 (-0.23)	0.0477 ** (2.01)	-0.0276 *** (-4.97)	-0.0102 ** (-2.39)
LA	4.8e-06 *** (5.6)	1.4e-06 (1.63)	2.9e-06 *** (4.35)	5.1e-08 (0.33)	4.7e-07 *** (4.00)
ln*PGDP*	0.629 *** (19.84)	-0.2332 *** (-7.22)	-0.2103 *** (-8.29)	0.0159 *** (2.8)	-0.0114 *** (-2.6)
ln*HT*	0.0964 *** (6.77)	0.1073 *** (7.4)	0.02 * (1.84)	0.0004 (0.17)	-0.0031 (-1.58)
GOV	0.002 (1.16)	0.00002 (-0.01)	-0.0052 *** (-3.94)	0.0009 *** (2.96)	0.0006 *** (2.6)
CITY	0.0059 ** (2.15)	0.0045 (1.61)	0.0068 *** (3.21)	0.0033 *** (6.68)	0.0008 ** (2.14)
OPEN	0.196 *** (3.81)	0.1574 *** (3.01)	0.2832 *** (7.19)	-0.0352 *** (-3.82)	-0.0153 ** (-2.16)
T& 个体	控制	控制	控制	控制	控制
N	858	858	858	858	858
R^2	0.9156	0.4598	0.4537	0.6404	0.1083

注：5 个模型中，Anderson 识别不足检验显示 *p* 值都为 0，拒绝原假设，工具变量识别不足；Cragg - Donald Wald F 弱工具变量检验也显示都拒绝原假设，工具变量为弱识别；Sargan 结果显示 *p* 值都为 0，即拒绝原假设，工具变量为过度识别。即所有检验都表明工具变量的选取是合理的。

第二节 OFDI 影响 GVC 地位的异质性检验

为了观测不同类型国家的对外直接投资是否对母国全球价值链地位产生同样的促进作用，这里对 39 个国家样本进行分组处理，将 39 个国家分为发达国家和发展中国家分别进行回归，检验对外直接投资对全球价值链地位的促进作用是否存在异质性。

一、发达国家样本

所选 39 个样本中，按照一般分类法，共有 26 个发达国家，分别为：澳大利亚、奥地利、比利时、加拿大、塞浦路斯、捷克、德国、丹麦、西班牙、芬兰、法国、大不列颠、希腊、爱尔兰、意大利、日本、韩国、卢森堡、墨西哥、马耳他、荷兰、葡萄牙、斯洛伐克、斯洛文尼亚、瑞典、美国。以这些国家作为样本再次进行回归。

变量平稳性检验、模型的选择性检验以及异方差自相关检验结果同上，皆省略。模型仍然采用面板校正标准误方法进行回归，结果如表 6－13 所示。

表 6－13 发达国家样本回归结果

变量	lnGVC_ sva	lnGVC_ patf	lnGVC_ patb	lnGVC_ PLv	lnGVC_ ps
	模型 1	模型 2	模型 3	模型 4	模型 5
lnOFDI_ C	0.0551*** (5.53)	0.0423*** (4.19)	0.0258*** (3.38)	0.0082*** (3.49)	0.0062*** (2.93)
RD	0.014 (0.86)	0.0761*** (4.65)	0.0775*** (6.57)	0.0217*** (5.61)	−0.0024 (−0.76)
lnCN	0.1843*** (4.74)	0.1208*** (2.67)	0.1014** (2.28)	−0.0475*** (−4.04)	−0.0221*** (−2.91)
LA	1.84e−06 (1.54)	1.78e−06 (1.62)	2.62e−06** (2.23)	8.65e−07*** (3.46)	7.01e−07*** (3.71)
lnPGDP	0.7451*** (7.87)	−0.3035*** (−3.38)	−0.2144*** (−2.96)	−0.0291* (−1.74)	−0.0272** (−2.29)
lnHT	0.1064*** (3.31)	0.987*** (3.28)	−0.0448*** (−3.22)	−0.0019 (−0.38)	−0.005 (−1.23)

续表

变量	lnGVC_ sva	lnGVC_ patf	lnGVC_ patb	lnGVC_ PLv	lnGVC_ ps
	模型 1	模型 2	模型 3	模型 4	模型 5
GOV	0.0036 ** (2.2)	0.002 (1.18)	-0.0042 *** (-3.23)	0.0014 *** (2.93)	0.0009 *** (2.97)
CITY	0.0117 *** (4.87)	0.0149 *** (5.45)	0.0109 *** (6.3)	0.0009 * (1.68)	0.0001 (0.32)
OPEN	0.0615 (0.71)	0.0508 (0.61)	0.3176 *** (8.14)	-0.0204 (-1.59)	-0.021 ** (-2.31)
T& 个体	控制	控制	控制	控制	控制
cons	0.3766 (0.9)	6.3743 (-1.37)	-6.1059 (-1.39)	-7.4904 *** (-7.12)	-1.9128 *** (-3.19)
N	598	598	598	598	598
R^2	0.9945	0.9457	0.9556	0.8988	0.6998

表 6-13 表明，发达国家的对外直接投资对本国的全球价值链地位的五个指标都存在显著的正向影响，即发达国家通过对外直接投资能够提高本国在全球价值链中的增值能力、参与全球价值链的程度以及分工效率，提高发达国家在全球价值链生产网络中的相对位置。

二、发展中国家样本

样本中包含的发展中国家有 13 个，分别为：保加利亚、巴西、中国、爱沙尼亚、匈牙利、印度尼西亚、印度、立陶宛、拉脱维亚、波兰、罗马尼亚、俄罗斯、土耳其。以它们作为样本进行检测。

表 6-14 发展中国家样本回归结果

变量	lnGVC_ sva	lnGVC_ patf	lnGVC_ patb	lnGVC_ PLv	lnGVC_ ps
	模型 1	模型 2	模型 3	模型 4	模型 5
lnOFDI_ C	0.0507 *** (4.53)	0.036 *** (2.9)	-0.0193 *** (-3.14)	-0.0061 *** (-4.39)	-0.0032 ** (-2.44)
RD	0.0977 ** (2.14)	0.0619 (1.28)	0.0013 (-0.04)	-0.0291 *** (-4.58)	-0.0218 *** (-3.84)

续表

变量	lnGVC_ sva	lnGVC_ patf	lnGVC_ patb	lnGVC_ PLv	lnGVC_ ps
	模型 1	模型 2	模型 3	模型 4	模型 5
lnCN	0. 0215 (0. 46)	-0. 0222 (-0. 46)	0. 05 * (1. 94)	-0. 0365 *** (-5. 13)	-0. 0096 * (-1. 81)
LA	1. 04e -05 ** (2. 06)	1. 81e -05 *** (3. 16)	5. 64e -06 * (1. 67)	-1. 03e -07 (-1. 3)	1. 01e -0 ** (2. 01)
lnPGDP	0. 6158 *** (8. 94)	-0. 3688 *** (-4. 94)	-0. 2111 *** (-5. 01)	0. 0393 *** (4. 81)	-0. 0046 (-0. 72)
lnHT	0. 1084 *** (4. 78)	0. 1168 *** (5. 18)	0. 0699 *** (5. 03)	-0. 003 (-0. 95)	-0. 0052 ** (-2. 17)
GOV	-0. 0042 (-1. 18)	-0. 0039 (-1. 01)	-0. 0085 *** (-2. 99)	0. 001 * (1. 66)	0. 0006 (1. 2)
CITY	0. 0084 (1. 45)	0. 005 (0. 75)	0. 0079 ** (1. 97)	0. 0065 *** (9. 59)	0. 0024 *** (5. 1)
OPEN	0. 1817 (1. 28)	0. 1907 (1. 32)	0. 3385 *** (4. 43)	-0. 0106 (-0. 62)	0. 0291 ** (2. 42)
T& 个体	控制	控制	控制	控制	控制
cons	-1. 839 (-0. 21)	-24. 963 *** (-2. 98)	-17. 5725 *** (-2. 92)	-10. 3923 *** (-5. 98)	-1. 7844 ** (2. 04)
N	299	299	299	299	299
R^2	0. 9899	0. 8791	0. 9513	0. 9204	0. 7291

因为发展中国家数量众多，而样本只有 13 个，可知样本并不具有代表性，但是仍然能够说明一些问题。由表 6 - 14 可知，对外直接投资对发展中国家的全球价值链地位的影响存在不确定性，对全球价值链增加值和前向参与度的影响为正，且显著；对后向参与度、生产链长与位置的影响为负，且显著。从而综合来看最终方向并不能确定。对外直接投资对发展中国家的影响有正有负，而对发达国家却存在显著的积极影响，进而说明参与全球价值链分工对发展中国家存在两面性，既提供了机遇，也增加了风险。

对发达国家与发展中国家的数据检验结果表明，不同发展水平的国家的对外直接投资对本国的全球价值链地位存在不同的影响。对于发达国家来说，对外直接投资能够显著提升它们的分工地位，增加它们的分工利益，使得发达国家牢牢控制全球价值链成为可能。而对于发展中国家来说，通过对外直接投资既能得到参与国际分工的好处，也会给本国带来弊端。对于大多数发展中国家来说，由于国内经济发展水平较低，参与国际分工能够给它们提供前沿的技术、先进的管理经验与发展理念，并通过充分发挥本国优势，最终促进其国内经济发展水平的提升。但是对于部分发展水平较高的发展中国家来说，初期的分工效益逐渐被消极影响抵消掉，参与全球经济的弊端开始增加，给发展中国家带来不得不向上攀升以谋求控制权和话语权的压力。

因此，对外直接投资对发展中国家的影响需要具体国家具体分析，而我国对外直接投资对我国全球价值链地位的影响也需要通过我国的数据进行分析。

第三节　OFDI 影响我国 GVC 地位的检验

对外直接投资能够对全球价值链的多方面产生影响，这一点通过全球多个国家的数据得到了验证。而通过将样本分为发达国家和发展中国家进行分组检验发现，对外直接投资对全球价值链地位的影响存在国别异质性，对外直接投资对发达国家的影响更加积极显著。作为发展中国家，对外直接投资是我国参与世界经济的重要方式，随着我国“走出去”步伐的加快，对外直接投资的重要性也日益显现，而对外直接投资对我国全球价值链地位的影响如何，还需进一步检验。

一、国家样本检验

全球价值链参与度、全球价值链生产链长、全球价值链位置与全球价值链增加值代表了我国在全球价值链中不同方面的表现。这里首先对代表全球价值链地位不同方面的分指标进行实证分析，研究我国对外直接投资是否会影响我国参与全球价值链活动，以及对各个方面的影响如何。然后对全球价值链地位的细分指标进行主成分分析，通过降维的方式得到我国全球价值链地位的综合指标，研究通过提取的主成分表示的综合指标如何受对外直接投资的影响。

前两节因为涉及国家较多，考虑到数据的一致性，数据都来源于国际组织公开网站，所有国家的数据来源一致。这里只对我国样本进行检验，考虑到数据获取的便利性，本节使用的数据多来源于国内网站及统计年鉴。

（一）多角度实证分析

1. 变量的选取

（1）核心变量。表示全球价值链地位的变量仍然同前两节一样，选取全球价值链增加值、全球价值链参与度、全球价值链生产链长度和全球价值链位置来表示；对外直接投资仍然用存量数据表示。对所有用美元表示的数据进行汇率换算，用人民币来表示，汇率数据来源于《中国统计年鉴》中的年均汇率值。

（2）控制变量。研发投入：表征技术水平的研发投入水平仍然是重要的控制变量。一国研发水平是技术进步的重要来源，从研发投资来看一般采用研发经费支出表示，从研发产出来看一般多采用专利申请量、发明专利等指标表示，还有的用高技术产业占工业总产值比例代表技术水平。研发是一种长期行为，且对技术水平的影响能够长达几年甚至几十年，从而为了保证模型拟合效果的准确性，本书选取研发存量数据代表研发投入。选取《中国统计年鉴》中的 R&D 经费支出流量数据为原始数据，借鉴其他学者的做法，通过永续盘存法，假定折旧率为 5%，对流量数据进行换算得到 1995—2017 年我国研发存量数据。

永续盘存法测算公式：

$$RDK_t = (1-\delta) RDK_{t-1} + R_t \tag{6-2}$$

其中，t 表示时间，RDK_t 表示 t 期的研发资本存量，R_t 表示 t 期的研发支出流量，δ 表示研发资本的折旧率，通常取 5%。

数据年份从 1995 年开始，基期的研发资本存量数据 RDK_{1995} 需要经过计算得到。首先借鉴 Coe 和 Helpman（1995）的做法，假定研发资本存量的年均增长率等于研发资本流量的年均增长率，1995—2017 年研发投入流量年均增长率为 0.1951，从而 1995—2017 年研发资本存量年均增长率 $g = 0.1951$，进而得到 $RDK_{1995} = R_{1995} / (g + \delta)$，$R_{1995}$ 数据来自《中国统计年鉴》，进而可得到 1995—2017 年我国研发资本存量数据。

为了保证时间序列数据的平稳性，一是对所有流量数据以 1995 年为基期进行价格平减；二是通过检验发现研发存量的弹性数据是非平稳的，并对其进行处理。借鉴吴建军（2011）的做法，这里用产出的研发资本密集度表示我国研发水平，即用研发存量总数据比我国实际 GDP 总值得到。原始数据皆来自历年《中国统计年鉴》。

人力资本：作为技术进步的重要来源，体现在劳动者身上的人力资本也被作为重要的控制变量。考虑到教育是提高劳动者质量和能力的重要来源，通常用平均受教育年限表示人力资本，公式如下：

$$EDU = 小学比例 \times 6 + 初中比例 \times 9 + 高中比例 \times 12 + 大学以上比例 \times 16 \quad (6-3)$$

原始数据来源于《中国统计年鉴》，最终得到 1995—2017 年我国人均受教育年限数据。

资本水平：这里利用我国历年固定资产投资流量数据，用永续盘存法得到固定资产存量数据，用其表示资本存量水平。考虑时间序列的平稳性，这里用单位产出的资本存量水平数据，即用固定资产存量与 GDP 的比值表示。数据来源于《中国统计年鉴》，并对数据进行价格平减处理。

城镇化水平：仍然用城市人口占总人口的比值表示城镇化水平，原始数据来源于《中国统计年鉴》。

制度环境：一国国内经济制度对经济发展的影响至关重要，更对一国参与全球政治经济具有决定性影响。这里用政府财政支出总额表示制度环境。

开放度：随着我国改革开放的不断深入，我国对外开放度不断增加，在一定程度上释放了国内资金流，促进了对外直接投资的不断增加。这里仍然用进出口数据比国内生产总值数据表示我国市场开放度，原始数据来源于《中国统计年鉴》。

高技术产品出口额：同上一节一样，作为控制变量，这里所用数据来源于《中国科技统计年鉴》。

2. 模型的设定

为了降低多重共线性，对解释变量和被解释变量取对数，鉴于固定资产投资数据为非平稳数据，这里也取对数表示，根据理论将模型设定为：

$$\ln GVC_t = \alpha + \beta_1 \ln OFDI\_C_t + \beta_2 \ln RD_t + \beta_3 EDU_t + \beta_4 \ln K_t + \beta_5 \ln HT_t + \beta_6 OPEN_t + \beta_7 CITY_t + \beta_8 \ln GOV_t + \varepsilon_t \quad (6-4)$$

其中，*GVC* 表示全球价值链地位，分别用 *GVC_sva*、*GVC_patf*、*GVC_patb*、*GVC_PLv* 和 *GVC_ps* 表示，*t* 表示时间，*EDU* 表示人力资本，*K* 表示资本水平，*HT* 表示高技术产品出口总额，*OPEN* 表示对外开放度，*CITY* 表示城镇化水平，*GOV* 表示制度环境。

3. 回归结果及分析

分别以全球价值链地位的 5 个指标作为被解释变量进行回归，逐步回归部分结果如表 6－15 至表 6－19 所示。

表 6－15　回归结果 1

变量	ln*GVC_ sva*					
	模型 1	模型 2	模型 3	模型 4	模型 5	模型 6
ln*OFDI_ C*	0.5582*** (11.89)	0.486*** (6.19)	0.4889*** (6.01)	0.5149*** (7.97)	0.5967*** (7.62)	0.5965*** (7.37)
OPEN		2.0959*** (10.34)	2.0906*** (10.00)	2.5919*** (11.67)	2.0578*** (5.39)	2.0352*** (4.93)
ln*GOV*		0.2426** (2.65)	0.2265* (2.04)	－0.3094 (－1.7)	－0.5414** (－2.45)	－0.5699* (－2.07)
ln*RD*		－3.9365* (－1.86)	－4.2208* (－1.75)	－21.2428*** (－3.93)	－19.1582*** (－3.64)	－19.0804*** (－3.49)

续表

变量	lnGVC_ sva					
	模型 1	模型 2	模型 3	模型 4	模型 5	模型 6
EDU			0.0275 (0.27)	0.336** (2.77)	0.3312** (2.88)	0.3191** (2.35)
ln*K*				2.5897*** (3.37)	2.1802** (2.84)	2.068* (2.07)
ln*HT*					0.1575 (1.68)	0.1535 (1.54)
CITY						0.0082 (0.19)
cons	12.961*** (10.11)	7.2813*** (4.35)	7.4674*** (4.04)	18.6921*** (5.14)	19.2627*** (5.56)	20.0285*** (3.66)
F	141.49	953.29	723.41	971.38	927.37	759.21
R^2	0.8708	0.9953	0.9953	0.9973	0.9977	0.9977
Adj R^2	0.8646	0.9943	0.9939	0.9962	0.9966	0.9964

表 6-16 回归结果 2

变量	lnGVC_ patf					
	模型 1	模型 2	模型 3	模型 4	模型 5	模型 6
ln*OFDI_ C*	0.0116 (0.46)	0.1057** (2.39)	0.1744** (2.83)	0.1729*** (2.88)	0.1881*** (3.19)	0.2898*** (4.3)
OPEN		1.3265*** (13.82)	1.5263*** (9.61)	1.6689*** (8.96)	1.8074*** (8.92)	1.1912*** (3.46)
ln*RD*		-3.5318** (-2.1)	-3.0118* (-1.82)	-6.5317** (-2.16)	-12.432** (-2.52)	-10.0058** (-2.2)
ln*GOV*			-0.1113 (-1.55)	-0.2018* (-2.1)	-0.406** (-2.45)	-0.6364** (-2.77)
ln*K*				0.6588 (1.38)	1.445* (2.06)	1.1618 (1.4)
EDU					0.1646 (1.49)	0.1829 (1.62)

续表

变量	lnGVC_ patf					
	模型 1	模型 2	模型 3	模型 4	模型 5	模型 6
ln*HT*						0.2031 ** (2.45)
CITY						-0.0163 (-0.44)
cons	-2.6575 *** (-3.82)	-5.5648 *** (-5.1)	-4.3531 *** (-3.32)	-2.0279 (-0.96)	1.8593 (0.56)	1.0359 (0.23)
F	0.21	68.33	55.62	47.13	42.43	40.57
R^2	0.0098	0.9152	0.9252	0.9327	0.9409	0.9586
Adj R^2	-0.0374	0.9018	0.9085	0.9129	0.9187	0.935

表 6-17 回归结果 3

变量	lnGVC_ patb					
	模型 1	模型 2	模型 3	模型 4	模型 5	模型 6
ln*OFDI_ C*	-0.0156 (-0.49)	-0.4946 *** (-4.3)	-0.4049 *** (-3.93)	0.0421 (0.87)	0.0881 * (1.76)	0.0512 (0.79)
CITY		0.0627 ** (2.48)	-0.063 (-1.28)	-0.0591 *** (-3.75)	-0.0165 (-0.65)	0.0014 (0.04)
EDU		0.0697 (0.3)	0.0495 (0.25)	0.0534 (0.85)	0.0961 (1.56)	0.0456 (0.42)
ln*GOV*			1.0881 ** (2.85)	0.4438 *** (3.34)	0.1258 0 (0.63)	0.2054 (0.93)
OPEN				1.675 *** (12.56)	1.575 *** (11.92)	1.7071 *** (5.13)
ln*RD*					-5.198 * (-2.01)	-4.4716 (-1.02)
ln*K*						-0.2921 (-0.36)
ln*HT*						-0.0749 (-0.94)

续表

变量	lnGVC_ patb					
	模型 1	模型 2	模型 3	模型 4	模型 5	模型 6
cons	-1.6943 * (-1.96)	8.0364 *** (3.05)	-20.0611 * (-1.99)	-14.626 *** (-4.47)	- -8.5299 * (-2.01)	-8.0296 * (-1.82)
F	0.24	6.2	8.43	97.02	96.31	68.3
R^2	0.0114	0.4945	0.6519	0.9661	0.9731	0.975
Adj R^2	-0.0356	0.4147	0.5746	0.9562	0.963	0.9607

表 6-18 回归结果 4

变量	lnGVC_ PLv					
	模型 1	模型 2	模型 3	模型 4	模型 5	模型 6
lnOFDI_ C	0.0525 *** (16.04)	0.0318 ** (2.7)	0.0364 * (2.06)	0.0356 * (1.83)	0.029 (1.31)	0.015 (0.57)
EDU		0.0348 * (1.82)	-0.0151 (-0.73)	-0.0133 (-0.45)	-0.0347 (-0.8)	-0.043 (-0.98)
OPEN			0.1489 *** (3.83)	0.1589 (1.29)	0.1448 (1.14)	0.1854 (1.39)
lnRD			-0.0958 (-0.11)	-0.1978 (-0.13)	0.2062 (0.12)	0.8387 (0.48)
lnK			0.1152 (1.03)	0.1317 (0.58)	-0.0241 (-0.07)	-0.0099 (-0.03)
lnHT				-0.0021 (-0.09)	-0.0136 (-0.46)	-0.026 (-0.81)
CITY					0.0081 (0.69)	0.0001 (0.01)
lnGOV						0.0896 (1.01)
cons	0.1507 (1.69)	0.4331 ** (2.45)	0.5655 (1.41)	0.6145 (0.87)	1.0276 (1.1)	-0.4821 (-0.27)
F	257.29	144.43	103.2	80.98	67.19	58.96
R^2	0.9245	0.9352	0.9681	0.9681	0.9691	0.9712
Adj R^2	0.9209	0.9288	0.9587	0.9562	0.9547	0.9547

表 6－19 回归结果 5

变量	ln*GVC_ ps*					
	模型 1	模型 2	模型 3	模型 4	模型 5	模型 6
ln*OFDI_ C*	0. 0002 (0. 13)	－0. 0206 ** (－2. 37)	－0. 0213 ** (－2. 66)	－0. 0161 * (－1. 94)	－0. 0137 (－1. 15)	－0. 0081 (－0. 57)
ln*RD*		0. 9425 *** (2. 88)	1. 1541 *** (3. 63)	1. 2573 *** (4. 04)	2. 0143 ** (2. 28)	1. 7639 * (1. 84)
EDU		－0. 006 (－0. 64)	－0. 0248 * (－1. 98)	－0. 0247 * (－2. 07)	－0. 0409 * (－1. 77)	－0. 0376 (－1. 57)
ln*HT*			0. 0074 * (2. 09)	－0. 0017 (－0. 26)	0. 0029 (0. 18)	0. 0078 (0. 44)
OPEN				0. 0658 (1. 64)	0. 0184 (0. 27)	0. 0023 (0. 03)
CITY					0. 0031 (0. 48)	0. 0062 (0. 8)
ln*K*					－0. 1567 (－0. 91)	－0. 1623 (－0. 92)
ln*GOV*						－0. 0355 (－0. 73)
cons	－0. 0634 (－1. 4)	0. 4884 ** (2. 41)	0. 4413 ** (2. 35)	0. 5119 ** (2. 77)	0. 4026 (0. 8)	1. 0002 (1. 04)
F	0. 02	2. 79	3. 56	3. 65	2. 56	2. 24
R^2	0. 0009	0. 3062	0. 4419	0. 518	0. 5443	0. 5611
Adj R^2	－0. 0467	0. 1966	0. 3179	0. 3762	0. 3317	0. 3103

分别以 5 个全球价值链地位指标作为被解释变量，对包含所有控制变量的 5 个模型进行残差的 ADF 检验，分别得到 *t* 值为－4. 364、－4. 456、－5. 039、－4. 402、－3. 826，皆小于 1% 的显著水平临界值－3. 75，即 5 个模型的残差在 1% 的水平上都拒绝存在单位根的原假设，所有残差都是平稳的，模型设定合理。

从 5 个结果来看，我国对外直接投资对我国参与全球价值链活动产生的增加值、对全球价值链的前向参与度和全球价值链的生产链长都存在显著的促进作用。但是对全球价值链的后向参与度的影响随着控制变量的加入，系数符号出现了改变，从而无法做出判断。对外直接投资对我国全球价值链位置提升存在阻碍作用，即对外直接投资对我国后向关联的全球价值链生产链长的促进作用大于对前向关联的生产链长的促进作用，导致我国更多地处于全球生产网络的下游环节。

综合来看，我国对外直接投资能够影响我国的全球价值链地位，但是不同方面的影响方向存在不同，而整体影响到底是促进还是阻碍，还需要进一步分析，也就是将代表全球价值链地位的多个指标综合成一个指标，来整体地分析对外直接投资对全球价值链地位的影响。

（二）综合分析

利用主成分分析得到全球价值链地位的综合指标，分析我国对外直接投资对我国全球价值链地位的总的影响方向。全球价值链的前向参与度与前向生产链长相较于后向指标来说具有积极意义，但是鉴于我国直到2000年才将“走出去”战略提高到国家战略层面，开始大规模地进行对外直接投资，而我国参与全球价值链活动也仍处于被动模式，故后向参与度与后向生产链长在某一方面也能代表我国融入全球价值链的深度，具有一定的积极意义。从而先对前后向参与度（*GVC_patf*、*GVC_patb*）、前后向生产链长（*GVC_PLv*、*GVC_PLy*）、位置、增加值这6个指标进行时序全局主成分分析（*GPCA*），形成综合指标 *GVC*1。然后对前向参与度、前向生产链长、位置、增加值这4个完全积极意义的指标进行时序全局主成分分析，形成综合指标 *GVC*2。以时序主成分分析得到的全球价值链地位综合变量 *GVC*1 和 *GVC*2 分别作为被解释变量，进行回归分析。

（1）变量的选取。考虑到这里对全球价值链活动的各个指标进行降维处理得到了全球价值链地位的综合指标，而一国参与全球价值链的途径有三种：对外直接投资、外商直接投资与国际贸易，从而将外商直接投资与进出口贸易也作为控制变量，数据采用外商直接投资存量（*IFDI_C*）和进出口总额（*E_I*），并取对数表示，数据来源于世界银行数据库和《中国统计年鉴》。

（2）回归结果。以 *GVC*1 和 *GVC*2 分别作为被解释变量，进行 OLS 回归，结果如表 6－20 所示。

表 6－20　回归结果

变量	模型 1	模型 2	模型 3	模型 4
	*GVC*1	*GVC*1	*GVC*2	*GVC*2
ln*OFDI_ C*	0.518*** (4.07)	1.35** (2.93)	0.4709*** (5.06)	2.1604** (2.85)
ln*IFDI_ C*		0.2445 (0.4)		－1.7272 (－1.71)
ln*E_ I*		0.5657 (0.51)		－2.9064 (－1.6)
ln*K*		－2.9562* (－2.17)		－2.1911 (－0.98)
ln*RD*		2.9836* (1.81)		5.41* (2.00)
EDU		－0.3328 (－1.7)		－0.3387 (－1.05)
OPEN		7.2501** (2.41)		12.1245** (2.45)
CITY		－0.0106 (－0.11)		0.0571 (0.21)
GOV		－19.7237** (－3.00)		－30.339** (－2.81)
cons	－14.1339*** (－4.06)	35.9219 (0.71)	－12.849*** (－5.06)	137.3195 (1.64)
R^2	0.4406	0.9937	0.5494	0.9743
F	16.54	188.85	25.61	45.45

对模型 2 和模型 4 的残差进行 ADF 检验，得到的 *t* 值分别为 －4.109 和 －4.508，在 1% 的水平上都显著，即模型设定是合理的。

由表 6－20 可知，无论是用 *GVC*1 还是 *GVC*2 作为被解释变量，我国对外直接投资对降维处理得到的全球价值链地位综合指标都存在显著的正向影响，即总的来说，我国对外直接投资能够促进我国在全球价值链中的地位提升。

二、行业样本检验

进行行业样本检验时，考虑到世界投入产出数据库 2011 年和 2016 年的细分行业数据、ADB 数据库 2018 年的细分行业数据，以及我国行业分类的不同，这里只选取 WIOD 数据库中 2016 年行业分类版本中的 56 个行业，而《中国统计年鉴》以及《中国科技统计年鉴》中分行业数据涉及行业 19 个，从而需要结合我国 2017 年国民经济行业分类（GB/T 4754—2017），参照《中国统计年鉴》中的行业，对 WIOD2016 中的 56 个行业数据进行合并或者剔除。鉴于水利、环境和公共设施管理业与文化、体育和娱乐业缺少全球价值链指标数据，公共管理、社会保障和社会组织行业缺少对外直接投资存量数据，最终确定以下 16 个行业作为样本：农林牧渔业，采矿业，制造业，电力、热力、燃气及水生产和供应业，建筑业，批发和零售业，交通运输、仓储和邮政业，住宿和餐饮业，信息传输、软件和信息技术服务业，金融业，房地产业，租赁和商务服务业，科学研究和技术服务业，居民服务、修理和其他服务业，教育，卫生和社会工作。考察时间为 2004—2014 年。

（一）变量选择

1. 核心变量

仍然选取前后向价值（*GVC_sva*、*GVC_fgy*）、前后向参与度（*GVC_patf*、*GVC_patb*）、前后向生产长度（*GVC_PLv*、*GVC_PLy*）与位置（*GVC_ps*）4 种 7 个指标为全球价值链地位的代理变量，对外直接投资仍然选取存量数据。数据来源于历年《中国对外直接投资统计公报》，所有数据用价格指数进行平减处理。

2. 控制变量

研发资本存量（*RD*）：分行业研发内部经费支出数据来源于《中国科技统计年鉴》，然后通过永续盘存法取折旧率 5% 进行存量计算。考虑到数据平稳性，最终选取单位产出的研发资本存量数据，即研发资本存量与行业增加值的比值表示，行业增加值数据来源于《中国统计年鉴》。由于2013 年以后分行业增加值数据不再公布，2014 年分行业增加值数据为估算值，对所有数据进行平减处理。固定资产投资存量（*K*）：分行业固定资产投资流量数据来源于《中国统计年鉴》，仍然通过永续盘存法取折旧率10% 进行存量计算，再取存量数据与行业增加值的比值，即用单位产出的固定资产投资存量数据表示。行业就业人数（*LABOR*）：《中国统计年鉴》并未公布分行业的就业人数数据，但是公布了分行业的城镇单位就业人数，从而这里用城镇单位就业人数作为劳动力变量的数据。行业劳动生产率（*LA*）：即单位劳动的产出量，用行业增加值比行业城镇单位就业人数表示。研发从业人员（*RDL*）：分行业的研究与开发机构从业人员数，可作为行业人力资本存量的一种表示，数据来源于《中国科技统计年鉴》。行业实际使用外资（*IFDI*）：即该行业实际使用的外商直接投资数额，数据来源于《中国统计年鉴》，并经过汇率换算与价格指数平减处理。行业开放度（*OPEN*）：用行业实际使用外资金额与行业增加值的比值表示。

（二）检验结果与分析

使用面板校正标准误法，检验行业最终实证结果如表 6 – 21 所示。

表 6 – 21　细分行业检验结果

变量	*GVC_sva*	*GVC_fgy*	*GVC_patf*	*GVC_patb*	*GVC_PLv*	*GVC_PLy*	*GVC_ps*
ln*OFDI_ C*	0. 0203 *** (7. 74)	0. 0251 *** (4. 71)	0. 0081 *** (3. 57)	0. 0036 * (1. 65)	– 0. 0028 *** (– 2. 99)	– 0. 0015 ** (– 2. 45)	– 0. 0013 (– 1. 63)
RD	– 0. 1767 *** (– 4. 78)	0. 1556 ** (2. 26)	– 0. 145 *** (– 4. 74)	0. 0267 (1. 27)	0. 0067 (0. 88)	– 0. 0132 *** (– 3. 7)	0. 0198 ** (2. 42)
K	0. 033 *** (5. 92)	– 0. 0561 *** (– 11. 53)	0. 0422 *** (12. 16)	– 0. 0213 *** (– 4. 77)	– 0. 002 ** (– 1. 99)	0. 007 *** (3. 33)	– 0. 009 *** (– 3. 53)
LABOR	3. 4*e* – 08 *** (5. 03)	1. 7*e* – 08 *** (2. 86)	2. 7*e* – 08 *** (5. 74)	1. 2*e* – 09 (0. 58)	3. 6*e* – 09 *** (2. 64)	– 1. 84*e* – 11 (– 0. 03)	3. 6*e* – 09 ** (2. 27)
RDL	– 7. 9*e* – 07 ** (– 2. 35)	– 6. 3*e* – 07 * (– 1. 65)	– 5. 4*e* – 07 ** (– 2. 07)	– 4. 3*e* – 08 (– 0. 51)	– 9. 1*e* – 08 ** (– 2. 19)	9. 77*e* – 09 (0. 65)	– 1. 0*e* – 07 ** (– 2. 13)
LA	5. 9e – 07 *** (7. 58)	– 6. 5e – 07 *** (– 3. 88)	5. 04e – 07 *** (9. 46)	– 7. 6e – 08 * (– 1. 91)	1. 4e – 07 *** (4. 03)	– 2. 38 – 08 (– 1. 48)	1. 7e – 07 *** (4. 16)

续表

变量	GVC_sva	GVC_fgy	GVC_patf	GVC_patb	GVC_PLv	GVC_PLy	GVC_ps
$OPEN$	-4.7e-07*** (-3.62)	-2.2637 (-0.69)	-3.0465*** (-3.32)	2.9281** (2.19)	-0.2064 (-0.74)	-0.1571 (-0.68)	-0.0493 (-0.14)
ln$IFDI$	0.0867** (2.05)	0.1021** (2.18)	0.0108 (0.32)	-0.0454*** (-3.33)	-0.0078 (-1.13)	0.0001 (0.03)	-0.0079 (-1.03)
T& 个体	控制	控制	控制	控制	控制	控制	控制
- cons	-13.9954 (-0.69)	-188.284*** (-8.57)	156.565*** (9.3)	45.6766*** (4.18)	-12.5153 (-3.27)	-16.908*** (-7.55)	4.3923 (1.2)
R^2	0.9844	0.9802	0.9804	0.9546	0.9437	0.7491	0.9231

我国行业大类回归结果显示，我国对外直接投资能够影响我国行业全球价值链增加值及我国行业参与全球价值链的深度，且都存在显著的正向影响；无论是通过前向还是后向关联角度，行业对外直接投资都能够促进本行业的价值和参与度增加。同时，生产链长度的结果显示，所选行业的对外直接投资并不利于行业的全球价值链分工，即所选行业的对外直接投资并没有促进分工深化。全球价值链位置的结果显示，我国行业的对外直接投资对后向分工的阻碍要小于对前向分工的阻碍，造成我国行业全球价值链相对位置的下降。

在逐次添加控制变量的过程中发现，行业研发资本存量水平对我国 GVC 增加值和参与度产生了负向影响，即随着行业研发投入存量的增加，我国全球价值链增加值会减少，前向关联的参与度会下降。这可能是由于国内研发投入的增加会对对外直接投资产生挤出效应，导致对外直接投资的减少，进而导致全球价值链增加值的减少。Pontus 等（2005）认为，对外直接投资可能会通过减少国内投资影响国内的技术进步，即企业对外直接投资对国内投资会产生替代作用，进而产生资源挤占效应，挤占企业用于产品升级、功能升级的资源，使企业难以有充足的资源追求价值链升级。① 从我国行业回

① 项本武．对外直接投资对国内投资的影响：基于中国数据的协整分析[J]．中南财经政法大学学报，2007(5)：82－86.

归结果看，我国对外直接投资与国内研发投入之间存在一定程度的挤出效应，这一现象也体现在控制变量研发从业人员上。而行业对外开放度对我国全球价值链增加值也产生了负向影响，这可能是由于对外依存度的提高对我国参与全球价值链分工的消极影响超过了积极影响，从而在我国表现为不利于 GVC 增加值的增加。

总的来说，所选行业的结果表明对外直接投资能够从多方面影响我国参与全球价值链活动。

三、对外直接投资类别检验

作为资本输出大国，我国对外直接投资正处于调整期，2020 年流量总额位列世界第一。2017 年，为了引导与推动对外直接投资更加健康、合理、有序发展，我国开始加强对企业对外投资的真实性、合规性审查。在此背景下，对外直接投资结构调整势在必行。对外直接投资可以按照投资方式、投资主体、投资主体属性、资本类别等进行分类，不同类别对外直接投资对我国参与全球价值链可能会产生不同的影响，找出不同类别的影响差异所在，才能更好地为对外直接投资结构调整提供参考。这里根据我国对外直接投资统计公报公布的数据对我国对外直接投资进行分类，个别数据缺失通过估算填补，考察时间为 2004—2017 年。

根据 5 种分类，选取常用的控制变量研发投入存量、固定资产投资存量以及平均受教育年限作为控制变量，分别进行检验，这里主要报告核心变量，结果如表 6－22 所示。

表 6－22 分类别对外直接投资对我国全球价值链增加值的影响

$\ln GVC\_sva$				
变量	$\ln OFDI$	R^2	$Adj\ R^2$	F
并购	0.1724 (1.58)	0.8763	0.8213	15.94 (0.0004)
绿地	0.2255** (3.12)	0.9241	0.8904	27.1 (0.0000)

续表

lnGVC_ sva				
变量	lnOFDI	R^2	Adj R^2	F
国有企业	0.8313 * (1.85)	0.8854	0.8345	17.39 (0.0003)
非国有企业	0.7533 *** (4.89)	0.9568	0.9376	49.8 (0.0000)
地方企业	0.578 ** (2.45)	0.9051	0.863	21.47 (0.0001)
中央企业和单位	1.2812 *** (4.41)	0.9499	0.9277	42.68 (0.0000)
金融	0.3824 (1.41)	0.8703	0.8127	15.1 (0.0005)
非金融	1.1725 ** (3.2)	0.9261	0.8933	28.2 (0.0000)
发达国家	0.3817 ** (2.88)	0.9178	0.8812	25.11 (0.0001)
发展中国家	0.9819 *** (4.11)	0.945	0.9205	38.64 (0.0000)

从分类别回归结果看，各个模型的拟合效果都在 80% 以上，F 值都在 1% 的水平上显著，表明模型拟合效果较好。除并购型和金融类对外直接投资对全球价值链增加值的正向影响不显著外，其他类型的对外直接投资对 GVC 增加值的正向影响都是显著的。中央企业和单位的影响在所有类别中是最大的，中央企业和单位对外直接投资每增加 1%，GVC 增加值会增加 1.2812%，其次是非金融类投资，能够促使 GVC 增加值增加 1.1725%。而我国对发达国家与发展中国家的对外直接投资也会对我国参与全球价值链产生不同影响，就增加值来说，我国对发展中国家和地区的投资更能够促进我国 GVC 增加值的提高。

第四节 本章小结

本章通过对多个国家的数据进行检验得出了对外直接投资能够影响母国在全球价值链中的地位这一结论，并进一步对所选样本国进行了分类，发达国家的实证分析结果表明对外直接投资能够通过多方面促进发达国家在全球价值链中的地位提升，而发展中国家的实证结果表明发展中国家通过对外直接投资参与全球价值链分工并不一定能够提升发展中国家在全球价值链分工中的地位，发展中国家的对外直接投资对本国全球价值链地位各方面的影响并不相同。更进一步利用我国的国家样本数据进行分析发现，我国的对外直接投资对我国在全球价值链中多个方面的影响方向也存在不同，但是综合来说利大于弊，即总的来说，我国能够通过对外直接投资提升我国在全球价值链中的地位，这一结果也得到了我国行业样本数据的证实。

通过我国样本数据还发现，我国对外直接投资对我国国内的研发投入产生了挤出效应，对外直接投资与国内研发投入之间存在一定的资源抢占现象；而以进出口贸易为标准的对外开放度对我国在全球价值链中的地位提升产生了消极影响，进出口规模增加的幅度大于我国国内生产总值的增加幅度，其并不利于我国在全球价值链中的地位提升，即对外贸易依存度的提高会降低我国参与全球价值链分工获得的收益。

第七章　OFDI 影响母国 GVC 地位的间接效应检验

上一章实证分析证明了对外直接投资能够影响母国全球价值链地位。在验证了对外直接投资与全球价值链地位之间存在直接关系的基础上，本章检验本书理论部分构建的对外直接投资影响全球价值链的三种间接效应的存在性，即间接关系是否存在，主要对第五章的假设 2 进行实证检验。

第五章分析出了对外直接投资影响全球价值链地位提升的三条路径对应的三种间接效应：一是价值增值效应，即对外直接投资能够通过直接改变嵌入位置或者降低生产成本等方式，提高产品的附加值；二是技术进步效应，即通过对发达国家进行投资，获得技术外溢效应，提升本国技术水平，促进全球价值链地位提升；三是产业结构升级效应，即通过对外直接投资向外转移国内边际产业和过剩产能或者形成规模经济，优化国内产业结构，促进全球价值链地位提升。在上一章的基础上，本章第一节的内容是：利用中介效应模型分三步探讨对外直接投资影响全球价值链地位的三种间接效应的存在性，即三种主要路径是否存在，考察对外直接投资影响全球价值链地位中产品价值增值、技术进步与产业结构升级的中介效应。本章第二节以我国数据为样本分析三种路径在我国是否存在，探讨我国的对外直接投资如何影响我国全球价值链地位，即是完全通过三种效应来间接地影响 GVC 地位或者 GVC 地位某一方面，还是部分地通过三种效应来影响 GVC 地位或者 GVC 地位某一方面。

第一节 OFDI 影响母国 GVC 地位的中介效应分析

对外直接投资能够通过三种路径对全球价值链地位产生影响，表征三种路径的代理变量在对外直接投资影响全球价值链地位的整个系统中被称作中介变量。中介变量（Mediator）是一个重要的统计概念，如果自变量 X 通过某一变量 M 对因变量 Y 产生一定影响，则称 M 为 X 和 Y 的中介变量。研究中介作用的目的是在已知 X 和 Y 关系的基础上，探索产生这个关系的内部作用机制。研究这种内部作用机制的方法称为中介效应方法。中介效应就是研究自变量通过中介变量影响因变量的显著性程度与作用大小，进而分析自变量影响因变量的内在作用机制。

借鉴 Baron 和 Kenny（1986）① 对中介效应模型的设计和温忠麟等（2004）构建的中介效应模型，运用逐步回归方法考察对外直接投资影响全球价值链地位中产品价值增值、技术进步与产业结构升级三个中介效应的存在性。中介效应模型设计如下：

第一步：

$$M = \alpha_1 + \rho_1 X + \sum_{j=2}^{n} \rho_j controls + \varepsilon_1 \tag{7-1}$$

第二步：

$$Y = \alpha_2 + \delta_1 M + \sum_{j=2}^{n} \delta_j controls + \varepsilon_2 \tag{7-2}$$

第三步：

$$Y = \alpha_3 + \gamma_1 (X \times M) + \sum_{j=2}^{n} \gamma_j controls + \varepsilon_3 \tag{7-3}$$

第一步是 OFDI 影响路径中介变量的实证检验，以产品价值增值为例，以产品价值为被解释变量，以对外直接投资为解释变量，检验对外直接投资对产品价值的影响。第二步是路径中介变量影响全球价值链地位的实证

① Baron R M, Kenny D A. The Moderator - mediator Variable Distinction in Social Psychological Research: Conceptual, strategic and statistical considerations [J]. Journal of Personality and Social Psychology, 1986, 51 (6): 1173 - 1182.

检验，以全球价值链地位为被解释变量，以产品价值为解释变量，检验产品价值增值对全球价值链地位的影响。第三步是路径存在性的进一步检验，以全球价值链地位为被解释变量，以对外直接投资与产品价值的乘积为解释变量，进一步检验对外直接投资是否可以通过提高产品价值增值能力促进母国全球价值链地位的提升。

如果对外直接投资能够通过三个间接效应影响全球价值链地位，即中介效应存在，则系数 ρ_1 、δ_1 和 γ_1 都应该显著。并且如果 $\rho_1 \delta_1$ 的符号与第六章中对外直接投资直接效应的系数 β_1 的符号一致，则对外直接投资通过三种间接效应影响母国全球价值链地位的中介效应为 $\rho_1 \delta_1$ 。若符号相反，则遮掩效应为 $\rho_1 \delta_1$ ，即路径的间接作用在一定程度上掩盖了对外直接投资对母国全球价值链地位的真实影响效果。

一、OFDI 影响路径中介变量的实证检验

（一）OFDI 与产品价值增加

1. 变量选取与数据来源

产品附加价值是指在产品原有价值的基础上，通过生产过程中的有效劳动创造的新价值，即附加在产品原有价值上的新价值。第五章指出，对外直接投资能够直接促使一国嵌入价值曲线较高位置，或者通过技术升级、规模经济降低产品生产成本，提高一国通过参与全球价值链活动获得的产品附加价值。第六章将全球价值链增加值（GVC_sva）作为全球价值链地位的一种指标，已经验证了不管是发达国家还是发展中国家，对外直接投资都能够对全球价值链增加值产生显著的正向影响，即产品价值增加效应存在。根据 Wang 等（2013）对产品价值的分解模型，产品可以进一步细分为三部分——国内吸收的国内增加值、最终出口的国内增加值、中间出口的国内增加值，更一般的表述即国内增加值、传统贸易增加值、全球价值链增加值，从而为了更加全面地验证对外直接投资对一国整体的价值增值能力具有提升作用，这里用总的产品增加值作为被解释变量再次进行检验，样本仍然选择第六章所列的 39 个国家。

产品增加值原始数据来源于 UIBE 数据库，经笔者计算得出，单位为百万美元；对外直接投资仍然用存量数据，具体参见第六章；控制变量选取同第六章第一节。

2. 模型设定与检验

（1）模型的设定

为了降低变量之间的多重共线性，这里仍然对部分变量进行对数处理。根据经济学理论、模型选择的豪斯曼检验以及异方差与自相关的相关检验，将模型设定为考虑时间与个体效应的双向固定效应模型：

$$\ln AD_{it} = \alpha + \rho_1 \ln OFDI\_C_{it} + \rho_2 RD_{it} + \rho_3 \ln CN_{it} + \rho_4 LA_{it} + \rho_5 \ln PGDP_{it} + \rho_6 OPEN_{it} + \rho_7 \ln HT_{it} + \rho_8 GOV_{it} + \rho_9 CITY_{it} + \mu_i + T_t + \varepsilon_{it} \quad (7-4)$$

其中，t 表示第 t 期，i 表示 i 国或者经济体，AD 表示产品增加值，其他同第六章。

（2）模型回归及结果分析

使用面板校正标准误法，对模型进行估计，具体结果如表 7-1 第 2 列所示。

表 7-1 检验结果

变量	lnAD			
	LSDV	LSDV	FGLS	GMM
ln*OFDI_ C*	0.0223 *** (8.45)		0.01 *** (12.85)	0.023 *** (6.31)
ln*OFDI_ L*		0.0091 *** (4.16)	.	
RD	-0.0207 *** (-3.18)	-0.022 *** (-3.96)	0.0032 (0.97)	-0.023 ** (-2.24)
ln*CN*	0.0185 (0.98)	0.0564 *** (3.02)	0.0102 ** (2.09)	0.035 ** (2.48)
ln*PGDP*	0.8792 *** (38.63)	0.8941 *** (54.08)	0.9281 *** (230.13)	0.8767 *** (60.6)
OPEN	0.0683 *** (2.88)	0.0701 ** (2.44)	0.1191 *** (20.24)	0.0771 *** (3.28)

续表

变量	lnAD			
	LSDV	LSDV	FGLS	GMM
ln*HT*	-0.0104 (-1.61)	-0.0125 * (-1.7)	-0.0082 *** (-5.35)	-0.0123 * (-1.89)
LA	4.3e-06 *** (7.6)	4.1e-06 *** (13.99)	2.3e-06 *** (17.07)	4.4e-06 *** (11.34)
CITY	0.0028 *** (3.16)	0.0018 * (1.71)	0.0018 *** (3.49)	0.0025 ** (1.96)
GOV	0.0025 ** (2.43)	0.0023 ** (2.26)	0.0006 *** (4.76)	0.0028 *** (3.59)
T& 个体	控制	控制	控制	控制
cons	-42.1602 *** (-18.86)	-43.862 *** (-17.31)	-44.1939 *** (-62.34)	—
N	897	814	897	858
R^2	0.9989	0.999	—	0.9838

注：工具变量的过度识别检验、弱工具变量检验以及识别不足检验均拒绝原假设，即所选工具变量合理。

在逐次添加控制变量的过程中，对外直接投资存量的系数始终为正，且在1%的水平上显著，即对外直接投资增加能够提高产品的价值。

所选控制变量中，表征研发投入水平与高技术产品出口的变量系数为负，且研发投入的系数显著为负，即研发投入水平同产品的增加值变化方向相反。随着研发投入水平的提高，产品增加值降低，可以用研发投入与对外直接投资之间的挤出效应解释，也可能是所选样本的问题。而其他控制变量的符号始终为正，同一般经济理论相符。

通过将核心解释变量即对外直接投资替换为流量数据，使用LSDV法得到的结果（见表7-1第3列）仍然显示对外直接投资变量的系数显著为正。变换估计方法为更有效率的广义最小二乘法，得到表7-1第4列FGLS估计结果，显示对外直接投资变量的系数仍然显著为正，即结果是稳健的。考虑到对外直接投资同产品附加值之间的双向因果关系导致的内生性问题，仍然使用对外直接投资的滞后一阶和进出口贸易量作为工具变量，使用广义矩估计方法进行估计得到表 7 - 1 第 5 列 GMM 估计结果，显示对外直接投资的系数仍然显著为正，即解决内生性问题后模型的估计结果仍是可信的。

（二）OFDI 与技术进步

对于 OFDI 的逆向技术溢出效应的研究颇多，基本上都是以国际研发溢出方程为基础，根据研究需要选取合适的变量对方程进行修改，最后得出研究结果。经济学界已经基本就国际投资存在技术溢出效应达成了共识，可是技术溢出效应的发挥需要东道国具备相应的经济条件，如果东道国具备吸收国际直接投资技术溢出效应的经济发展水平及其决定的各种宏观经济指标，就可以通过吸收技术溢出效应促进本国的经济增长，如果各项经济指标的发展水平不足，将抑制对技术溢出效应的吸收能力，无法达到促进经济增长的目的，[①] 即一国能否通过国际技术溢出促进本国技术进步，关键在于本国的技术吸收能力。[②] 因此，本书借鉴其他学者的做法，从吸收角度进行实证检验。

1. 变量选取与数据处理

Coe 和 Helpman（1995）最早提出的国际技术溢出方程 CH 模型指出，全要素生产率增长率不仅受本国研发水平的影响，还受国外研发溢出水平的影响。借鉴 CH 模型，核心被解释变量一般选用全要素生产率的增长率表示，而核心解释变量根据研究需要选用对外直接投资和国内研发资本存量表示。一般学者根据 Lichtenberg 和 Potterie（1998）提出的计算国外技术溢出的方法，计算出对他国投资产生的技术溢出数值，通过检验计算出的技术溢出值是否能够影响全要素生产率增长率，来证明技术溢出效应的存在性。本书认为这种先计算出技术溢出值的方法已经提前假定了技术溢出的存在，而为了验证技术溢出是否存在，并不应该在假设已经存在的情况下直接计算出技术溢出值。因此，本书并未采取一般做法先计算出溢出数值，而是直接将 *TFP* 作为被解释变量，考察对外直接投资是否能够影响到 *TFP* 的变化。

---

① 樊少华．国际直接投资技术溢出效应对中国经济增长的影响[D]．北京：首都经济贸易大学，2013.

② 吴建军．我国对外直接投资的技术进步效应研究[D]．长沙：湖南大学，2011.

变量选取：全要素生产率（*TFP*）是指一个系统的总产出量与全部生产要素真实投入量之比。全要素生产率增长率是指当全部生产要素（资本、劳动）的投入量都不变时而生产量仍能增加的部分，通常叫作技术进步率，一般用来表征技术进步的产出效果。全要素生产率增长率无法从总产量中直接计算出来，一般根据索洛模型采用生产函数间接计算得到，故又称“索洛残差”。本书选取 PWT91 数据库中的 ctfp 指标值表示。对外直接投资仍然选取存量数据。控制变量参考胡亚楠（2017）的研究选取研发存量、人力资本水平、对外开放度和经济发展水平，考虑到资本存量同样是影响技术溢出效应吸收的重要因素，本书增加了资本存量水平变量，数据来源同上。研发存量数据是利用 UIS 数据库中的研发投入数据，通过永续盘存法得到；对外开放度数据同上；人力资本水平用总就业人数表示，数据来源于世界银行数据库；经济发展水平用 GDP 表示，数据来源于世界银行数据库。

2. 模型设定

用来证明技术溢出效应存在性的国际研发溢出模型的提出经历了三个阶段：由 CH 模型到 CHH 模型最后到 L－P 模型。通过计算不同渠道的外国研发溢出，用国内研发资本存量和国外研发溢出作为解释变量，用全要素生产率的增长率作为被解释变量进行回归，国外研发溢出同本国全要素生产率的增长率正相关，则证明技术溢出效应存在。

借鉴国际研发溢出模型的原理，从吸收角度出发，通过构造研发存量、人力资本、资本存量与国外研发溢出的交互模型，可以检验考虑吸收能力影响的逆向技术溢出效应存在性问题（胡亚楠，2017）。本书的模型设定为：

$$\begin{aligned}\ln TFP_{it} = {} & \alpha + \rho_1 \ln OFDI\_C_{it} + \rho_2 \ln RD_{it} + \rho_3 \ln RD_{it} \times \ln OFDI\_C_{it} + \\ & \rho_4 HC_{it} \times \ln OFDI\_C_{it} + \rho_5 K_{it} \times \ln OFDI\_C_{it} + \rho_6 \ln GDP_{it} \times \ln OFDI\_C_{it} + \\ & \rho_7 OPEN_{it} \times \ln OFDI\_C_{it} + \mu_i + T_t + \varepsilon_{it} \end{aligned} \tag{7-5}$$

其中，*TFP* 表示全要素生产率，*RD* 表示研发资本存量水平，*K* 表示资本存量的对数，*HC* 表示人力资本，*GDP* 表示国内经济发展水平，*OPEN* 表示对外开放强度。

3. 实证结果与分析

逐次添加控制变量的过程中，对外直接投资变量系数始终在 1% 的水平上显著，即对外直接投资对全要素生产率增长率存在正向的促进作用。从而可以得出结论，即一国对外直接投资能够促进国内技术水平提升。

通过逐次添加吸收视角的控制变量，得到如表 7-2 所示的结果：基于吸收能力的交互模型第 4 列至第 8 列结果分别反映了资本存量、人力资本、研发资本存量、对外开放度、国内经济发展水平对 OFDI 逆向技术溢出效应的联合效应。可以看出，除资本存量水平和研发资本存量与对外直接投资的乘积项系数为负外，其余控制变量与对外直接投资的交互乘积项系数都为正，拟合优度都很高，且在一定的水平显著，说明人力资本水平的提高、对外开放度的提高以及国内经济发展水平的提升都会增加对外直接投资的逆向技术溢出效应，即一国对技术的消化吸收能力能够显著影响对外直接投资的逆向技术溢出效应。资本存量和研发资本存量水平的联合效应显示，资本存量或者研发资本存量的提高会减少 OFDI 的逆向技术溢出效应。这可能是由于资本存量或者研发资本存量的增加会对对外直接投资产生挤出效应，降低对外直接投资渠道的研发资本溢出，也可能是由于样本包含的国家经济发展水平差别较大，进而影响了实证结果。

通过变换对外直接投资为流量数据以及使用 FGLS 方法对模型重新估计这两种方式，得到的结果（见表 7-2 中第 9、第 10 列）显示对外直接投资变量的系数仍然显著为正；模型的内生性问题主要存在于全要素生产率增长率同研发资本之间的双向因果关系中，仍然使用面板工具变量法，用劳动生产率和高技术产品出口作为工具变量进行 GMM 回归，得到结果（见表 7-2 中第 11 列）。结合三种方法的估计结果，仍可以认为开展对外直接投资能够提高国内的技术水平。

在证明了对外直接投资的逆向技术溢出效应存在后，利用 Lichtenberg 和 Potterie（1998）提出的计算公式可以得到我国对部分发达国家的对外直接投资产生的逆向技术溢出值。

表 7－2 检验结果

变量	ln*TFP*									
	LSDV								FGLS	GMM
ln*OFDI_C*	0.016 *** (4.71)	0.009 ** (2.54)	0.0515 *** (5.51)	0.1159 *** (9.43)	0.0733 *** (5.29)	0.0677 *** (4.41)	0.0485 *** (3.00)		0.0962 *** (12.9)	0.073 *** (3.74)
ln*OFDI_L*								0.0062 *** (4.34)		
ln*RD*		0045 *** (4.21)	0.0413 *** (4.14)	0.0258 *** (2.63)	−0.0445 *** (−2.62)	−0.0473 *** (−2.81)	−0.0051 (−0.29)	0.0094 (1.26)	−0.0792 *** (−10.67)	0.0709 * (1.82)
K × ln*OFDI_c*			−0.0015 *** (−4.00)	−0.004 *** (−8.14)	−0.0046 *** (−9.09)	−0.0044 *** (−8.31)	−0.0077 *** (−12.98)	−0.0056 *** (−20.46)	−0.0098 *** (−33.51)	−0.0072 *** (−11.8)
HC × ln*OFDI_c*				5.2e−11 *** (7.24)	4.0e−11 *** (5.68)	4.0e−11 *** (5.66)	4.0e−11 *** (5.73)	2.1e−11 *** (11.25)	8.7e−11 *** (4.78)	4.5e−011 *** (5.64)
ln*RD* × ln*OFDI_c*					0.0031 *** (4.87)	0.0032 *** (5.16)	0.0008 (1.13)	0.0009 *** (3.29)	0.0039 *** (11.57)	−0.002 (−1.35)
OPEN × ln*OFDI_c*						0.0014 * (1.74)	0.0015 * (1.73)	0.0014 *** (3.31)	0.0017 *** (7.03)	0.0012 * (1.71)
ln*GDP* × ln*OFDI_c*							0.0057 *** (9.27)	0.0051 *** (13.87)	0.0034 *** (18.89)	0.0061 *** (12.9)
T& 个体	控制	控制	控制	控制	控制	控制	控制	控制	控制	控制

续表

变量	ln*TFP*									
	LSDV								FGLS	GMM
cons	8. 9953 *** (4. 85)	17. 1643 *** (6. 94)	122737 *** (4. 33)	3. 1645 (1. 06)	6. 7312 ** (2. 14)	7. 7086 ** (2. 27)	-0. 814 (-0. 22)	-0. 0026 *** (-3. 79)	-4. 9849 *** (-3. 05)	—
R^2	0. 9012	0. 9059	0. 9077	0. 9119	0. 9143	0. 9146	0. 9296	0. 9375	—	0. 3226

对外直接投资国外研发溢出的计算公式为：

$$S_{it}^{ofdi} = \sum \frac{OFDI_{it}}{K_{it}} S_{it} \tag{7-6}$$

其中，S_{it}^{ofdi} 表示 t 时期对国家 i 进行对外直接投资所产生的 i 国的研发溢出，S_{it} 表示 t 时期国家 i 的国内研发资本存量水平，K_{it} 表示 t 时期国家 i 的固定资产总额。

样本国的选取。考虑数据的可得性以及研究的便利性，这里选取部分国家计算对外直接投资渠道的国外研发溢出值。2017 年我国共对全球 189 个国家进行了投资，其中对流量总额前 30 名国家的直接投资总额为 16011592 万美元，超过了 2017 年我国对外直接投资总额。计算对外直接投资的国外研发溢出样本国的选取主要遵循两个原则：一是对样本国的直接投资要占据我国对外直接投资总额的绝大部分；二是要剔除以避税为目的的对外直接投资。逆向技术溢出主要是指发达国家的技术外溢，因此本书选取 2017 年我国对外直接投资前 30 名中除了避税胜地中国香港、英属维尔京群岛、瑞士以外的经济发展水平较高的国家作为考察样本，尤其是 G7 国家。最终，选取了美国、德国、英国、日本、意大利、加拿大、法国、新加坡、澳大利亚、卢森堡、瑞典、韩国共 12 个国家。

样本国研发资本存量的计算。样本国国内研发资本存量的计算仍然采用永续盘存法。1996—2016 年各国研发支出的数据主要来源于联合国教科文组织统计研究所（UIS）数据库，2017 年数据部分来源于 OECD 数据库，1995 年数据来源于《中国科技统计年鉴（2017）》。由于部分数据缺失，采用年均增长率进行估算。各国 1995—2017 年固定资产形成总额数据来源于世界银行数据库。对数据处理计算后，最终得到 1995—2017 年我国对样本国投资产生的研发溢出值（见表 7-3）。

表7-3 1995—2017年我国对部分发达国家的对外直接投资产生的逆向技术溢出

单位：亿美元

年份	美国	新加坡	澳大利亚	德国	英国	卢森堡
1995	18330.44	63.25	587.33	2674.62	2362.44	32.67
1996	19391.84	76.75	624.98	2962.88	2445.13	34.26
1997	20549.33	92.61	665.24	3255.02	2529.57	35.91
1998	21791.21	111.89	700.57	3552.80	2617.35	37.62
1999	23157.13	133.21	738.73	3880.24	2719.72	39.39
2000	24694.40	156.62	781.25	4222.88	2835.18	41.22
2001	26262.06	182.59	826.96	4571.62	2956.98	43.13
2002	27747.87	210.05	884.46	4927.36	3087.84	45.20
2003	29298.99	237.74	945.71	5289.01	3219.06	47.35
2004	30890.44	270.51	1015.41	5652.36	3352.32	49.69
2005	32627.20	307.84	1092.52	6008.42	3491.10	52.19
2006	34529.12	348.79	1193.12	6400.87	3649.38	55.72
2007	36605.83	400.49	1307.03	6814.28	3818.96	59.35
2008	38847.91	460.94	1433.01	7284.53	3993.43	63.26
2009	40969.57	504.29	1574.95	7747.32	4158.01	66.97
2010	43022.02	551.28	1702.12	8230.43	4325.84	70.14
2011	45168.84	607.27	1826.79	8777.00	4497.33	73.61
2012	47253.88	659.22	1958.26	9343.05	4657.37	76.12
2013	49439.39	713.81	2091.64	9904.96	4839.82	79.08
2014	51732.02	778.81	2227.30	10505.34	5035.94	82.25
2015	54111.27	844.39	2327.92	11119.29	5237.59	85.56
2016	56516.60	921.11	2424.75	11748.06	5448.16	88.70
2017	59123.26	1004.26	2517.97	12474.05	5669.20	92.32
年份	瑞典	法国	日本	意大利	韩国	加拿大
1995	867.51	607.08	16719.67	0.57	873.37	1109.64
1996	891.87	859.99	16713.36	124.38	978.21	1168.50
1997	919.08	1103.20	16755.24	252.25	1091.89	1231.89
1998	949.24	1342.30	16827.46	382.59	1183.46	1305.89
1999	984.06	1585.13	16913.83	506.36	1282.21	1388.71
2000	1022.07	1838.56	17057.32	635.76	1403.43	1486.73

续表

年份	瑞典	法国	日本	意大利	韩国	加拿大
2001	1074.23	2107.72	17243.42	770.40	1546.01	1601.99
2002	1129.98	2385.68	17462.92	909.17	1693.78	1713.34
2003	1175.38	2637.71	17713.78	1040.70	1849.81	1829.03
2004	1218.91	2887.30	18003.26	1167.62	2036.74	1954.02
2005	1261.84	3138.24	18390.04	1291.65	2241.09	2087.22
2006	1317.70	3404.60	18857.92	1431.44	2483.16	2224.11
2007	1372.69	3676.08	19389.89	1584.86	2765.41	2360.48
2008	1438.93	3957.95	19907.59	1747.97	3066.20	2491.58
2009	1494.15	4256.44	20285.63	1909.61	3372.76	2617.76
2010	1545.00	4552.69	20677.54	2068.20	3725.85	2735.90
2011	1602.09	4861.23	21127.55	2225.90	4123.36	2854.81
2012	1661.69	5169.15	21594.43	2388.81	4565.81	2972.26
2013	1723.57	5494.22	22161.27	2553.96	5019.86	3088.72
2014	1779.30	5825.37	22748.75	2720.74	5499.87	3212.21
2015	1843.58	6146.50	23308.04	2883.04	5982.22	3315.46
2016	1909.36	6460.80	23829.09	3038.05	6476.65	3410.41
2017	1985.90	6784.48	24346.64	3221.57	7062.61	3502.11

资料来源：笔者计算得出。

（三）OFDI 与产业结构升级

1. 变量选取与数据来源

产业结构升级总指标。从整个产业发展历程来看，三次产业间的发展规律是第一产业占国民生产总值的比重逐渐下降，第三产业的比重逐渐上升，出现“经济服务化”趋势。而发达国家的发展经验也验证了这一点，第三产业在发达国家国内生产总值中占比平均在70%以上，经济结构的服务化成为产业结构升级的重要特征与趋势。因此，这里借鉴靖学青（2005）的做法，用产业结构层次系数 *INO* 表示产业结构升级：

$$INO = \sum_{i=1}^{n} \sum_{j=1}^{i} P_j \qquad (7-7)$$

其中，P_j表示一国或地区的 j 产业增加值占国民生产总值的比重，并按照产业的重要性赋予其不同的权重。根据钱纳里的工业化阶段理论，随着产业发展的阶段性迈进，产业结构由以农业为主向以工业为主转变，最后转变为以服务业为主，因此三次产业的重要性排序为：第三产业、第二产业、第一产业，并分别赋予权重 3、2、1。由此，本书的产业结构升级指标为：

$$INO = P(1) + P(2) \times 2 + P(3) \times 3 \qquad (7-8)$$

其中，$P(1)$ 为第一产业占 GDP 比重，同理，$P(2)$、$P(3)$ 分别为第二产业和第三产业占 GDP 比重。可知 INO 取值范围为 1 ~ 3，数值越大则产业结构层级越高。

利用世界银行数据库中的农业、工业、服务业占 GDP 的比值数据，经过计算得到 1995—2017 年中国、G7、印度尼西亚和印度的产业结构指标数据（见表 7－4）。

表 7－4 可以反映出，我国产业结构水平同 G7 国家相比明显更低，且低于 G7 所有国家；同发展中国家如印度和印度尼西亚相比，也表现出相同的水平。但是可以看出，我国产业结构水平虽然较低，但是呈现出增长的趋势，即产业结构在逐步调整，趋于合理化，且调整速度明显快于其他发展中国家。

控制变量。控制变量仍然选取本章第一节即价值增加效应检验中的控制变量，具体不再赘述。

2. 模型设定

根据经济理论以及模型的选择性检验，模型的设定如下：

$$INO_{it} = \alpha + \rho_1 \ln OFDI\_C_{it} + \rho_2 RD_{it} + \rho_3 \ln CN_{it} + \rho_4 LA_{it} + \rho_5 \ln PGDP_{it} + \rho_6 OPEN_{it} + \rho_7 \ln HT_{it} + \rho_8 GOV_{it} + \rho_9 CITY_{it} + \mu_i + T_t + \varepsilon_{it} \qquad (7-9)$$

其中，INO 表示产业结构升级指标，其他同上，仍然根据研究的需要对部分变量取对数。

3. 回归结果与分析

由检验结果（见表 7－5）可知，在逐次添加控制变量的过程中，对外直接投资变量对产业结构变量的影响系数始终为正且显著，即对外直接投资的增加能够促进国内产业结构的升级。

表 7-4　1995—2017 年中国、G7、印度尼西亚和印度的产业结构指标 *INO*

年份	中国	加拿大	美国	德国	法国	英国	意大利	日本	印度尼西亚	印度
1995	2. 1406	2. 6110	2. 7065	2. 6500	2. 6962	2. 6968	2. 6433	2. 6194	2. 2392	2. 1461
1996	2. 1424	2. 6110	2. 7065	2. 6595	2. 7031	2. 6999	2. 6492	2. 6191	2. 2320	2. 1374
1997	2. 1711	2. 6563	2. 7320	2. 6631	2. 7063	2. 7109	2. 6544	2. 6273	2. 2349	2. 1650
1998	2. 1988	2. 6649	2. 7394	2. 6657	2. 7069	2. 7228	2. 6569	2. 6322	2. 1860	2. 1747
1999	2. 2251	2. 6527	2. 7422	2. 6717	2. 7126	2. 7347	2. 6637	2. 6390	2. 1741	2. 2071
2000	2. 2511	2. 6380	2. 7433	2. 6698	2. 7158	2. 7323	2. 6716	2. 6423	2. 1944	2. 2286
2001	2. 2724	2. 6498	2. 7544	2. 6759	2. 7205	2. 7468	2. 6769	2. 6581	2. 2192	2. 2412
2002	2. 2895	2. 6601	2. 7660	2. 6874	2. 7261	2. 7506	2. 6812	2. 6667	2. 2283	2. 2744
2003	2. 2968	2. 6562	2. 7619	2. 6902	2. 7348	2. 7590	2. 6883	2. 6698	2. 2588	2. 2753
2004	2. 2827	2. 6485	2. 7564	2. 6858	2. 7376	2. 7667	2. 6883	2. 6723	2. 2670	2. 2885
2005	2. 2969	2. 6462	2. 7561	2. 6908	2. 7443	2. 7692	2. 6967	2. 6764	2. 2721	2. 2928
2006	2. 3119	2. 6542	2. 7550	2. 6832	2. 7507	2. 7694	2. 6951	2. 6784	2. 2711	2. 2967
2007	2. 3262	2. 6584	2. 7554	2. 6782	2. 7509	2. 7738	2. 6930	2. 6801	2. 2577	2. 2974
2008	2. 3269	2. 6492	2. 7616	2. 6815	2. 7572	2. 7768	2. 6973	2. 6882	2. 2298	2. 3101
2009	2. 3477	2. 6984	2. 7802	2. 7072	2. 7682	2. 7908	2. 7177	2. 7053	2. 2177	2. 3116
2010	2. 3485	2. 6860	2. 7781	2. 6840	2. 7663	2. 7862	2. 7169	2. 6928	2. 2746	2. 3018
2011	2. 3511	2. 6720	2. 7736	2. 6779	2. 7631	2. 7851	2. 7159	2. 7082	2. 2762	2. 3044
2012	2. 3635	2. 6760	2. 7774	2. 6773	2. 7646	2. 7878	2. 7175	2. 7082	2. 2811	2. 3183
2013	2. 3794	2. 6747	2. 7725	2. 6794	2. 7672	2. 7830	2. 7165	2. 7067	2. 2888	2. 3203

续表

年份	中国	加拿大	美国	德国	法国	英国	意大利	日本	印度尼西亚	印度
2014	2. 3937	2. 6754	2. 7750	2. 6776	2. 7673	2. 7858	2. 7230	2. 6997	2. 2964	2. 3363
2015	2. 4204	2. 6973	2. 7862	2. 6810	2. 7666	2. 7867	2. 7194	2. 6857	2. 3079	2. 3462
2016	2. 4368	2. 6808	2. 7943	2. 6756	2. 7728	2. 7893	2. 7185	2. 6850	2. 3128	2. 3480
2017	2. 4433	2. 6821	2. 7923	2. 6725	2. 7720	2. 7855	2. 7174	2. 6830	2. 3167	2. 3625

资料来源:世界银行数据库,最终结果为笔者计算得出。

对外直接投资对国内研发投入水平的挤出效应也仍然表现在产业结构升级效应中，即国内研发投入变量对产业结构升级的影响是负向的，且始终显著：其他变量不变时，国内研发投入占 GDP 的比例每增加 1 个单位，则产业结构水平降低 0.0126 个单位。与此同时，较高的对外依存度对国内经济的不利影响也表现在控制变量对外开放度对产业结构升级的负向影响中。劳动生产率也表现出对产业结构升级的负向作用，表明随着服务业的占比逐渐提高，服务业的劳动生产率低于工业，造成经济总体的劳动生产率下降是整个世界的问题，这一问题也表现在我国服务业的较低劳动生产率中。

更换对外直接投资变量数据为流量数据以及使用 FGLS 方法重新估计的结果都显示对外直接投资变量的系数始终显著为正；考虑内生性后使用 GMM 方法的估计结果也表明对外直接投资变量对产业结构变量的正向影响是显著的。模型的选择以及估计结果都表明对外直接投资对产业结构升级的正向影响是稳定可信的。

表 7－5　检验结果

变量	*INO*				
	LSDV	LSDV	LSDV	FGLS	GMM
ln*OFDI_ C*	0.0091 *** (8.45)	0.0032 ** (2.18)		0.0017 ** (2.27)	0.005 *** (3.61)
ln*OFDI_ L*			0.0044 *** (8.34)		
RD		－0.0126 *** －4.89	－0.0119 *** (－5.18)	－0.001 (－0.61)	－0.0149 *** (－3.84)
ln*CN*		－0.0029 (－0.46)	0.0035 (1.15)	－0.0133 *** (－3.58)	0.0037 (0.69)
ln*PGDP*		0.0258 *** (4.16)	0.0174 *** (3.69)	0.0251 *** (9.0)	0.0217 *** (3.96)
OPEN		－0.0401 *** (－3.91)	－0.0322 *** (－4.43)	－0.0332 *** (－7.38)	－0.032 *** (－3.6)
ln*HT*		0.0106 *** (3.55)	0.0106 *** (6.1)	0.0089 *** (8.42)	0.0076 *** (3.08)

续表

变量	INO				
	LSDV	LSDV	LSDV	FGLS	GMM
LA		-5.6e-07*** (-3.6)	-3.9e-07*** (-2.78)	-6.95e-07*** (-11.23)	-4.8e-07*** (-3.26)
CITY		0.001*** (3.18)	0.0013*** (2.94)	0.0017*** (2.96)	0.0009* (1.91)
GOV		0.0024*** (7.17)	0.0025*** (12.45)	0.0021*** (17.68)	0.0026*** (8.71)
T& 个体	控制	控制	控制	控制	控制
cons	-4.5985*** (-9.58)	-5.4028*** (-7.51)	-4.8818*** (-13.04)	-6.3511*** (-13.7)	—
R^2	0.9601	0.9684	0.976	—	0.6971

二、路径中介变量影响 GVC 的实证检验

第一步检验了对外直接投资同三个路径中介变量之间的关系，表明对外直接投资能够对三个路径中介变量产生显著的正向影响。第二步是检验路径中介变量是否能够影响母国全球价值链地位，即实证检验三条路径的代理变量同全球价值链地位各个指标之间的关系。

（一）模型设定

将全球价值链地位作为被解释变量，将三条路径的代理变量分别作为解释变量，控制变量同上，模型设计如下：

$$\ln GVC_{it} = \alpha + \delta_1 X_{it} + \delta_2 RD_{it} + \delta_3 \ln CN_{it} + \delta_4 LA_{it} + \delta_5 \ln PGDP_{it} + \delta_6 OPEN_{it} + \delta_7 \ln HT_{it} + \delta_8 GOV_{it} + \delta_9 CITY_{it} + \mu_i + T_t + \varepsilon_{it} \quad (7-10)$$

GVC 地位指标同样用 *GVC_sva*，*GVC_patf*、*GVC_patb*、*GVC_PLv*、*GVC_ps* 共 5 个指标表示，*X* 分别是表示产品增加值的 ln*SVA*、表示技术水平的 ln*TFP* 以及表示产业结构水平的 *INO*，其他同上。

（二）检验结果

分别以路径中介变量作为解释变量，以全球价值链地位的多方面指标作为被解释变量，对模型进行 LSDV 估计，结果如表 7-6 所示。

表 7－6　检验结果

变量	lnGVC_sva			lnGVC_patf			lnGVC_plv			lnGVC_ps		
ln*SVA*	0.482*** (5.24)			−0.424*** (−4.53)			0.047*** (2.69)			0.005 (0.48)		
ln*TFP*		0.151 (1.27)			−0.104 (−0.91)			0.034* (1.75)			0.025* (1.73)	
INO			0.144 (0.52)			0.129 (0.48)			0.129*** (3.31)			0.127*** (4.61)
RD	0.051*** (3.6)	0.042*** (2.73)	0.045*** (2.97)	0.057*** (4.02)	0.064*** (4.41)	0.065*** (4.45)	0.017*** (5.36)	0.016*** (5.04)	0.017*** (6.06)	−0.004 (−1.46)	−0.004 (−1.58)	−0.0025 (−0.93)
ln*CN*	0.059*** (2.58)	0.095*** (3.38)	0.073*** (3.1)	0.042* (1.78)	0.014 (0.46)	0.029 (1.23)	−0.027*** (−3.91)	−0.02*** (−2.88)	−0.025*** (−3.81)	−0.011** (−2.34)	−0.007 (−1.58)	−0.01** (−2.51)
ln*PGDP*	0.244*** (2.95)	0.652*** (11.91)	0.675*** (13.81)	0.177** (2.14)	−0.187*** (−3.95)	−0.209*** (−5.17)	−0.024 (−1.64)	0.012** (1.97)	0.014*** (2.93)	−0.014 (−1.54)	−0.014*** (−3.7)	−0.013*** (−3.44)
OPEN	0.048 (0.52)	0.081 (0.9)	0.075 (0.83)	0.069 (0.74)	0.042 (0.47)	0.056 (0.63)	−0.042*** (−3.45)	−0.038*** (−2.96)	−0.035*** (−2.76)	−0.019** (−2.24)	−0.017** (−1.96)	−0.013 (−1.6)
ln*HT*	0.121*** (6.27)	0.117*** (5.78)	0.118*** (5.89)	0.123*** (6.28)	0.126*** (6.76)	0.123*** (6.89)	0.001 (0.36)	0.0003 (0.11)	−0.0007 (−0.26)	−0.002 (−0.86)	−0.002 (−1.01)	−0.003 (−1.49)
LA	3e−06*** (2.78)	5e−06*** (5.12)	5e−06*** (5.17)	3e−06*** (3.37)	1.0e−06 (1.16)	1.4e−06* (1.7)	−1.9e−07 (−1.11)	1.1e−07 (0.58)	7.8e−08 (0.4)	4e−07*** (3.16)	5e−07*** (4.17)	5e−07*** (4.07)

续表

变量	ln*GVC_sva*			ln*GVC_patf*			ln*GVC_plv*			ln*GVC_ps*		
CITY	0.003 ** (2.11)	0.004 *** (2.88)	0.004 *** (2.74)	0.004 *** (2.75)	0.003 * (1.74)	0.003 * (1.83)	0.003 *** (6.63)	0.003 *** (6.67)	0.003 *** (6.33)	0.0007 ** (2.32)	0.0008 ** (2.47)	0.0006 ** (2.03)
GOV	0.001 (0.88)	0.003 * (1.87)	0.002 (1.28)	0.002 (0.96)	0.00007 (0.04)	0.0003 (0.17)	0.001 ** (2.4)	0.001 *** (3.14)	0.0008 * (1.91)	0.0007 ** (2.4)	0.0008 *** (3.02)	0.0004 (1.5)
cons	5.206 (0.94)	-16.37 *** (-5.85)	-15.95 *** (-5.17)	-45.16 *** (-8.04)	-26.12 *** (-8.77)	-25.06 *** (-7.36)	-5.29 *** (-3.92)	-7.33 *** (-7.99)	-6.66 *** (-7.2)	-1.83 ** (-2.45)	-2.0 *** (-3.3)	-1.32 ** (-2.34)
R^2	0.9928	0.9925	0.9925	0.9184	0.9155	0.9154	0.8989	0.8978	0.899	0.7011	0.7023	0.709

注：个体与时间趋势皆控制，W值较大，这里都不再列出；后向参与度的结果同前向参与度相类似，有正有负，这里受篇幅限制，结果也不再列出，下同。

由表 7 -6 的检验结果可知，除参与度的影响不一致外，三条路径的代理变量对全球价值链增加值、生产链长与位置都存在正向的促进作用，即三条路径的代理变量能够影响全球价值链地位。

通过符号方向可以看出，对外直接投资通过产品价值增加、技术进步和产业结构升级对全球价值链的增值能力、生产复杂度以及全球价值链位置的影响都存在中介效应，而不是遮掩效应，即对外直接投资能够通过三条路径间接促进全球价值链活动产生增加值、全球生产分工以及母国在全球价值链网络中的位置提升，即路径对应的间接效应存在。而对外直接投资对母国参与全球价值链的程度既存在遮掩效应又存在中介效应。

三、路径存在性进一步检验

以上内容既验证了 OFDI 能够影响 GVC 地位，又验证了 OFDI 能够影响路径中介变量，继而通过三条路径又能够影响 GVC 地位，三种变量之间存在影响关系的传导。这里借鉴杜尔玏（2019）的做法，用对外直接投资同三个路径中介变量的交互项做计量回归，来检验前文讨论结果的稳健性，即将 OFDI 变量与三条路径代理变量的交互乘积项分别作为解释变量，将 GVC 地位各个变量作为被解释变量，控制变量同上，再次进行回归，模型设定如下：

$$\ln GVC_{it} = \alpha + \gamma_1 X_{it} \times \ln OFDI\_C + \gamma_2 RD_{it} + \gamma_3 \ln CN_{it} + \gamma_4 LA_{it} + \gamma_5 \ln PGDP_{it} + \gamma_6 OPEN_{it} + \gamma_7 \ln HT_{it} + \gamma_8 GOV_{it} + \gamma_9 CITY_{it} + \mu_i + T_t + \varepsilon_{it} \quad (7-11)$$

各变量含义及数据来源同上，检验结果如表 7 -7 所示。

表 7 -7 的结果显示交互乘积项的系数始终显著为正，即对外直接投资能够通过三条路径间接地促进全球价值链地位的提高，即进一步证明了三种间接效应的存在性。

分别变换对外直接投资为流量数据，使用更有效率的广义最小二乘法与考虑内生性问题的广义矩估计法进行回归，得到的结果仍然支持上述结论。

表 7－7 检验结果

	ln*GVC_sva*			ln*GVC_patf*			ln*GVC_plv*			ln*GVC_ps*		
ln*OFDI_C* × ln*SVA*	0.0056*** (9.03)			0.0021*** (3.4)			0.001*** (8.64)			0.0003*** (2.56)		
ln*OFDI_C* × ln*TFP*		0.0235*** (5.38)			0.0112*** (2.8)			0.0041*** (6.02)			0.0023*** (4.29)	
ln*OFDI_C* × *INO*			0.0241*** (10.71)			0.017*** (7.81)			0.0036*** (6.31)			0.0018*** (3.44)
RD	0.0488*** (3.42)	0.0712*** (5.05)	0.0561*** (4.1)	0.0832*** (5.42)	0.0896*** (6.2)	0.074*** (5.14)	0.024*** (6.3)	0.0274*** (6.77)	0.0258*** (6.75)	−0.002 (−0.75)	−0.0021 (−0.82)	−0.0027 (−1.00)
ln*CN*	0.4785*** (9.1)	0.5371*** (10.02)	0.5844*** (11.65)	−0.3001*** (−6.59)	−0.2866*** (−6.37)	−0.2743*** (−6.46)	0.0084 (1.12)	0.036*** (4.72)	0.0129* (1.87)	−0.0018 (−0.45)	0.0078** (1.96)	−0.0044 (−1.26)
ln*PGDP*	0.0018 (1.13)	0.0043** (2.46)	0.0005 (0.34)	−0.0004 (−0.24)	0.0009 (0.5)	−0.0009 (−0.49)	−0.022*** (−3.55)	−0.0132* (−1.86)	−0.0038 (−0.61)	−0.02*** (−3.94)	−0.022*** (−5.39)	−0.0167*** (−3.91)
OPEN	0.0025* (1.84)	0.0067*** (4.63)	0.0063*** (4.45)	0.0032** (2.12)	0.0048*** (3.18)	0.0047*** (2.85)	−0.0083 (−0.84)	−0.0009 (−0.1)	−0.0035 (−0.35)	−0.1 (−1.3)	−0.0055 (−0.72)	−0.0072 (−0.98)
ln*HT*	0.1759** (2.03)	0.2185*** (2.85)	0.2096** (2.46)	0.1268 (1.49)	0.1478* (1.88)	0.1528* (1.78)	−0.0016 (−0.62)	−0.0022 (−0.91)	−0.0032 (−1.29)	−0.0027 (−1.2)	−0.0036* (−1.66)	−0.0039* (−1.79)
LA	5e−06*** (5.03)	7.7e−06*** (6.64)	6e−06*** (5.88)	2.3e−06*** (2.64)	3.4e−06*** (3.79)	2.4e−06*** (2.86)	3.9e−07** (2.03)	8e−07*** (4.32)	5e−07*** (2.74)	5.6e−07*** (4.18)	7e−07*** (5.46)	5.8e−07*** (4.46)

续表

	lnGVC_sva			lnGVC_patf			lnGVC_plv			lnGVC_ps		
CITY	0. 1063 *** (5. 14)	0. 1032 *** (5. 58)	0. 0943 *** (4. 74)	0. 119 *** (6. 56)	0. 1164 *** (6. 88)	0. 1068 *** (5. 83)	0. 003 *** (6. 41)	0. 0038 *** (7. 85)	0. 0037 *** (7. 77)	0. 0007 ** (2. 25)	0. 001 *** (3. 34)	0. 0009 *** (3. 09)
GOV	0. 1233 *** (4. 74)	0. 2875 *** (14. 93)	0. 1376 *** (6. 22)	0. 1131 *** (4. 3)	0. 1791 *** (10. 05)	0. 0817 *** (3. 47)	0. 0006 * (1. 71)	0. 0011 *** (2. 93)	0. 0004 (1. 13)	0. 0006 ** (1. 98)	0. 0009 *** (3. 16)	0. 0005 * (1. 92)
cons	11. 742 *** (17. 61)	7. 2754 *** (15. 24)	10. 457 *** (18. 6)	-6. 0197 *** (-9. 24)	-7. 774 *** (-18. 7)	-5. 656 *** (-10. 67)	0. 843 *** (5. 58)	0. 0946 (0. 63)	0. 5783 *** (4. 4)	0. 1337 * (1. 75)	-0. 1037 (-1. 3)	0. 1489 ** (2. 48)
R^2	0. 9927	0. 9922	0. 9928	0. 9132	0. 9128	0. 917	0. 8827	0. 8769	0. 881	0. 6964	0. 7004	0. 7042

第二节 我国 OFDI 影响 GVC 地位的中介效应分析

一、中介效应分析

第一节用总样本数据实证验证了三种路径的存在性。本节聚焦我国，主要探讨我国的对外直接投资如何影响我国全球价值链地位，探讨我国对外直接投资对全球价值链地位的影响是通过直接效应还是中介效应进行，是完全中介效应还是部分中介效应。

（一）变量选取

1. 因变量与自变量

全球价值链地位指标的选取仍然考虑综合性，用全球价值链增加值、全球价值链参与度、全球价值链生产链长、全球价值链位置表示。自变量对外直接投资仍然用存量数据表示。

2. 中介变量

对外直接投资影响全球价值链的三种路径分别是价值增值能力、技术进步和产业结构升级，从而选取增加值总量、技术水平、产业结构合理化水平三个代理变量作为中介变量。

（1）增加值总量（GDP）用经过消费者物价指数平减的实际 GDP 表示，考虑时间序列的平稳性，这里取实际 GDP 的年增长率（*GGDP*）作为价值增值能力的指标。

（2）技术水平用全要素生产率（TFP）增长率表示，全要素生产率增长率无法从总产量中直接计算出来，一般根据索洛模型，采用生产函数间接计算得到，故又称"索洛残差"。

根据索洛模型和道格拉斯生产函数：

$$Y = AL^{\alpha}K^{\beta} \qquad (\alpha + \beta = 1) \tag{7-12}$$

得到：

$$\ln Y = \ln A + \alpha \ln L + \beta \ln K \qquad (\alpha + \beta = 1) \tag{7-13}$$

其中，Y 表示总产出，一般用 GDP 表示，A 表示技术发展水平，L 为劳动力，K 为资本，从而可以得到表征技术进步的索洛残差 $\ln A$：

$$\ln A = \ln Y - \alpha \ln L - \beta \ln K \qquad (\alpha + \beta = 1) \qquad (7-14)$$

参考部分学者的做法，α 取值为0.6，产出用我国历年GDP数据表示，L 用每年就业人数表示，K 用资本存量表示，最终得到全要素生产率增长率的值（见表7-8）。

表7-8 1995—2017年我国全要素生产率增长率

年份	ln*GDP*	ln*K*	ln*L*	ln*TFP*
1995	20.23453	22.50258	11.12822	2.281689
1996	20.39217	22.59886	11.14114	2.376396
1997	20.49655	22.69816	11.15368	2.416186
1998	20.56304	22.81514	11.16531	2.407837
1999	20.62416	22.92428	11.17597	2.399203
2000	20.72606	23.02638	11.1856	2.435996
2001	20.82639	23.13692	11.19856	2.464818
2002	20.9198	23.24416	11.2083	2.489979
2003	21.04115	23.36886	11.21764	2.532777
2004	21.20471	23.51172	11.22791	2.606509
2005	21.35091	23.65974	11.23618	2.660588
2006	21.50917	23.79184	11.24374	2.736568
2007	21.71738	23.88328	11.25143	2.886836
2008	21.8849	23.92819	11.23274	3.034893
2009	21.9734	24.04506	11.23622	3.051877
2010	22.14162	24.17141	11.23987	3.142823
2011	22.31107	24.2485	11.244	3.264376
2012	22.41034	24.34757	11.24771	3.302717
2013	22.50707	24.47426	11.25126	3.322009
2014	22.58575	24.58893	11.25484	3.330457
2015	22.65341	24.71003	11.2574	3.324435
2016	22.72958	24.87452	11.25936	3.301122
2017	22.83605	24.99372	11.25984	3.33588

注：原始数据*GDP*和资本存量单位为万元，就业人数单位为万人，资本存量数据来源于PWT（Penn World Table）数据库，并经过历年平均汇率进行换算。

（3）鉴于我国 OFDI 的产业结构效应主要表现在边际产业转移效应上，这里用产业结构合理化指标 *TI* 表示。基于合理化的内涵，国内外学者构建了多个指标，考虑到指标对我国的适用性，这里参考国内学者干春晖（2011）的构建方法，将泰尔指数进行重新定义：

$$TI = \sum_{i=1}^{3} \frac{Y_i}{Y} \ln \left(\frac{Y_i}{L_i} / \frac{Y}{L}\right) \quad (7-15)$$

其中，Y_i、L_i分别表示产业 i 的产值和就业人数，3 表示产业部门的个数。*TI* 指数越大，表明产业结构越不合理，即两者呈反比关系，计算结果如表 7－9 所示。

表 7－9　1995—2017 年我国产业结构合理化指数值

年份	2017	2016	2015	2014	2013	2012	2011	2010	2009	2008	2007	2006
TI	0.13	0.12	0.12	0.13	0.15	0.17	0.19	0.21	0.22	0.22	0.24	0.27
年份	2005	2004	2003	2002	2001	2000	1999	1998	1997	1996	1995	
TI	0.29	0.29	0.33	0.33	0.32	0.3	0.28	0.26	0.25	0.25	0.26	

3. 控制变量

控制变量选取最常用的研发水平、资本水平和人力资本。研发水平用单位产出的研发资本存量表示，数据来源同第六章。资本存量水平用固定资产投资数据通过永续盘存法计算得出，固定资产投资数据来源于《中国统计年鉴》，并经过价格平减。考虑到资本存量数据是非平稳的，这里用单位产出的资本存量表示，即资本存量与 GDP 的比值。人力资本水平用平均受教育年限表示，数据来源同第六章。

（二）模型构建

借鉴温忠麟等（2004）构建的中介效应模型，构建以下计量模型，分析对外直接投资影响我国全球价值链地位的中介效应：

$$GVC = \mu_1 + \alpha \ln OFDI\_C + \beta_1 \ln RD + \beta_2 \ln K + \beta_3 EDU + \varepsilon_1 \quad (7-16)$$

$$GGDP = \mu_2 + \delta_1 \ln OFDI\_C + \beta_1 \ln RD + \beta_2 \ln K + \beta_3 EDU + \varepsilon_2 \quad (7-17)$$

$$TFP = \mu_3 + \delta_2 \ln OFDI\_C + \beta_1 \ln RD + \beta_2 \ln K + \beta_3 EDU + \varepsilon_3 \quad (7-18)$$

$$TI = \mu_4 + \delta_3 \ln OFDI\_C + \beta_1 \ln RD + \beta_2 \ln K + \beta_3 EDU + \varepsilon_4 \quad (7-19)$$

$$GVC = \mu_5 + \theta \ln OFDI\_C + \rho_1 GGDP + \rho_2 TFP + \rho_3 TI + \beta_1 \ln RD + \beta_2 \ln K + \beta_3 EDU + \varepsilon_5 \quad (7-20)$$

其中，*GVC* 表示全球价值链地位，分别用全球价值链增加值、全球价值链参与度、全球价值链生产链长、全球价值链位置表示，为了计算方便，都取对数表示。*OFDI_C* 表示对外直接投资存量，*RD* 表示单位产出的研发资本存量，*K* 表示单位产出的资本存量，*EDU* 为平均受教育年限，*GGDP* 为实际 *GDP* 年增长率，*TFP* 为全要素生产率增长率，*TI* 为产业结构合理化水平（*TI* 越大，表明产业结构越不合理）。考虑到数据的可得性，这里仍然用 1995—2017 年的国家数据进行分析。

（三）模型检验

对建立的中介效应模型进行第一步的检验，即检验模型（7 - 16），得到回归结果（见表 7 - 10）。

表 7 - 10　中介效应检验结果 1

第一步						
变量	模型 1	模型 2	模型 3	模型 4	模型 5	模型 6
	lnGVC_ sva	lnGVC_ patf	lnGVC_ patb	lnGVC_ PLv	lnGVC_ PLy	lnGVC_ ps
lnOFDI_ C	1.0106 *** (3.99)	0.3827 ** (2.28)	0.4695 *** (2.95)	0.0754 *** (3.21)	0.0868 *** (3.8)	-0.0113 (-0.75)
lnRD	2.4215 *** (4.66)	1.2571 *** (3.65)	1.6431 *** (5.02)	0.172 *** (3.56)	0.143 *** (3.05)	0.029 (0.93)
lnK	-5.0978 *** (-4.21)	-3.0643 *** (-3.81)	-4.2066 *** (-5.52)	-0.2557 ** (-2.27)	-0.2954 ** (-2.71)	0.0396 (0.55)
EDU	-0.2163 (-0.76)	-0.1714 (-0.91)	-0.1422 (-0.79)	-0.0432 (-1.63)	-0.0282 (-1.1)	-0.015 (-0.89)
cons	13.2197 *** (2.91)	-5.4401 * (-1.81)	-5.8419 * (-2.04)	0.5636 (1.33)	0.1377 (0.34)	0.426 (1.57)
R^2	0.9639	0.5881	0.7597	0.9625	0.964	0.206
F	120.05 (0.000)	6.43 (0.0021)	14.22 (0.000)	115.62 (0.000)	120.44 (0.000)	1.17 (0.3581)

可知以全球价值链增加值、全球价值链参与度和全球价值链生产链长作为因变量时，自变量的系数都在 5% 及 1% 的显著性水平上显著，可

以继续进行第二步检验。而以全球价值链位置作为因变量时，自变量系数不显著，从而终止检验。因为全球价值链位置是前向生产链长与后向生产链长的比值，而从模型 4 和模型 5 的结果也可以看出，对外直接投资对前后向生产链长的作用相差不大，从而造成对全球价值链位置的作用并不显著。

继续对中介效应模型进行第二步检验，即检验模型（7－17）、模型（7－18）、模型（7－19），得到回归结果（见表 7－11）。

表 7－11　中介效应检验结果 2

	第二步		
变量	*GGDP*	*TFP*	*TI*
ln*OFDI_ C*	8.9745 ** (2.53)	0.5127 *** (5.06)	－0.0637 ** (－2.82)
ln*RD*	31.0451 *** (4.27)	0.2452 (1.18)	0.2673 *** (5.77)
ln*K*	－67.8806 *** (－4.01)	－1.3797 ** (－2.85)	－0.2577 ** (－2.39)
EDU	－8.1587 * (－2.05)	0.0541 (0.47)	－0.0376 (－1.48)
cons	－27.5731 (－0.43)	－9.8341 *** (－5.41)	3.2372 *** (7.99)
R^2	0.5976	0.9783	0.9641
F	6.68 (0.0018)	202.76 (0.000)	120.83 (0.000)

中介效应模型第二步的检验结果表明，对外直接投资对各个中介变量的影响是显著的，即对外直接投资对增加值、技术水平和产业结构存在显著的促进作用。可以继续进行第三步的检验，即检验模型（7－20），得到的回归结果如表 7－12 所示。

表 7－12　中介效应检验结果 3

变量	第三步				
	模型 1	模型 2	模型 3	模型 4	模型 5
	ln*GVC_ sva*	ln*GVC_ patf*	ln*GVC_ patb*	ln*GVC_ PLv*	ln*GVC_ PLy*
ln*OFDI_ C*	－0. 314 * (－1. 78)	－0. 3671 ** (－2. 41)	－0. 3264 ** (－2. 6)	0. 0233 (0. 62)	0. 0154 (0. 44)
GGDP	0. 0415 *** (6. 00)	0. 0268 *** (4. 5)	0. 0293 *** (5. 97)	0. 0014 (0. 95)	0. 0001 (0. 06)
TFP	1. 1949 *** (4. 78)	0. 4392 * (2. 04)	0. 6745 *** (3. 8)	0. 0135 (0. 25)	0. 1168 ** (2. 38)
TI	－5. 3373 *** (－4. 73)	－4. 4631 *** (－4. 59)	－2. 9413 *** (－3. 67)	－0. 5152 ** (－2. 16)	－0. 1689 (－0. 76)
ln*RD*	2. 2681 *** (5. 35)	1. 5109 *** (4. 13)	1. 3549 *** (4. 5)	0. 2635 *** (2. 94)	0. 1569 * (1. 88)
ln*K*	－2. 0105 ** (－2. 44)	－1. 7904 ** (－2. 52)	－2. 0462 *** (－3. 5)	－0. 2761 (－1. 58)	－0. 172 (－1. 06)
EDU	－0. 1435 (－1. 08)	－0. 1446 (－1. 26)	－0. 0505 (－0. 53)	－0. 0521 * (－1. 85)	－0. 0402 (－1. 53)
cons	43. 3918 *** (10. 26)	14. 0658 *** (3. 86)	11. 1207 *** (3. 7)	2. 402 ** (2. 69)	1. 8354 ** (2. 21)
R^2	0. 995	0. 9038	0. 9578	0. 9732	0. 9764
F	427. 18 (0. 000)	20. 13 (0. 000)	48. 59 (0. 000)	77. 79 (0. 000)	88. 71 (0. 000)

进行第三步检验时，模型 1、模型 2、模型 3 中的解释变量和中介变量系数都显著，为部分中介效应模型。模型 4 的中介变量 *GGDP* 和 *TFP* 系数、模型 5 的中介变量 *GGDP* 和 *TI* 系数不显著，即需要做 Sobel 检验来判断模型 4 和模型 5 的中介效应是否显著。

对于模型 4，当 *GGDP* 作为中介变量时，Sobel 检验的 *Z* 值为 0. 6158，对应 *p* 值为 0. 536；当 *TFP* 作为中介变量时，Sobel 检验的 *Z* 值为 0. 8254，对应的 *p* 值为 0. 409，即 *GGDP* 和 *TFP* 作为中介变量的中介效应都不显著。对于模型 5，当 *GGDP* 和 *TI* 作为中介变量时，Sobel 检验的 *Z* 值同样不显著。即对于模型 4，中介变量 *GGDP* 和 *TFP* 的中介效应不显著，对于模型 5，中介变量 *GGDP* 和 *TI* 的中介效应不显著。

（四）结果分析

根据以上对本书中介效应模型的三步检验结果可以得到：①以全球价值链增加值和前向、后向参与度分别作为被解释变量时，对外直接投资对我国全球价值链地位的影响是部分中介过程，即我国对外直接投资既能够通过直接作用影响我国参与全球价值链，也能够通过我国价值增值能力、技术水平与产业结构三个中介变量间接地作用于我国全球价值链地位。②以生产链长作为被解释变量时，对外直接投资对全球价值链的影响是完全中介过程，即对外直接投资通过中介变量对生产的复杂度产生影响。

1. 作用大小分析

（1）我国对外直接投资对全球价值链增加值综合作用大小为1.011；通过中介变量增值能力、技术水平、产业结构的间接作用大小分别为0.3724、0.6126、0.34，总间接作用大小为1.325；直接作用为-0.314。

（2）我国对外直接投资对全球价值链前向参与度的综合作用大小为0.3827；通过中介变量增值能力、技术水平、产业结构的间接作用大小分别为0.2405、0.2252、0.2843，总间接作用大小为0.75；直接作用大小为-0.3671。

（3）我国对外直接投资对全球价值链后向参与度的综合作用大小为0.4695；通过中介变量增值能力、技术水平、产业结构的间接作用大小分别为0.263、0.3458、0.1874，总间接作用大小为0.7962；直接作用大小为-0.3264。

（4）我国对外直接投资对全球价值链前向生产链长的综合作用为0.0754，直接作用不显著，但是通过产业结构的间接作用显著，通过增值能力与技术水平的间接作用不显著；对后向生产链长的综合作用大小为0.0868，直接作用不显著，通过技术水平的间接作用显著，但是通过国内增加值与产业结构的间接作用不显著。

2. 作用方向分析

（1）我国对外直接投资对我国参与全球价值链的增加值、参与度、生产链长的总作用都是正向的，对参与位置的作用方向是负向的，但是不显著。原因在于我国对外直接投资对我国后向参与度与后向生产链长的作用要大于前向。

（2）我国对外直接投资通过各个中介变量对全球价值链多方面的作用也是正向的，但是个别系数不显著。

（3）我国对外直接投资对我国参与全球价值链的增加值和参与度的直接作用是负向的，但是直接作用小于间接作用；对生产链长的直接作用是正向的，但是系数不显著。

3. 总结分析

从第三步检验结果看，我国对外直接投资通过逆向技术溢出效应提升我国技术水平，最后提升我国在全球价值链上的总体地位可能更多地体现在对我国全球价值链价值增值能力的提升上，其次是我国参与全球价值链的后向参与度。一方面，可以看出目前我国以后向关联参与全球价值链仍然是主要方式；另一方面，可以看出逆向技术溢出效应的存在提升我国技术水平然后再作用于我国高技术产业是一个缓慢的进程。产业结构合理化对我国全球价值链地位的影响要大于逆向技术溢出效应的影响，即我国边际产业转移或者加速发展服务业对提升全球价值链地位的促进作用目前来说不仅是利大于弊，而且效果显著。对比来看，价值增值能力对全球价值链地位提升的促进作用不如逆向技术溢出效应与产业结构升级效应，目前通过调整产业结构实现转型发展对我国突破全球价值链低端锁定的困局作用会更加显著。

二、进一步扩展分析

全球价值链活动根据跨境次数的多少又可以分为简单的全球价值链活动与复杂的全球价值链活动。简单的全球价值链活动即以生产为目的的仅跨越一次国界的跨境生产活动，中间产品从生产国跨境出口至进口国，然后被进口国用于生产最终产品而吸收掉，且该最终产品被进口国在国内消费。复杂的全球价值链活动即不止一次的跨境生产活动，中间产品既可以被直接进口国用于生产出口的最终产品，也可以被直接进口国用于生产出口的中间产品，即中间产品至少跨境两次。从而全球价值链增加值、参与度、生产链长也可以分别被分为简单的与复杂的。而根据全球价值链生产链长的定义：GVC 生产链长度量的是一个国家的生产要素创造的增加值在全球经济活动中被记为总产出的次数。因此生产链条的长度又可以划分为跨境前生产链长、跨境后生产链长以及单纯的跨境次数，这三者构成了增加值被记为总产出的次数。跨境前生产链长代表了中间产品出口之前在国内流转的次数，能够在一定程度上表示国内生产过程的复杂度。同理，跨境后生产链长表示中间产品被生产国出口至其他国家后在其他国家内的生产过程中被记为总产出的次数，能够在一定程度上表示他国国内分工程度；纯粹的跨境次数表示中间产品以生产为目的在不同国家之间的流转次数。一国出口的中间产品流转次数越多，表明该中间产品对生产过程越重要，能够在一定程度上反映出一国在国际分工中的重要性。详细分解指标如图 7－1 所示。

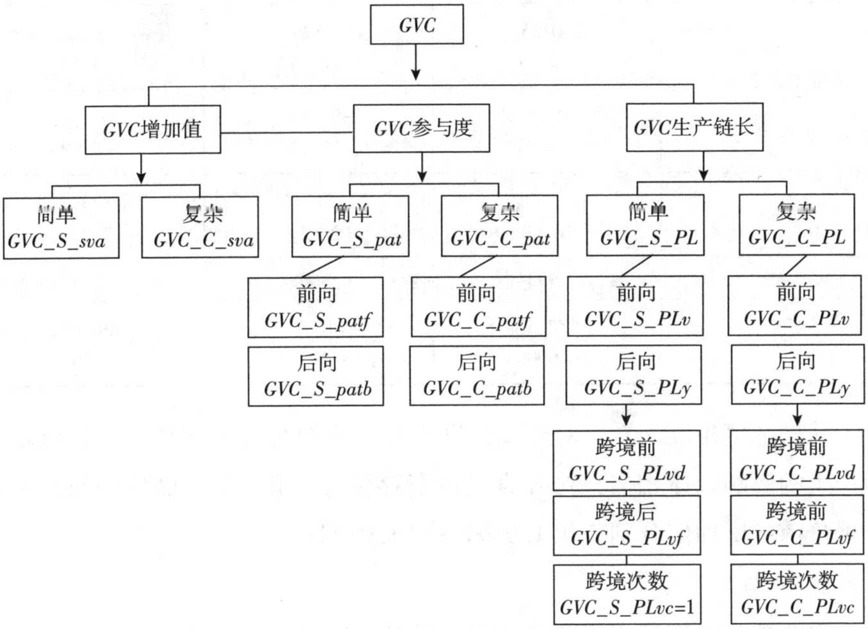

图 7－1　全球价值链活动分解①

① 国家层面的前向关联的增加值等于后向关联的增加值，简单全球价值链活动的跨境次数恒等于 1。

（一）实证检验

根据指标分解图，将各个指标作为被解释变量分别进行回归，探寻我国对外直接投资影响我国参与全球价值链的内在作用机制。

1. 增加值分解指标

因为国家层面的前后向增加值大小相等，从而增加值指标仅可以分解为简单的价值链活动产生的增加值和复杂的价值链活动产生的增加值，结果如表 7－13 所示。

表 7－13　GVC 增加值分解指标回归结果

变量	*GVC_sva*	*GVC_S_sva*	*GVC_C_sva*
ln*OFDI_ C*	0.6279 *** (6.21)	1.0094 *** (4.07)	1.0124 *** (3.81)
ln*RD*	1.1644 *** (5.61)	2.0711 *** (4.07)	3.1261 *** (5.74)
ln*K*	−2.0335 *** (−4.21)	−4.7596 *** (−4.01)	−5.7751 *** (−4.55)
EDU	−0.0448 (−0.39)	−0.1797 (−0.64)	−0.2949 (−0.99)
cons	18.66 *** (10.29)	11.2422 ** (2.52)	15.3237 *** (3.22)
R^2	0.9934	0.9608	0.9682
F	672.57 (0.0000)	110.2 (0.0000)	136.96 (0.0000)

从增加值角度来看，对外直接投资对简单的与复杂的全球价值链增加值产生的影响大体相当，对外直接投资存量每变化 1%，简单的与复杂的全球价值链增加值分别变化 1.0094% 和 1.0124%。

2. 参与度分解指标

先对参与度进行前后向的分解，再对前后向的参与度进行简单与复杂的分类，对得到的 6 个指标分别做回归得到如表 7－14 所示的结果。

表 7-14 GVC 参与度分解指标回归结果

	GVC_patf	GVC_S_patf	GVC_C_patf	GVC_patb	GVC_S_patb	GVC_C_patb
lnOFDI_C	0.0392** (2.31)	0.0323** (2.61)	0.0444** (2.85)	0.0548** (2.66)	0.0102 (0.64)	0.0862** (2.56)
lnRD	0.1289*** (3.7)	0.084*** (3.31)	0.2099*** (6.58)	0.2017*** (4.77)	-0.0188 (-0.58)	0.4274*** (6.19)
lnK	-0.3106*** (-3.83)	-0.2433*** (-4.11)	-0.458*** (-6.16)	-0.5*** (-5.08)	-0.0156 (-0.21)	-0.884*** (-5.49)
EDU	-0.0193 (-1.01)	-0.117 (-0.84)	-0.0141 (-0.81)	-0. -188 (-0.81)	-0.0016 (-0.09)	-0.0552 (-1.46)
cons	-0.2073 (-0.68)	-0.2715 (-1.22)	-0.0703 (-0.25)	-0.2592 (-0.7)	-0.2405 (-0.84)	0.1076 (0.18)
R^2	0.5835	0.5837	0.8533	0.7338	0.1685	0.8007
F	6.3 (0.0024)	6.31 (0.0023)	26.17 (0.000)	12.41 (0.0001)	0.91 (0.4781)	18.08 (0.000)

对外直接投资对我国全球价值链的后向参与度影响更大，在其他变量不变时，对外直接投资存量每变化 1%，全球价值链前向参与度同向变化 0.0392，而全球价值链后向参与度同向变化 0.0548。

从内部来看，无论是前向参与度还是后向参与度，对外直接投资存量都更能影响复杂的全球价值链活动，尤其对复杂的全球价值链后向参与度的影响更甚。我国对外直接投资活动主要通过影响复杂全球价值链活动的后向参与度来影响我国参与全球价值链活动的程度，印证了我国作为世界工厂大量进口中间产品参与产品的跨国生产这一现实。

3. 生产链长分解指标

先对生产链长进行前后关联的分解，再进行简单的与复杂的类型划分，最后根据内部构成分解，得到 16 个指标，分别进行回归。

（1）前向生产链分解。前向关联的全球价值链生产链长 *GVC_plv* 可以分解为 2 个二级指标：简单的价值链活动生产链长 *GVC_S_plv* 与复杂的价值链活动生产链长 *GVC_C_plv*，以及 5 个三级指标：简单的价值链活动跨境前长度 *GVC_S_plvd* 与跨境后长度 *GVC_S_plvf*、复杂的价值链活动跨境前长

度 GVC_C_plvd 与跨境后长度 GVC_C_plvf 以及纯粹的跨境次数 GVC_C_plvc。回归结果如表 7－15、表 7－16 所示。

表 7－15　前向生产链长分解回归结果 1

变量	GVC_plv	GVC_S_plv	GVC_S_plvd	GVC_S_plvf
lnOFDI_C	0.3509*** (3.15)	0.2534** (2.73)	0.195** (2.34)	0.0584* (1.88)
lnRD	0.7417*** (3.25)	0.3794* (1.99)	0.0473 (0.28)	0.3321*** (5.22)
lnK	−1.0741* (−2.02)	−0.5103 (−1.15)	0.0239 (0.06)	−0.5341*** (−3.6)
EDU	−0.1904 (−1.52)	−0.1644 (−1.58)	−0.0993 (−1.06)	−0.0651* (−1.86)
cons	−0.2017 (−0.1)	0.3053 (0.18)	−1.7646 (−1.18)	1.0699* (1.92)
R^2	0.9645	0.9470	0.9481	0.7865
F	122.13 (0.0000)	80.36 (0.0000)	82.24 (0.0000)	16.57 (0.0000)

表 7－16　前向生产链长分解回归结果 2

变量	GVC_C_plv	GVC_C_plvd	GVC_C_plvf	GVC_C_plvc
lnOFDI_C	0.463*** (3.45)	0.1943** (2.54)	0.2006*** (3.01)	0.068** (2.41)
lnRD	0.6354** (2.3)	0.435 (0.28)	0.4949*** (3.61)	0.0971 (1.67)
lnK	−1.1488* (−1.79)	0.0719 (0.2)	−0.9588*** (−3.01)	−0.2619* (−1.94)
EDU	−0.128 (−0.85)	−0.1004 (−1.16)	−0.0033 (−0.04)	−0.0243 (−0.76)
cons	−3.1744 (−1.32)	−1.7156 (−1.25)	−2.054 (−1.72)	0.5952 (1.17)
R^2	0.9711	0.9601	0.9654	0.8239
F	151.29 (0.0000)	108.37 (0.0000)	125.62 (0.0000)	21.06 (0.0000)

从全球价值链类型来看，对外直接投资存量对复杂的全球价值链生产链长影响更大。而从内部来看，对外直接投资对简单的与复杂的全球价值链生产链长影响存在不同：对外直接投资影响简单的全球价值链生产链长更多的是通过影响中间产品跨境前生产链长，而影响复杂的全球价值链生产链长则更多的是通过影响跨境后生产链长，即对外直接投资主要通过影响中间产品在我国国内的分工过程来影响我国参与简单的全球价值链活动，同时，主要通过影响中间产品在其他国家的分工程度来影响我国参与复杂的全球价值链活动。

（2）后向生产链分解。同前向关联的生产链长一样，得到的回归结果如表 7－17、表 7－18 所示。

表 7－17 后向生产链长分解回归结果 1

变量	GVC_ply	GVC_S_ply	GVC_S_plyd	GVC_S_plyf
lnOFDI_C	0.4348*** (3.78)	0.4086*** (3.63)	0.0184 (0.51)	0.3902*** (4.16)
lnRD	0.6449** (2.74)	0.3642 (1.58)	－0.0284 (－0.38)	0.3926* (2.04)
lnK	－1.3833** (－2.32)	－1.1266* (－2.1)	－0.0788 (－0.46)	－1.0477** (－2.34)
EDU	－0.1208 (－0.94)	－0.1139 (－0.9)	0.0116 (0.29)	－0.1255 (－1.19)
cons	－2.8055 (－1.36)	－3.6459* (－1.81)	1.3014* (2.01)	－5.9473*** (－3.54)
R^2	0.9657	0.9436	0.1393	0.9617
F	126.66 (0.0000)	75.33 (0.0000)	0.73 (0.5841)	113.07 (0.0000)

表 7－18 后向生产链长分解回归结果 2

变量	GVC_C_ply	GVC_C_plyd	GVC_C_plyf	GVC_C_plyc
lnOFDI_C	0.1981 (1.42)	0.179** (2.12)	0.1497*** (3.19)	－0.1025* (－1.87)

续表

变量	GVC_C_ply	GVC_C_plyd	GVC_C_plyf	GVC_C_plyc
lnRD	-0.4883 (-1.7)	-0.4512** (-2.6)	0.0609 (0.63)	-0.1948 (-1.73)
lnK	1.175* (1.76)	1.0599** (2.63)	-0.2886 (-1.29)	0.7675*** (2.93)
EDU	0.0956 (0.61)	0.1011 (1.06)	0.0097 (0.18)	0.0711 (1.15)
cons	-2.5776 (-1.03)	-4.9697*** (-3.28)	-2.2444** (-2.66)	2.9265*** (2.97)
R^2	0.9701	0.9867	0.9637	0.8332
F	145.83 (0.0000)	334.74 (0.0000)	119.55 (0.0000)	22.48 (0.0000)

从后向关联来看，对外直接投资对全球价值链生产链长的影响与前向关联角度存在较大不同。对外直接投资更多地影响后向关联角度的简单的全球价值链生产链长，而与前向关联角度的更多影响复杂的全球价值链生产链长是不同的。从内部来看，对外直接投资更多地影响跨境后生产链长进而影响简单的全球价值链生产活动。而影响复杂的全球价值链生产链长则更多的是通过影响跨境前生产链长，这一点也与前向关联角度存在不同。在前向关联角度下，对外直接投资是能够促进中间产品以生产为目的的跨境的，而后向关联角度下，对外直接投资则阻碍了中间产品的跨境。

（二）结果与分析

通过对全球价值链的三个方面进行分解，可以得到全球价值链增加值、参与度与生产链长的分解回归结果。

（1）基于全球价值链活动产生的增加值可以得到，我国对外直接投资对我国参与简单的与复杂的全球价值链活动创造的增加值的影响基本相当，对复杂的全球价值链能够创造的增加值影响更大。

（2）从全球价值链的参与程度来看，我国对外直接投资对我国参与全球价值链的后向参与程度影响更大，且更多的是影响复杂全球价值链活动的后向参与度。基于后向联系的全球价值链参与度 *GVC_patb* 描述了通过上游公司参与全球价值链所涉及的最终产品和服务中的国内增加值占该国家全部最终产品和服务的比例。该指数值越大意味着该国家参与全球价值链下游生产环节的程度越高。较高的后向参与度意味着生产过程中更多地依赖于外国的中间产品。由此可以看出，我国对外直接投资更能够影响我国通过进口他国中间产品参与全球价值链的程度，且更能够影响我国进口分工程度更深的中间产品。

（3）从全球价值链分工复杂度产生的生产链长度分解指标来看：一是从前后向关联角度看，我国对外直接投资对后向关联角度的生产链长影响更大。二是从前后向关联的简单与复杂两种类型看，对外直接投资对前向关联角度的复杂跨国生产共享活动的生产长度影响最大，在这种情况下，对外直接投资对我国生产的、回流到全球生产网络的附加值还要经历的生产阶段数存在较大促进作用。三是从生产链长内部构成来看，对后向关联角度的简单价值链活动的跨境后链长影响最大，其次是影响前向关联角度的复杂价值链活动的跨境后链长。前向关联生产链长衡量了我国创造的价值增值需要经过多少步才能到达最后使用者手中。后向关联的生产链长衡量我国最终产品在上游生产过程中经历了多少阶段。四是我国对外直接投资对后向关联的跨境次数存在阻碍作用，即我国对外直接投资数量的增加将减少我国使用的他国的中间产品的跨境次数。从而可知，对外直接投资更能够影响我国生产的最终产品在上游生产过程的阶段数，从而不利于我国在全球生产网络中的相对位置（GVC_ps）的提高。但是对外直接投资能够促进我国创造价值的以生产为目的的多次跨境活动，尤其是我国生产的中间产品参与的第三国家的分工程度，从而提高我国中间产品的重要性。

第三节　本章小结

本章分别检验了第五章提出的对外直接投资影响全球价值链地位的三种路径，通过 39 个国家样本的数据实证分析证明了对外直接投资影响全球价值链地位的三种路径的存在性，即对外直接投资能够通过价值增加效应提高一国参加全球价值链活动产生的增加值，促进价值增值能力的提升；

能够通过逆向技术溢出效应反馈回母国，提高国内技术水平，提高经济的技术密集度；能够通过产业转移和规模效应促进国内产业结构的合理化，提升国内产业结构水平。

进一步地，通过我国数据分析得出：我国对外直接投资既能够对我国参与全球价值链产生直接的影响，也能够通过增值能力、技术水平与产业结构间接地对我国全球价值链地位产生促进作用。我国对外直接投资更能提高我国参与 GVC 的价值增值能力，产业结构升级效应对我国全球价值链地位的提升作用比逆向技术溢出效应与价值再分配效应的作用更大。我国对外直接投资的增加更能够对后向关联的参与度与生产链长产生显著的促进作用，从而不利于我国在全球生产网络中相对位置的提升，同时我国的对外直接投资具有路径依赖特性；我国对外直接投资更能够促进复杂全球生产共享活动的增加值、前后向参与度（尤其是后向关联的参与度）、前向生产链长度的增加，即对外直接投资更能够促进我国参与深层次的全球价值链活动，而不是简单的全球生产活动，促进了全球价值链的深度分工，尤其是其他国家的生产分工；后向生产长度的回归结果显示，我国作为世界工厂参与到产品的跨境生产中主要是通过进口发达国家的高附加值中间产品进行组装加工生产最终产品，而不是生产中间产品出口或者利用他国中间产品生产下一阶段被他国使用的中间产品，可见我国对进口中间产品具有高度依赖性；通过对外直接投资能够实现我国中间产品的多次跨境流转，即提高他国使用我国生产的中间产品的次数，这一方面促进了全球价值链分工，另一方面提高了我国在全球价值链中的分工地位；同时我国对外直接投资降低了他国中间产品的跨境次数，即通过对外直接投资一方面能够减少我国使用他国中间产品的次数，另一方面又提高了我国中间产品被他国使用的次数。

第八章　研究结论、建议与展望

在目前全球价值链发展放缓与我国经济调整转型背景下，本书以理论分析和实证检验相互印证的方式，围绕“对外直接投资与全球价值链地位”展开研究，试图通过得出的相关结论从国际与国内视角为我国对外直接投资结构调整与全球价值链地位提升指明方向。

第一节　主要研究结论

一是对全球价值链进行理论分析。一方面根据价值分解模型得到衡量全球价值链发展现状的多种指标；另一方面根据各种指标对全球价值链的现状以及我国参与全球价值链的情况进行了细致分析。主要得出以下结论：

（1）全球价值链不断深化，2008 年国际金融危机之前是全球价值链发展高峰期，受国际金融危机的影响，2009 年之后发展逐渐减缓；多次跨越国境的复杂的全球价值链生产活动是 1995—2000 年以及 2000—2008 年全球化与全球 GDP 增长的最主要推动力。2012—2017 年，与复杂全球价值链相关的跨境生产活动呈现出下降趋势，其原因有三：首先，随着新兴经济体（尤其是中国）的产业升级，加工贸易减少，中国等主要新兴经济体正在逐渐用国产中间产品替代进口品，随着新兴经济体内部劳动分工的深化，更多的中间品由本国制造，导致其国内价值链延长；其次，金融危机后经济复苏缓慢，贸易保护主义抬头；最后，技术革新使得部分类型的制造业工作重新回到源头国家。

（2）通过对我国参与全球价值链的各个方面进行分析，可以得出我国在全球价值链中的位置偏低的结论；分析发现，我国参与全球价值链的程度较高，但是质量不高；参与全球价值链的环节主要集中在加工制造环节，对国外中间产品的依赖较大，不过这一现象正在改善。受国际金融危机的影响，我国参与全球价值链的进程有所减缓，同时国内生产活动成为经济复苏的主要动力。

二是对全球价值链地位升级方式进行分析。首先，从理论上论述了不同类型的对外直接投资如何促进全球价值链地位升级；其次，在此基础上归纳了对外直接投资影响全球价值链地位的三种主要路径：价值增值、技术进步与产业结构升级；最后，在理论分析的基础上提出本书的理论假设，并构建了全球生产共享的价值链模型，以进一步支撑本书的研究假设。

（1）全球价值链地位升级方式主要有三种：形态升级，位置不变；形态改变，位置上升；形态不变，位置上升。对外直接投资能够通过改变产业链曲线的形态、提高产业链曲线的位置、提高母国在产业链上的相对位置等促进母国全球价值链地位提升。

（2）对外直接投资主要通过三种间接效应影响母国全球价值链地位升级：第一，价值增加效应，即对外直接投资能够通过直接嵌入产业链更高环节提高产品的附加值，或者通过改变价值分配模式提高价值增值能力，实现全球价值链地位的升级；第二，技术进步效应，即对外直接投资通过利用技术外部性，吸收学习发达国家的先进技术，提升母国的技术水平，促进母国的地位升级；第三，产业结构升级效应，即对外直接投资通过边际产业转移、推动服务业的快速发展等促进国内产业结构的合理化与高级化，最后作用于全球价值链。

三是在理论分析的基础上，利用多国样本数据进行了实证检验。主要得出以下结论：

（1）对多个国家的数据进行实证分析，得出了对外直接投资能够影响母国在全球价值链中的地位这一结论。进一步将所选样本国分为发达国家与发展中国家两组。对发达国家的实证结果显示，对外直接投资能够通过多方面促进发达国家在全球价值链中的地位升级，而对发展中国家的实证结果显示，发展中国家通过对外直接投资参与全球价值链分工有利有弊，发展中国家的对外直接投资对母国全球价值链地位各方面的影响方向不同。

（2）更进一步利用我国的国家样本数据进行分析发现，我国的对外直接投资对我国在全球价值链上多个方面的影响也存在不同，但是综合来说利大于弊。总的来说，我国能够通过对外直接投资提升我国在全球价值链中的地位，这一结果也得到了我国行业样本数据的证实。

（3）通过我国样本数据的分析还发现我国对外直接投资对我国国内的研发投入产生了挤出效应，对外直接投资与国内研发投入之间存在一定的资源抢占现象；而用进出口贸易衡量的对外开放度对我国在全球价值链上的地位提升产生了消极影响，进出口规模增加的幅度大于我国国内生产总值的增加幅度，这不利于我国在全球价值链上的地位提升，即对外贸易依存度的提高会降低我国参与全球价值链分工取得的收益。

（4）多国样本数据分析也证实了理论分析提出的对外直接投资影响母国全球价值链地位的三种间接效应的存在，即对外直接投资能够通过价值增加效应、技术进步效应与产业结构升级效应提升母国全球价值链地位。

（5）更细致的分析发现，对外直接投资对我国参与全球价值链的价值增值能力具有很大的促进作用。同时，与我国通过前向关联参与全球价值链程度的促进作用相比，后向关联作用更大；我国参与全球价值链具有路径依赖的特性，从而不利于我国在全球生产网络中的位置提高；对比来看，价值增值能力对全球价值链地位提升的促进作用不如逆向技术溢出效应与产业结构升级效应，目前通过调整产业结构实现转型发展对我国突破全球价值链低端锁定的困局作用会更加显著；随着我国参与全球价值链的深度与广度的提高，我国中间产品的供给能力也在提高，我国对外直接投资加快了全球价值链的分工深化，更能促进我国参与深层次的全球价值链活动。

（6）通过对外直接投资能够实现我国中间产品的多次跨境流转，即提高他国使用我国生产的中间产品的次数，这一方面促进了全球价值链分工深化，另一方面提高了我国的分工地位。同时，我国对外直接投资减少了他国中间产品的跨境次数，即对外直接投资一方面能够减少我国使用他国中间产品的次数，另一方面又提高了我国中间产品被他国使用的次数。

第二节　对策建议

改革开放以来，我国凭借丰富的生产要素资源以及改革开放的政策红利，通过“引进来”与加工代工的方式积极参与国际分工，取得了外贸增长的奇迹。但是从我国参与全球价值链的各项指标值来看，我国在全球价值链上的地位并未随着经济发展水平的提高或者全球贸易大国地位的确立而得到相应的提升。在进入经济发展新常态谋求经济发展转型与增长动能更替的要求下，传统加工贸易或者以代工生产的形式嵌入国际分工体系的方式难以为继，融入全球价值链的新型分工为我国迈向现代化世界强国提供了方向。

根据全球价值链地位提升的各种方式，我国既可以通过提升全球生产网络的相对位置实现向全球价值链高端环节的攀升，也可以通过生产组织方式的变革改变产业链形态，甚至通过主导区域价值链构建新的全球价值链。

一、通过国家战略积极主导重塑全球价值链

重塑价值链有两方面的含义：一是构建新的价值链体系，摒弃旧的价值链体系；二是重构旧的价值链体系，对原有价值链进行拆分重组，在原有价值链的基础上组建新的价值链。目前，全球价值链以发达国家为核心，以我国为代表的新兴经济体只有致力于打破现有全球价值链分工格局，才有可能成为价值链体系的主导者，让国际分工更多地体现发展中国家的发展诉求与利益。

一是加强区域经济合作。以“一带一路”、自贸区建设等为契机，加强同沿线国家之间的经济联系，构建以我国为核心枢纽的区域价值链体

系，强化区域主导地位，占据区域价值链体系的关键核心环节，以核心枢纽的身份带动“一带一路”区域价值链整体嵌入或者逐渐融入现有全球价值链体系，推动全球价值链的深化与创新，建立更加开放、包容、平等的全球价值链体系。通过逐步扩大区域价值链范围，变“一带一路”区域价值链为更加开放的全球价值链。二是加强区域互联互通。通过基础设施建设，发挥基础设施对区域价值链深化和长期发展的基础性作用，提高沿线国家在全球价值链中的参与深度与广度。通过区域贸易规则制定，一方面主导贸易规则，促进多边贸易合作，占据主动地位，提高区域话语权与影响力，深化区域一体化程度；另一方面通过区域价值链对接全球价值链，参与全球价值链规则制定，打破原有全球价值链规则体系。

发达国家贸易保护主义的抬头一方面减少了发展中国家参与全球价值链的机会与路径，另一方面又促进了新兴经济体和发展中国家之间区域合作的深化。以新兴经济体为枢纽中心的区域价值链不断深化，通过整合区域价值链，推动区域市场和资源的重新配置，对原有全球价值链体系造成冲击，不断瓦解以发达国家为核心的全球价值链，最终促进全球价值链中价值创造与分配的改革，实现全球范围内的价值与经济利益的重新分配，以及发展中国家地位和角色的改变。我国主导的以“一带一路”为代表的区域贸易合作以及自由贸易试验区的建设是我国在新常态下推动经济转型发展的新型开放举措。以国家战略为先导构建新的区域价值链，对原有国际分工体系进行调整和重置，能够凸显中国在世界经济中的影响力，能够提高我国在全球价值链中的治理能力与重构能力。

二、通过技术、制度和模式创新升级价值链

构建全新区域价值链或者分解重组已有价值链，更多的是从区域开始的，困难相对较小，而对全球性的价值链进行升级对于发展中国家来说是最为困难的一种模式。全球价值链的链条升级主要存在两种形式（具体见第四章）：一是价值曲线的位置提升，从而使全球价值链整体得到升级。二是价值曲线的形态变化，一方面是曲线的陡峭化，拉大同其他发展中国

家之间的价值分配差距，且这种变化大于该国同发达国家之间的差距变化，从而实现该国相对价值与绝对价值的同时增加；另一方面是价值曲线的扁平化，缩小同发达国家之间的价值差距，促进价值分配的均等化。

（一）技术创新

全球价值链变化的本质是科学技术的发展。每一次通用技术的突破都会带来世界范围内的科技革命与产业革命，最终推动世界经贸格局的演变。对于我国来说，应紧紧抓住即将到来的科技革命。

一是拓宽技术外溢渠道。多渠道、多方式吸收他国已有的先进技术，实现国内关键核心技术突破，为技术创新奠定基础。同时，积极寻求技术替代源，避免发达国家的技术封锁。紧跟技术发展前沿，把握科技革命的机会。二是提高技术吸收能力。知识的产生具有路径依赖特征，技术的创新也具有路径依赖性，只有具备一定的技术存量才可能实现技术前沿的重大突破。而吸收能力是决定技术溢出效应的关键，全球范围内的技术外溢达到一定水平时将催生技术进步。三是加强研发创新。基于技术能力的升级策略其最终目的还是提高我国的创新能力，只有创新才能够解决技术提升带来的价值链升级后劲不足的问题。全球价值链升级水平最终取决于技术创新能力，取决于科技革命与生产方式的变革。从而应推动我国多方式创新，利用信息革命与手段构建创新网络、研发平台，实现跨知识边界、组织边界、行业边界和地理边界的无边界大众式创新。

（二）制度创新

全球价值链的典型特征就是产品的跨边界生产，双边或者多边贸易涉及的贸易壁垒、关税、政策等都是制约全球价值链升级的主要原因。一方面，可以通过制度创新打破原有价值链环节之间的联系，重构价值链部分环节，实现价值曲线的部分形态改变或者升级。另一方面，政策性壁垒减少或者关税的降低能够促进更多国家参与全球价值链，改变全球价值链。

一是通过体制机制创新，建立制度优势。摒弃旧的体制机制，在开放型的经济中建立更加开放的、更加柔性的、更有竞争力的新的制度。通过提高制度质量，强化我国在全球价值链上的地位，为全球价值链的升级做好制度支撑。二是关税制度的创新能够促进中间产品的流通，一国中间产品越被他国所需要，表明该国越处于全球价值链的高端环节。因此，促进中间产品的跨境流通，降低中间产品的流通障碍也是一种地位升级方式。Muradov（2017）的研究认为，中间产品的平均跨界次数同间接关税呈正相关关系，而具有典型的多次跨越边界现象的全球价值链能够引发高额的间接关税。① 以全球价值链生产链长表示的全球价值链分工复杂度就包含了纯粹的跨境次数，随着全球价值链分工的深化，全球价值链生产链长也不断增加，中间产品大量涌现且分工程度越复杂，跨境次数越多。余心玎等（2016）的研究结果显示，中间品及设备进口关税的部分或全部削减，将有利于进口中间投入品及设备的高效利用，进而有利于各经济体提升在全球价值链中的参与广度和深度。② 因此，关税等贸易成本的降低将提高区域价值链之间对接的平滑度，最后降低整条价值链上的交易成本，提高价值曲线的位置。全球生产跨界共享背景下，一国关税等交易成本的降低将具有沿价值链传递到各个参与国家的扩散效应，最终能影响到整个价值链体系。三是对接全球价值链规则。一方面，对接国际标准能够消除信息不对称及其带来的交易成本。另一方面，Baldwin 等（2015）的研究结果显示，国家标准本身阻碍了欧洲的价值链贸易，而国际标准具有正向影响。即实行更加统一规范的国际贸易与投资标准，降低边界两边的贸易与投资壁垒，能够促进各国在全球经济中的参与度与融入深度，从而通过新的价值链规则推动全球价值链的升级。③

（三）模式创新

模式创新促进全球价值链升级主要是通过生产模式、商业模式等的创新，而竞争模式、合作模式、嵌入模式则更多的是提高一国在全球生产网

---

① Muradov K. Trade Costs and Borders in Global Value Chain [J]. Review of World Economics, 2017, 153(3): 487 – 509.

② 余心玎，杨军，王苒，等. 全球价值链背景下中间品贸易政策的选择[J]. 世界经济研究，2016(12): 47 – 59.

③ Baldwin R, Lopez – Gonzalez J. Supply – Chain trade: A Portrait of Global Patterns and Several Testable Hypotheses [J]. The World Economy, 2015, 29(1): 65 – 83.

络中的相对位置。新模式能够带来新机遇，我国可以通过商业模式创新，如通过后向一体化将价值曲线下游环节纳入区域价值链体系，通过前向一体化将研发环节纳入区域价值链体系，对价值链上的资源进行重新配置，从而实现对全球价值链某一环节或者诸多环节的生产延长；或者将多个环节纳入企业内部，对价值创造与分配模式进行变革，对价值创造环节进行融合，改变价值曲线的形态。商业模式创新还能够对价值环节进行结构调整，提高低价值环节的价值，改变价值曲线的形态。通过生产模式的创新降低成本，改变价值创造环节的相对价值分配；增加或减少生产环节，实现价值链的功能融合与扩展；发展个性化定制、增加服务要素等，促进产业融合与生产组织方式变革。

三、突破低端锁定效应，攀升价值链高端环节

全球价值链攀升主要是指沿着价值增值环节，向全球价值链高附加值环节攀升，实现相对位置的提高。我国参与全球价值链是沿着“参与—融入—提高—竞争—主导”的方向阶段性进行的。作为世界工厂与全球贸易大国，我国参与全球价值链的深度与广度都比一般发展中国家大，目前正处于“提高”阶段，参与全球价值链活动应致力于提高价值链位置，建立价值链竞争优势。

一是改变嵌入方式与位置，变被动参与为主动参与，变加工代工参与方式为一般贸易或者投资参与方式，变嵌入生产组装环节为研发设计和物流营销环节。从依赖进口中间产品到自己生产中间产品，再到大规模出口高附加值中间产品，由世界制造工厂走向全球价值链高端引领。二是提高技术水平，通过技术水平的提高向产业链曲线的上游攀升或者实现对原有技术环节的替代，嵌入更高位置。三是构建具有影响力的跨国公司，提高在全球价值链中的组织能力。全球价值链的产生是在发达国家跨国公司的主导下形成的，具有组织、管理、协调等功能的企业将成为价值链上的领导者和整合力量。同时，跨国公司的全球生产、营销、供应链系统为它们攫取了产业链下游的绝大多数利益。我国应该鼓励国内大型企业通过多元

化经营，实现对产业链的控制，成为全球价值链中的价值枢纽，或者通过建立共享平台，成为价值链上资源整合与分配的主导者。四是扩大开放，发挥规模、市场等竞争优势，实现对全球价值链的全方位融入。扩大开放一方面能够在全球范围内延伸、深化、对接我国价值链，构建属于我国的全球性的供应链体系、营销体系、产业体系等；另一方面能够充分发挥我国制造业规模优势与国内市场优势，强化我国参与全球价值链的已有优势，创造新的竞争优势。同时，全方位高水平的对外开放，能够为我国融入多层次、高标准、宽领域的全球价值链提供更多机会，深度融入全球价值链体系，提升我国在全球价值链中的竞争力、获利能力与治理能力。

四、通过对外直接投资调整提高全球价值链地位

对外直接投资能够从多方面促进母国全球价值链的地位提升，基于全球价值链地位升级视角的对外直接投资结构调整主要从以下四方面进行。

一是对外直接投资应致力于构建全球型采购与供应链网络。全球价值链是开放的、竞争的，拥有全球型的采购与供应链体系才能够提升在开放的全球价值链上的治理能力、协调能力。高水平的供应链管理是跨国公司的竞争优势，可以为跨国公司进行全球布局与治理提供基本的保障。因此，对外直接投资应致力于建设属于我国企业自己的全球资源流通网络，实现资金流、商品流、要素流、价值流与信息流的无障碍流动，提升效率。二是重视中间品投资。全球价值链的深化带动中间产品贸易的迅速发展，高附加值中间产品通过多次跨境流通进入发展中国家的生产过程中，造成以增加值为口径度量的我国对外依存度的不断提高。我国大量进口发达国家的高技术中间产品，关键核心零部件受制于人，制约了我国全球价值链地位的提升。破解我国全球价值链低端锁定困局的出路之一就是变进口中间产品为我国自己生产。而通过对外直接投资实现中间产品生产技术内部化，能够改变我国“两头在外”的不利局面。三是加大研发型投资。一方面，通过对研发基地进行投资，拓宽对外直接投资的逆向技术溢出渠道；另一方面，全球价值链呈现出服务化趋势，导致全球价值链的可拆分

性日益增强，研发设计等环节不断分散化、大众化、共享化。因此，应加大知识研发型投资力度，促进对外开放式创新，充分利用全球研发资源，服务于国内技术水平的提升。四是整合对外直接投资资源，变分散化的对外直接投资为全球价值链式的链式投资。一方面，将我国对外直接投资同国内产业结构升级与全球价值链地位升级相结合，以产业调整导向和价值链升级导向引导对外直接投资行为；另一方面，整合对外直接投资力量，沿全球价值链上下游进行合作式抱团投资，通过对外直接投资合作增加各环节之间的合作度与协调度，实现我国企业在全球价值链中的协同发展。

对外直接投资的增加伴随着生产的增长与中间产品的需求增加，通过对外直接投资，我国企业借助于在国际市场与发达经济体的跨国公司不断合作，一方面能够刺激并强化企业的国际运营能力，另一方面能够推进企业的国际化进程，激活企业的创新能力，最终提高我国在全球价值链中的参与度。

五、通过产业结构调整提升全球价值链地位

产业结构调整对全球价值链地位升级具有明显的促进作用，且效果比逆向技术溢出效应更加显著。对于我国来说，调整产业结构，促进产业结构合理化与高级化，既是当前经济转型的需要，也是参与全球价值链的需要。

（一）要素禀赋结构调整

全球价值链生产分工根据各国要素禀赋结构将生产环节依据要素比较优势跨境布局，我国丰裕的劳动力资源造就了我国世界工厂的地位，劳动力资源既是促进我国外贸飞速发展的比较优势，也是我国价值链地位提升的制约因素。目前我国部分高技术产业仍不能突破中低端锁定向高附加值环节攀升，同时，部分原有优势产业在劳动力比较优势丧失的同时转移到其他发展中国家，造成我国产业结构升级支撑不足的困顿局面。根据内生增长理论，经济持续健康增长依靠的是技术进步、知识积累与人力资本的提高。因此，产业结构调整首先要突破要素比较优势的束缚。一方面，升

级要素禀赋结构，提高知识与技术密集型等高级服务要素对产业发展的贡献率，增加产品附加值，推动产业转型升级由要素驱动向创新驱动转变。另一方面，突破要素地理边界限制，充分利用与吸收全球高端生产要素，改善国内要素结构，削弱发达国家自上而下的绝对比较优势。

（二）区域结构调整与对接

产业结构合理化与高级化要求不同产业之间的协调与配合，表现在地理区域上就是不同区域之间的产业梯度转移。我国东、中、西三大区域的发展存在明显差距，不同区域的支柱产业与边际产业不同，边际产业顺梯度从东部区域逐次转移到中部与西部地区，能够实现区域之间的协同发展，促进国内价值链的深化。因此，应充分发挥各区域的比较优势，根据区域经济发展水平进行不同产业的重点布局，如服务型经济应该以东部为主，中低端制造业可转移至中西部地区。实施区域之间的产业调整以及相互之间的有效衔接能够进一步促进国内价值链的延伸与发展，弥补我国在全球价值链中的发展不足。

（三）产业服务化

服务化是经济发展的趋势，随着服务要素贯穿经济发展的始终。因此产业结构调整也应顺应服务化趋势，一是发展服务业，扩大服务业开放；二是促进服务业与其他产业的融合。

1. 扩大服务业开放，降低服务业壁垒

全球价值链的发展增加了对服务业的需求，尤其是价值链服务化趋势越来越明显，服务要素贯穿全球价值链的整个链条，包括价值链初始阶段的研发、设计等上游环节，价值链末端的营销、物流和售后等下游环节，以及服务业融入生产制造的中游环节。但是，相比商品贸易的开放，服务业的开放程度较低，服务贸易壁垒的存在在经济服务化的趋势下对商品贸易也造成了严重的阻碍。尤其是我国服务业的发展与发达国家存在明显的差距，服务贸易领域的限制并没有推动我国服务业的高速发展，国外生产性服务业通过包含服务价值的中间品货物贸易对我国服务业进行了替代。

一方面，扩大服务业开放能够快速促进服务业的发展，参与国际竞争，获得新的知识与要素，延伸我国国内价值链；另一方面，服务成本的降低能够加速全球价值链一体化，加深参与国之间的经济联系，扩大和深化全球价值链网络，推动全球价值链由制造业向服务业延伸发展。因此，扩大服务业对外开放，进一步提高金融、商贸物流、专业服务业、文化体育、医疗服务等领域的开放水平，提升服务业的国际化水平和国际竞争力，是未来服务业发展的主要内容。[①]

2. 基于产业融合，增加服务要素投入

随着行业边界的不断模糊，服务要素深度融入全球价值链，促进了产业环节的交叉与重叠。一方面，通过产业规制促进产业融合，有目的地通过传统产业与新兴产业的融合改造传统产业，扩展传统产业边界，带动新兴产业发展，创新产业结构。另一方面，注重培育综合性跨国公司，利用跨国公司在关键节点上的联通作用，形成交叉的、重叠的区域产业链，构建多边区域价值链网络。

生产性服务业的落后也是制约我国攀升全球价值链高端环节的关键因素。服务活动具有创新价值的特点，能够创造新的产品价值，扩大产品价值的创造边界，提升产品价值空间。对于处于生产制造环节的我国来说，大力发展生产性服务业能够改变价值链各环节的价值分配比例，提高生产制造环节的价值链位置。同时，知识密集型生产性服务业能够激发企业创新活力，协调全球价值链的生产环节之间以及生产环节同其他环节之间的联系，生产性服务业的发展能够显著增强价值链的整合能力与综合竞争力。

第三节　我国参与全球价值链发展展望

世界市场按照产业分工可以分成三大类：第一类是以欧美为代表的消费、金融市场，从全球大量进口；第二类是以中东产油国、澳大利亚等为

---

① 夏杰长，倪红福．服务贸易作用的重新评估：全球价值链视角[J]．财贸经济，2017(11)：115-130.

代表的国家，主要出口能源、矿产、粮食；第三类是以中国、东南亚国家为代表的全球生产制造基地，是“世界工厂”。改革开放40多年来，我国已经从国际分工体系的底端走向中高端，从全球价值链的边缘走向核心，成为全球产业链供应链的中枢。目前我国参与全球化面临的突出问题是在世界市场中的定位，而这又根源于我国对外需市场的依赖、对关键核心技术的购买依赖。世界百年未有之大变局中，新冠肺炎疫情加快了世界格局演变进程，我国构建新发展格局也将受世界经济格局变动影响。

（1）疫情之下从次优理论看“安全”“效率”与“发展”。跨国公司追求全球利润最大化目标促使资本在全球配置资源，全球化形成并逐渐深化。跨国公司在全球任何可能的地方寻求效率，推动生产要素全球流动，追求资源配置全球最优化，跨国公司实现成本最小化，即资源配置效率、企业生产效率、经营效率、流通效率等“效率最大化”是国际分工日益深化的根本原因。在“效率”的驱使下，国际分工日益精细化，形成现有的产品价值链全球分工体系。发展中国家通过融入全球价值链实现经济快速增长、收入大幅提高、就业岗位增加以及贫困削减等，充分享受了全球价值链分工的“效率”红利。新冠肺炎疫情的全球大流行和大国竞争使得“物理隔断”和“政治隔断”下全球化的脆弱性凸显，供应链断裂促使企业不得不重新审视全球化经营的国际风险，保障供应链安全的短期政策也持续增多，且随着新冠肺炎疫情常态化而呈现出政策长期化趋势。新冠肺炎疫情引发国家和企业双重层面的“效率”与“安全”再权衡。

同时，市场机制能使资源配置最优化，即追求“效率”是符合帕累托最优的，短期政府指导与干预是次优问题的主要原因之一。新冠肺炎疫情凸显的全球化供应链断裂风险催化了全球价值链分工秩序的重构，疫情之后各国不得不重新布局供应链以保障产业安全或者供应链安全，即除分工效率之外，企业基于风险考量、国家基于安全考量，重构供应链体系的首要选择地是国内和周边国家，次优选择至少在短期内成为政府宏观调控的目标。在新冠肺炎疫情这一背景下，社会生产不一定追求分工的“效率”原则，国民生产与供应的安全性成为政府纠正市场失灵的福利目标，据此设计更加适宜的经济政策，“次优”成为约束下的“最优”。

我国提出的“构建以国内大循环为主体、国内国际双循环相互促进的新发展格局”战略正是基于国际环境剧变、国内经济迈向高质量发展阶段这两个大的背景，通过新发展格局的构建，在安全与效率之间开展更加适合我国国情的渐进式改革，促进经济健康、平稳发展。

(2) 全球价值链布局的“效率”问题与“安全”取向。融入发达国家跨国公司主导的全球价值链分工虽然给我国带来了分工“效率”红利，但是国际分工利益并不是平等地惠及广大参与国家。国际环境剧变充分暴露了目前我国参与全球价值链存在的突出问题，新发展格局对对外开放的新要求就是要补齐这些问题暴露出的短板，抓住百年未有之大机遇。

“两头在外、大进大出”是我国改革开放以来形成的具有发展中国家典型特征的贸易模式。“两头在外”这种模式过于依赖欧美发达国家的原料市场和消费市场。将经济循环体系的“两头”置于国外，一方面会造成我国国内资源的配置不足，另一方面不能充分释放国内市场潜力，更为重要的是危及产业甚至国民经济安全。同时，“大进大出”模式表明了我国大量进口高附加值的中间产品，长期充当发达国家的代工工人角色，产业链命脉牢牢掌握在发达国家手中。而且“市场换技术”的开放方式不再可取，核心技术是要不来的，循环畅通的内需市场才是国家经济发展的内源动力。最后，“两头在外、大进大出”的开放模式下，全球价值链分工红利一定是边际递减的，改革开放已经进行了40多年，我国参与全球价值链最初的比较优势也在发生着变化，“效率”不仅导致安全问题凸显，还会导致“效率”本身不再是约束条件下最有效率的。

我国面临关键核心技术“卡脖子”、全球价值链“低端锁定”的困局。关键核心技术是国之重器，而我国长期以来面临的本质问题就是关键核心技术受制于人，美国针对我国的全面技术断供再次让我们意识到自主创新的重要性与面临形势的严峻性，我国的对外开放所看重的已经不再是“效率”原则下的分工红利或者融入世界经济的程度，而是牢牢掌握参与国际大循环的自主性和产业链各个环节的主导性，是自主创新推动下的对价值链关键环节、核心环节、战略环节的掌控力。以加工贸易参与全球价值链体系是我国改革开放之初的主要方式，这导致我国长期受低端路径依赖的制约。加上发达国家致力于将我国锁定在全球价值链低端环节，造成我国被锁定在低附加值的从属位置。价值链分工地位的差异性不仅体现在分工利益上，更体现在抵抗全球性风险能力上，体现在国际话语权上，体现在国家经济发展的韧性上。

既有的全球价值链体系，只能支撑发展中国家从低收入国家发展成为中等收入国家，而难以支撑发展中国家继续从中等收入国家发展成为高收入国家（张杰等，2020）。经济全球化转向更深层次的大国竞争时代，新冠肺炎疫情是可控的，全球化最大的挑战并不是逆全球化的短期逆势而上，而是大国竞争回归下的中美关系。在全球价值链“高端回流”和“中低端分流”（刘志彪等，2020）的双重压力下，如何抓住全球价值链重构的历史机遇，变由外及内的价值链分工为由内而外的价值链构建，变被动参与融入为主动推动重构，变从属为主导，是新形势下对外开放对我国参与全球价值链提出的新要求。

参考文献

[1] Abdulsamad A, Stokes S, Gereffi G. Public – Private Partnerships in Global Value Chains: Can They Actually Benefit the Poor? [J]. United States Agency for International Development – Leveraging Economic Opportunities Report, 2015 (8).

[2] Anim – Somuah H, Henson S, Humphrey J, et al. Strengthening Agri – food Value Chains for Nutrition: Mapping Value Chains for Nutrient Dense Foods in Ghana [R]. Institute of Development Studies (IDS), 2013.

[3] Antras P, Chor D. Organizing the Global Value Chain [J]. Econometrica, 2013, 81(6): 2127 – 2204.

[4] Bamber P, Frederick S, Gereffi G. The Philippines in the Aero Space Global Value Chain [M]. Duke CGGC, 2016.

[5] Bitzer J, Kerekes M. Does foreign Direct Investment Transfer Technology Across Borders? [J]. New Evidence Economics Letters, 2008, 100(3): 355 – 358.

[6] Borensztein E, De Gregorio J, Lee J W. How does Foreign Direct Investment Affect Economic Growth? [J]. Journal of International Economics, 1998, 45(1): 115 – 135.

[7] Branstetter L. Is Foreign Direct Investment a Channel of Know Ledge Spillovers? Evidence from Japan's FDI in the United States [J]. Journal of International Economics, 2006, 68(2): 325 – 344.

[8] Barrios S, Gorg H, Strob E. Foreign Direct Investment Competition and

Industrial Development in the Host Country [J]. European Economic Review, 2005(49):1761 -1784.

[9]Barry F Gorg, H McDowell. Outward FDI and the Investment Development Path of a Late - industrializing Economy: Evidence from Lreland [J]. Regional Studies, 2003, 37(4):341 -349.

[10]Bair Jennifer,Gereffi Gary. Local Clusters in Global Chain: Causes and Consequences of Export Dynamism in Torreon's Blue Jeans Industry [J]. World Development,2011(11):1885 -1903.

[11]Cantwell J,Tolentino P E E. Technological Accumulation and Third World Multinationals [R]. Reading,UK :University of Reading,Department of Economics,1990.

[12]Coe D T,Helpman E. International R&D Spillovers [J]. European Economic Review, 1995,39(5):859 -887.

[13]Carmen Stoian. Extending dining's Investment Development Path:The Role of Home Country Institutional Determinants in Explaining Outward Foreign Direct Investment[J]. International Business Review, 2013, 22(3): 615 -637.

[14]Cheung K, Ping L. Spillover Effects of FDI on Innovation in China: Evidence from the Provincial Data [J]. China Economic Review, 2004, 15(1): 25 -44.

[15]Cohen W M, D A Levinthal . Absorptive Capacity: A new Perspective on Learning and Innovation [J]. Administrative Science Quarterly, 1990, 35 (1):128 -152.

[16]De La Potterie B V P, Lichtenberg F. Does Foreign Direct Investment Transfer Technology Across Borders? [J]. Review of Economics and Statistics, 2001, 83(3): 490 -497.

[17]Driffield N, Love J H. Foreign Direct Investment,Technology Sourcing and Reverse Spillovers [J]. The Manchester School, 2003, 71 (6): 659 -672.

[18]Fally T. On the Fragmentation of Production in the US[Z]. Mimeo,

2011,October .

[19]Fally T. Production Staging: Measurement and facts[Z]. Mimeo,2012, June.

[20]Findlay R. Relative Backwardness, Direct foreign Investment, and the Transfer of Technology: A simple Dynamic Model [J]. The Quarterly Journal of Economics, 1978, 92(1): 1-16.

[21]Fagerberg J. Technological Progress,Structural Change and Productivity Growth: A Comparative [J]. Structural Change and Economic Dynamics, 2000, 11(4): 393-411.

[22]Federico Bonaglia, Asli M Colpan, Andrea Goldstein. Industrial upGrading in the White Goods Global Value Chain:The Case of Arcelik [R]. Institute for Technology, Enterprise and Competitiveness (ITEC) Working Paper Series 08-04, Doshisha University, March 2008.

[23]Grossman G, M Rossi-Hansberg. Trading Tasks: A Simple Theory of Offshoring[J]. American Economic Review,2008(5):1978-1997.

[24]Globerman,Steven. Foreign Investment and Spillover Efficiency Benefits in Canadian Manufacturing Industries[J]. Canadian Journal of Economics, 1979(12):42-56.

[25]Gereffi G, Humphrey J, Kaplinsky R. Introduction: Globalisation, Value Chains and Development [J]. IDS Bulletin, 2001, 32(3): 1-8.

[26]Gereffi G. Beyond the Producer-driven/Buyer-driven Dichotomy the Evolution of Global Value Chains in the Internet era [J]. IDS Bulletin, 2001, 32(3): 30-40.

[27]Gereffi G, Memedovic Q. The Global Apparel Value Chain: What Prospects for Upgrading by Developing Countries [R/OL]. United Nations Industrial Development Organization,http://www. unido. org,2003.

[28]Gereffi G, Humphrey J, Sturgeon T. The Governance of Global Value Chains [J]. Review of International Political Economy, 2005, 12 (1): 78-104.

[29] Gereffi G. Global Value Chains in a post – Washington Consensus World [J]. Review of International Political Economy, 2014, 21(1): 9 –37.

[30] Gereffi G, Lee J. Economic and Social Upgrading in Global Value Chains and Industrial Clusters: Why Governance Matters [J]. Journal of Business Ethics, 2016, 133(1): 25 –38.

[31] Gibbon P. Governance, Entry Barriers, Upgrading: A Reinterpretation of Some GVC Concepts from the Experience of African Clothing Exports [J]. Competition & Change, 2008, 12(1): 29 –48.

[32] Hobday. East Asian Latecomer firms: Learning the Technology of Electronics [J]. World Development, 1995,23(7):1171 –1193.

[33] Hummels,David,Ishii,Jun and Yi,Kei – Mu. The Nature and Growth of Vertical Specialization in World Trade[J]. Journal of International Economics, 2001(1):75 –96.

[34] Helpman E. , Krugman P. Market Structure and Foreign Trade, in Increasing Rreturns, Imperfect Competion and International Economy [M]. The MIT Press, Cambridge, Mass,1985.

[35] Johnson R C, Noguera G. Accounting for Intermediates: Production Sharing and Trade in Value added [J]. Journal of International Economics,2012 (86): 224 –236.

[36] Kogut B, Chang S J. Technological Capabilities and Japanese foreign Direct Investment in the United States [J]. The Review of Economics and Statistics, 1991(3):401 –413.

[37] Kogut B. Designing Global Strategies: Comparative and Competitive Value – added Chains [J]. Sloan Management Review, 1985, 26(24): 15 –28.

[38] Koopman R, Wang Z, Wei S J. Estimating Domestic Content in Exports when Processing Trade is Pervasive [J]. Journal of Development Economics,2012(99): 178 –189.

[39] Koopman R,Wang Z and Wei S J. Tracing Value – added and Double

Counting in Gross Exports [J]. American Economic Review, 2014, 104 (2): 459 - 494.

[40] Lall S. Determinants of R&D in an LDC: The Indian Engineering Industry [J]. Economics Letters, 1983, 13(4): 379 - 383.

[41] Love J H. Technology Sourcing Versus Technology Exploitation: An Analysis of US Foreign Direct Investment Flows [J]. Applied Economics, 2003, 35(15): 1667 - 1678.

[42] Lichtenberg F R, Potterie P D L. International R&D Spillovers: A Comment [J]. European Economic Review, 1998, 42(8): 1483 - 1491.

[43] M Blomstrm, D Konan, R E Lipsey. FDI in the Restructuring of the Japanese Economy [R]. NBER Working Paper, 2000.

[44] Petr Pavlínek, Boleslaw Domanski, Robert Guzik. Industrial Upgrading Through Foreign Direct Investment in Central European Automotive Manufacturing[J]. European Urban and Regional Studies, 2009(15): 120 - 133.

[45] Poter M. The Competitive Advantage of Nations [M]. London: Macmillan, 1990.

[46] Pietrobelli C, Rabellotti R. Global Value Chains meet Innovation Systems: Are There Learning Opportunities for Developing Countries? [J]. World Development, 2011, 39(7): 1261 - 1269.

[47] Palit A. Technology Upgradation Through Global Value Chains: Challenges Before BIM - STEC Nations [R]. CSIRD Discussion Paper, 2006(13).

[48] R E Lipsey. Home and Host Country Effects of FDI [R]. NBER Working Paper, 2002.

[49] Van Pottelsberghe, De La Potterie B, Lichtenberg F R. Does Foreign Direct Investment Transfer Technology Across Borders [J]. The Review of Economics and Statistics, 2001(83): 490 - 497.

[50] Zhi Wang, Shang - Jin Wei, and Kunfu Zhu. Quantifying International Production Sharing at the Bilateral and Sector Levels[R]. NBER Working Paper,

19677, 2013.

[51]Zhi Wang, Shang - Jin Wei, Xinding Yu, et al. Characterizing Global Value Chains: Production Length and Upstreamness[R]. NBER Working Paper, 23261, 2017a.

[52]Zhi Wang, Shang - Jin Wei, Xinding Yu, et al. Measures of Participation in Global Value Chains and Global Business Cycles[R]. NBER Working Paper,23222, 2017b.

[53]白光裕,庄芮. 全球价值链与国际投资关系研究:中国的视角 [J]. 国际贸易,2015(6):16 - 20.

[54]白清. 生产性服务业促进制造业升级的机制分析:基于全球价值链视角 [J]. 财经问题研究,2015(4):17 - 23.

[55]卞亚斌,房茂涛,杨鹤松. "互联网 +"背景下中国制造业转型升级的微观路径:基于微笑曲线的分析 [J]. 东岳论丛,2019(8):62 - 73.

[56]陈强. 高级计量经济学及 Stata 应用 [M]. 北京:高等教育出版社,2010.

[57]陈岩,翟瑞瑞. 对外投资、转移产能过剩与结构升级 [J]. 广东社会科学,2015(1):5 - 16.

[58]陈静. 跨国公司和全球价值链关系研究 [D]. 北京:对外经济贸易大学,2015.

[59]陈琳,朱明瑞. 对外直接投资对中国产业结构升级的实证研究:基于产业间和产业内升级的检验 [J]. 当代经济科学,2015(6):116 - 121.

[60]陈琳,房超,田素华,俞小燕. 全球生产链嵌入位置如何影响中国企业的对外直接投资 [J]. 财经研究,2019(10):86 - 99.

[61]程大中. 中国参与全球价值链分工的程度及演变趋势:基于跨国投入产出分析 [J]. 经济研究,2015(9):4 - 16.

[62]曹明福. 全球价值链分工的利益分配 [D]. 西安:西北大学,2007.

[63]崔彩周. 中国企业对外直接投资与产业结构优化问题研究 [J]. 甘肃理论学刊,2007(5):71 - 76.

[64]岑丽君．中国在全球生产网络中的分工与贸易地位:基于 TiVA 数据与 GVC 指数的研究［J］．国际贸易问题,2015(1):3－13,131.

[65]阐放．推进中国在全球价值链分工中地位升级的路径研究:基于 QFDI 的角度［D］．沈阳:辽宁大学,2016.

[66]敦忆岚．新时期中国企业对外投资问题及对策研究［D］．北京:中国社会科学院,2014.

[67]戴翔．中国制造业国际竞争力:基于贸易附加值的测算［J］．中国工业经济,2015(1):78－88.

[68]戴翔,李洲．全球价值链上的中国产业:地位变迁及国际比较［J］．财经科学,2017(7):77－89.

[69]杜江,袁昌菊,宋跃刚．对外直接投资提升了日本制造业的国际分工地位吗［J］．现代日本经济,2017(1):1－14.

[70]樊少华．国际直接投资技术溢出效应对中国经济增长的影响［D］．北京:首都经济贸易大学,2013.

[71]房裕．中国对外直接投资对国内产业升级的影响及对策建议［J］．甘肃社会科学,2015(3):156－160.

[72]付海燕．对外直接投资逆向技术溢出效应研究:基于发展中国家和地区的实证检验［J］．世界经济研究,2014(9):56－67.

[73]郭飞,黄雅金．全球价值链视角下 OFDI 逆向技术溢出效应的传导机制研究:以华为技术有限公司为例［J］．管理学刊,2012(3):61－65.

[74]胡绪华,蔡济波．基于全球价值链的我国本土生产型外贸企业升级机理分析［J］．企业经济,2013(1):28－31.

[75]黄启才．我国战略性新兴产业发展与升级路径:基于全球价值链的视角［J］．国际经济合作,2013(6):24－27.

[76]华晓红,宫毓雯．中国制造业在亚太生产网络中的地位:基于增值贸易数据测度［J］．国际经贸探索,2015(12):45－59.

[77]郝凤霞,张璘．低端锁定对全球价值链中本土产业升级的影响［J］．科研管理,2016(A1):131－141.

[78]霍忻,刘宏. 中国对外直接投资的逆向技术溢出效应 [J]. 首都经济贸易大学学报,2016(2):3 – 10.

[79]霍忻. 中国对外直接投资逆向技术溢出的产业结构升级效应研究 [D]. 北京:首都经济贸易大学,2016.

[80]黄锦明. 技术获取型对外直接投资提升全球价值链分工位次的作用机制与中国对策:以中国企业华为为例 [J]. 现代经济探讨,2016(4):54 – 58.

[81]胡亚楠. 中国对外直接投资的逆向技术溢出效应 [J]. 上海金融,2017(11):14 – 20.

[82]靖学青. 长三角地区产业结构变迁的协调性和一致性 [J]. 经济理论与经济管理,2005(9):53 – 57.

[83]贾干荣. 基于全球价值链的制造业升级模式研究 [J]. 管理科学文摘,2006(2):63 – 64.

[84]鞠建东,余心玎. 全球价值链上的中国角色:基于中国行业上游度和海关数据的研究 [J]. 南开经济研究,2014(3):39 – 52.

[85]蒋瑛,贺彩银. 中国对外直接投资逆向技术溢出、出口技术复杂度与人力资本:基于面板门槛模型的实证研究 [J]. 亚太经济,2016(6):110 – 117.

[86]姜能鹏,陈经伟. FDI、全球价值链嵌入与全要素生产率 [J]. 河北财经大学学报,2019(1):50 – 59.

[87]刘志彪. 中国贸易量增长与本土产业的升级:基于全球价值链的治理视角 [J]. 学术月刊,2007(2):82 – 88.

[88]刘志彪,于明超. 从 GVC 走向 NVC:长三角一体化与产业升级 [J]. 学海,2009(5):59 – 67.

[89]刘志彪,张杰. 从融入全球价值链到构建国家价值链:中国产业升级的战略思考 [J]. 学术月刊,2009(9):59 – 68.

[90]刘志彪,张少军. 总部经济、产业升级和区域协调:基于全球价值链的分析 [J]. 南京大学学报(哲学·人文科学·社会科学版),2009(6):56 – 64,142.

[91]刘志彪,吴福象.“一带一路”倡议下全球价值链的双重嵌入[J].中国社会科学,2018(8):17-32.

[92]刘伟全,张宏.FDI行业间技术溢出效应的实证研究:基于全球价值链的视角[J].世界经济研究,2008(10):56-62.

[93]刘明霞.我国对外直接投资的逆向技术溢出效应:基于省际面板数据的实证分析[J].国际商务(对外经济贸易大学学报),2009(4):61-67.

[94]刘维林,李兰冰,刘玉海.全球价值链对中国出口技术复杂度的影响[J].中国工业经济,2014(6):83-95.

[95]刘斌,王杰,魏倩.对外直接投资与价值链参与:分工地位与升级模式[J].数量经济技术经济研究,2015(12):39-56.

[96]刘瑞,高峰.“一带一路”战略的区位路径选择与化解传统产业产能过剩[J].社会科学研究,2016(1):45-56.

[97]刘宇.通过出口产品升级提升我国在全球价值链地位的研究[D].南京:南京大学,2016.

[98]刘文正.中国制造业上游度测度及影响因素分析:基于与新兴经济体的对比研究[D].大连:东北财经大学,2016.

[99]刘雪娇.GVC格局、ODI逆向技术溢出与制造业升级路径研究[D].北京:对外经济贸易大学,2017.

[100]刘维刚,倪红福,夏杰长.生产分割对企业生产率的影响[J].世界经济,2017(8):29-52.

[101]刘会政,宗喆.全球价值链下中欧增加值贸易测度及分解研究[J].经济经纬,2018(1):55-62.

[102]李逢春.对外直接投资的母国产业升级效应:来自中国省际面板的实证研究[J].国际贸易问题,2012(6):124-134.

[103]李东阳,刘亚娟,杨殿中.对外直接投资对投资国产业结构优化效应研究:以中国对中亚五国直接投资为例[J].东北大学学报,2013(2):60-63.

[104]李轩．中国对东盟直接投资与母国产业结构的关联性分析［J]．经济问题探索,2016(9):72 -77.

[105]李建军,孙慧．融入全球价值链提升中国制造的国际分工地位了吗?[J]．内蒙古社会科学,2016(2):112 -118.

[106]李娜娜．中国在全球价值链中的地位测度研究［D]．合肥:安徽大学,2017.

[107]陆长平,周云峰．对外投资模式、国别与中国产业结构优化［J]．国际贸易,2016(7):49 -53.

[108]李跟强,潘文卿．国内价值链如何嵌入全球价值链:增加值的视角［J]．管理世界,2016(7):10 -22.

[109]李正,武友德,胡平平．1995—2011 年中国制造业全球价值链动态演进过程分析:基于 TiVA 数据库的新兴市场国家比较［J]．国际贸易问题,2019(5):69 -84.

[110]梁中云．对外直接投资对母国全球价值链地位的影响研究:以中国制造业为例［D]．济南:山东大学,2017.

[111]毛蕴诗,熊炼．企业低碳运作与引入成本降低的对偶微笑曲线模型:基于广州互太和台湾纺织业的研究［J]．中山大学学报(社会科学版),2011(4):202 -209.

[112]毛蕴诗,王婕,郑奇志．重构全球价值链:中国管理研究的前沿领域:基于 SSCI 和 CSSCI(2002—2015 年)的文献研究［J]．学术研究,2015(11):85 -93,160.

[113]马风涛．中国制造业全球价值链长度和上游度的测算及其影响因素分析:基于世界投入产出表的研究［J]．世界经济研究,2015(8):3 -10,127.

[114]孟庆强．中国对“一带一路”沿线国家直接投资动机的实证研究［J]．工业经济论坛,2016(3):136 -144.

[115]倪红福,龚六堂,夏杰长．生产分割的演进路径及其影响因素:基于生产阶段数的考察［J]．管理世界,2016(4):10 -23.

[116]聂聆．全球价值链分工地位的研究进展及评述[J]．中南财经政法大学学报,2016(6):102－112.

[117]聂名华,徐英杰．对外直接投资逆向技术溢出与全球价值链升级研究进展[J]．科技管理研究,2016(1):153－158,165.

[118]聂聆,李三妹．我国在制造业产品全球价值链中的分工地位研究:基于价值链高度指数的分析[J]．现代财经(天津财经大学学报),2016(6):3－16.

[119]欧阳艳艳,郑慧欣．中国对外直接投资逆向技术溢出的境内地区差异性分析[J]．国际商务(对外经济贸易大学学报),2013(1):85－94.

[120]裴长洪,郑文．国家特定优势:国际投资理论的补充解释[J]．经济研究,2011(11):21－35.

[121]沈桂龙．跨国公司价值模块分工与利益实现机制[J]．上海经济研究,2009(5):65－72.

[122]沈桂龙．危机后主要跨国公司的国际战略调整与投资方向[J]．国际贸易,2010(9):30－33.

[123]沈桂龙．后危机时期的中国FDI:环境约束、变化趋势与政策调整[J]．上海经济研究,2010(8):21－28.

[124]沈桂龙．FDI影响收入分配的微观机理与宏观传导机制[J]．学习与探索,2012(8):82－85.

[125]孙坤乾．中国企业对外直接投资对其在全球价值链中链节提升途径的作用分析[D]．济南:山东大学,2009.

[126]孙黎,李俊江．全球价值链视角下中国企业对外直接投资的驱动力研究[J]．社会科学战线,2013(6):56－62.

[127]孙德升,刘峰,陈志．中国制造业转型升级与新微笑曲线理论[J].科技进步与对策,2017(15):49－54.

[128]沙文兵．对外直接投资、逆向技术溢出与国内创新能力:基于中国省际面板数据的实证研究[J]．世界经济研究,2012(3):69－74,89.

[129]沈能,赵增耀．空间异质性假定下OFDI逆向技术溢出的门槛效

应 [J]. 科研管理,2013(12):1 -7.

[130]宋春子. 全球价值链分工对国际贸易摩擦的影响研究:基于中国的案例分析 [D]. 沈阳:辽宁大学,2014.

[131]司月芳,李英戈. 中资跨国公司对外直接投资研究述评 [J]. 经济问题探索,2015(12):169 - 175.

[132]申俊喜,鞠颖. 中国电子信息产业 OFDI 逆向技术溢出效应研究——基于分位数回归方法 [J]. 国际商务(对外经济贸易大学学报),2016(1):79 - 87,149.

[133]邵青. 中国制造业价值链地位测度及其提升策略研究 [D]. 南京:南京信息工程大学,2016.

[134]陶锋. 吸收能力、价值链类型与创新绩效:基于国际代工联盟知识溢出的视角 [J]. 中国工业经济,2011(1):140 - 150.

[135]唐海燕,张会清. 产品内国际分工与发展中国家的价值链提升 [J]. 经济研究,2009(9):81 - 93.

[136]唐铁球. 全球价值链下中国制造业国际分工地位研究 [J]. 财经问题研究,2015(A1):3 - 8.

[137]唐朱昌,黄哲. 价值链研究视角下的对外开放:一个文献综述 [J]. 广西财经学院学报,2019(2):110 - 120.

[138]王京晶. 高技术产业全球价值链研究:分工形态与价值链低端经济体产业升级 [D]. 上海:上海社会科学院,2013.

[139]王海杰. 全球价值链分工中我国产业升级问题研究述评 [J]. 经济纵横,2013(6):113 - 116.

[140]王岚. 全球价值链分工背景下的附加值贸易:框架、测度和应用 [J]. 经济评论,2013(3):150 - 160.

[141]王岚. 融入全球价值链对中国制造业国际分工地位的影响 [J]. 统计研究,2014(5):17 - 23.

[142]王岚,李宏艳. 中国制造业融入全球价值链路径研究:嵌入位置和增值能力的视角 [J]. 中国工业经济,2015(2):76 - 88.

［143］王恕立，向姣姣．对外直接投资逆向技术溢出与全要素生产率：基于不同投资动机的经验分析［J］．国际贸易问题，2014（9）：109－119.

［144］王金亮．基于上游度测算的我国产业全球地位分析［J］．国际贸易问题，2014（3）：25－33.

［145］王飞，朱璋，庄雷．基于产业政策的对外直接投资与产业升级研究［J］．南京财经大学学报，2015（2）：13－19.

［146］王爽．全球价值链下我国生产性服务贸易发展：机理、特征与对策［J］．宏观经济研究，2016（10）：53－62.

［147］王直，魏尚进，祝坤．总贸易核算法：官方贸易统计与全球价值链的度量［J］．中国社会科学，2015（9）：108－127.

［148］王丽，张岩．对外直接投资与母国产业结构升级之间的关系研究：基于 1990—2014 年 OECD 国家的样本数据考察［J］．世界经济研究，2016（11）：60－69.

［149］王振国，张亚斌，单敬，等．中国嵌入全球价值链位置及变动研究［J］．数量经济技术经济研究，2019（10）：77－95.

［150］王杰，段瑞珍，孙学敏．对外直接投资与中国企业的全球价值链升级［J］．西安交通大学学报（社会科学版），2019（2）：43－50.

［151］吴建军．我国对外直接投资的技术进步效应研究［D］．长沙：湖南大学，2011.

［152］温忠麟，叶宝娟．中介效应分析：方法和模型发展［J］．心理科学进展，2014（5）：731－745.

［153］温湖炜．中国企业对外直接投资能缓解产能过剩吗：基于中国工业企业数据库的实证研究［J］．国际贸易问题，2017（4）：107－117.

［154］肖梅．嵌入全球价值链的我国现代服务业水平测度与升级研究［D］．南京：南京财经大学，2014.

［155］肖文，韩沈超．产业结构调整速率对 OFDI 的静态影响与动态效应：基于 2003—2013 年省级面板数据的检验［J］．国际贸易问题，2016（11）：108－119.

[156]谢光亚,崔君. 基于全球价值链视角的企业对外投资模式分析:以北京为例 [J]. 财经理论与实践,2013(4):50 -53.

[157]谢光亚,杜君. 中国 OFDI 与国内产业结构优化升级关联度分析:基于行业选择与国别选择的灰色关联分析 [J]. 湖南大学学报(社会科学版),2015(5):71 -77.

[158]解传勇. 中国对外直接投资对产业结构优化升级的效应研究 [D]. 昆明:云南财经大学,2015.

[159]夏杰长,倪红福. 服务贸易作用的重新评估:全球价值链视角 [J]. 财贸经济,2017(11):115 -130.

[160]夏露. 中国高技术产业全球价值链分工地位及其影响因素研究:基于微观企业数据的实证 [D]. 杭州:浙江理工大学,2017.

[161]许晓芹. 中国 OFDI 对产业升级的影响研究 [D]. 长春:吉林大学,2017.

[162]姚琴. 中国对外直接投资的动机:基于全球价值链视角的研究 [D]. 南京:南京大学,2013.

[163]叶建平,申俊喜,胡潇. 中国 OFDI 逆向技术溢出的区域异质性与动态门限效应 [J]. 世界经济研究,2014(10):66 -72,89.

[164]闫云凤. 中日韩在全球价值链中的地位和作用:基于贸易增加值的测度与比较[J]. 世界经济研究,2015(1):74 -80,128.

[165]闫云凤,赵忠秀. 中国在全球价值链中的嵌入机理与演进路径研究:基于生产链长度的分析 [J]. 世界经济研究,2018(6):12 -22.

[166]尹伟华. 中国制造业参与全球价值链的程度与方式:基于世界投入产出表的分析 [J]. 经济与管理研究,2015(8):12 -20.

[167]尹彦罡,李晓华. 中国制造业全球价值链地位研究 [J]. 财经问题研究,2015(11):18 -26.

[168]尹东东,张建清. 我国对外直接投资逆向技术溢出效应研究:基于吸收能力视角的实证分析 [J]. 国际贸易问题,2016(1):109 -120.

[169]余鹏翼,曾楚宏. 全球价值链重构与中国制造业海外连续并购战

略转型研究 [J]. 南京社会科学,2016(5):16 - 21.

[170]姚战琪."一带一路"战略下我国对外直接投资效率的影响因素及区位选择 [J]. 经济纵横,2016(12):59 - 66.

[171]姚战琪."一带一路"沿线国家 OFDI 的逆向技术溢出对我国产业结构优化的影响 [J]. 经济纵横,2017(5):44 - 52.

[172]姚战琪. 最大限度发挥中国 OFDI 逆向溢出效应:推动对"一带一路"沿线国家 OFDI 逆向溢出的政策取向 [J]. 国际贸易,2017(5):44 - 48.

[173]杨青. 利用中国企业对外直接投资促进中国产业结构优化升级的研究 [D]. 石家庄:河北经贸大学,2014.

[174]杨杰. 中国对外直接投资动因研究:基于全球生产网络的视角 [D]. 北京:对外经济贸易大学,2016.

[175]杨连星,罗玉辉. 中国对外直接投资与全球价值链升级 [J]. 数量经济技术经济研究,2017(6):54 - 70.

[176]于世海. 中国对外直接投资与产业升级互动机制研究 [D]. 武汉:武汉理工大学,2014.

[177]于世海,陈光春. 中国对外直接投资与国内产业升级的动态关系:基于 VAR 模型与脉冲响应函数的实证分析 [J]. 经济体制改革,2015(6):137 - 143.

[178]袁嘉欣. 中国制造业 GVC 分工地位测算及影响因素分析[D]. 北京:北京交通大学,2016.

[179]袁然. 技术寻求型 OFDI 促进中国全球价值链升级的理论与实证研究 [D]. 北京:北方工业大学,2016.

[180]周康. 全球价值链视角下我国制造业国际分工地位研究 [D]. 大连:东北财经大学,2015.

[181]周彦霞,郭一文. 中日制造业全球价值链地位测度及其比较分析 [J]. 财经理论研究,2017(2):22 - 30.

[182]周岩,陈淑梅. 中国融入全球价值链的动态变迁及国际比较 [J]. 经济问题探索,2018(3):108 - 117.

[183]张明志,李敏. 国际垂直专业化分工下的中国制造业产业升级及实证分析 [J]. 国际贸易问题,2011(1):118 –128.

[184]张明志,岳帅. 基于全球价值链视角的中美贸易摩擦透视 [J]. 华南师范大学学报(社会科学版),2019(2):87 –94.

[185]张海波,俞佳根. 对外直接投资对母国的逆向技术溢出效应:基于东亚新兴经济体的实证研究 [J]. 财经论丛,2012(1):14 –20.

[186]张桂梅,赵忠秀. 金砖四国在全球价值链中的参与模式和经济利益的比较分析 [J]. 国际经贸探索,2015(7):4 –18.

[187]张建华,赵英. 全球价值链视角下的中国制造业产品内国际分工研究:基于世界投入产出数据的测度与分析 [J]. 工业技术经济,2015(11):3 –11.

[188]张林. 中国双向 FDI 金融发展与产业结构优化 [J]. 世界经济研究,2016(10):111 –125.

[189]朱彤,崔昊. 对外直接投资、逆向研发溢出与母国技术进步:数理模型与实证研究 [J]. 世界经济研究,2011(12):71 –77,86.

[190]邹玉娟,陈漓高. 我国对外直接投资与技术提升的实证研究 [J]. 世界经济研究,2008(5):70 –77,89.

[191]邹赫. 中国境外直接投资与国内产业结构互动关系研究 [D]. 北京:对外经济贸易大学,2015.

[192]左宗文. 知识产权保护视角下全球价值链分工研究 [D]. 北京:对外经济贸易大学,2015.

[193]郑丹青. 对外直接投资与全球价值链分工地位:来自中国微观企业的经验证据 [J]. 国际贸易问题,2019(8):109 –123.

索　引